W0064551

Inez De Florio-Hansen
Lernwirksamer Unterricht

Inez De Florio-Hansen

Lernwirksamer Unterricht

Eine praxisorientierte Anleitung

Wissen *verbindet*

Die Deutsche Nationalbibliothek verzeichnet diese Publikation in der
Deutschen Nationalbibliografie; detaillierte bibliografische Daten sind
im Internet über http://dnb.d-nb.de abrufbar.

Das Werk ist in allen seinen Teilen urheberrechtlich geschützt.
Jede Verwertung ist ohne Zustimmung des Verlags unzulässig.
Das gilt insbesondere für Vervielfältigungen, Übersetzungen,
Mikroverfilmungen und die Einspeicherung in und Verarbeitung
durch elektronische Systeme.

© 2014 by WBG (Wissenschaftliche Buchgesellschaft), Darmstadt
Die Herausgabe des Werkes wurde durch die Vereinsmitglieder der
WBG ermöglicht.
Lektorat: Katharina Gerwens, Eichendorf
Satz: mm design, Mario Moths, Marl
Einbandabbildung: Teacher and Students © picture alliance/PhotoAlto
Einbandgestaltung: Peter Lohse, Heppenheim
Gedruckt auf säurefreiem und alterungsbeständigem Papier
Printed in Germany

Besuchen Sie uns im Internet: www.wbg-wissenverbindet.de

ISBN 978-3-534-26379-0

Elektronisch sind folgende Ausgaben erhältlich:
eBook (PDF): 978-3-534-26424-7
eBook (epub): 978-3-534-26425-4

Inhalt

Vorwort

Warum erregen die beiden Publikationen von John Hattie *Visible Learning* (2009) und *Visible Learning for Teachers* (2012) weltweit und insbesondere im deutschsprachigen Raum solches Aufsehen?

Das liegt sicher am beeindruckenden Umfang von Hatties empirischer Untersuchung. Der neuseeländische Forscher hat in 15jähriger Arbeit alle ihm verfügbaren Ergebnisse quantitativer Unterrichtsforschung analysiert und die Wirkung der wesentlichen Einflussgrößen in Form von Effektstärken beziffert. Die von ihm ermittelten Tendenzen sind richtungsweisend für die Lehr- und Lernforschung.

Ein weiterer Grund für das Interesse an diesem Forschungsprojekt sind die Ergebnisse selbst. Hattie kann nachweisen, dass viele hochgeschätzte Unterrichtsstrategien, wie beispielsweise individualisiertes Lernen, nicht besonders wirksam sind. Andererseits zeigen seine empirischen Belege, dass häufig zurückgewiesene Methoden wie Direkte Instruktion bzw. interaktiver Klassenunterricht hohe Lerneffekte haben. Diese Unterrichtsmethoden bewirken bei allen Schülerinnen und Schülern größere Lernerfolge, auch bei den Lernschwächeren.

Die Publikationen von Hattie verdienen auch wegen der Art der Darstellung besondere Aufmerksamkeit: Hattie tritt nämlich leidenschaftlich für „sein" auf wissenschaftlichen Ergebnissen gegründetes Unterrichtsmodell ein. Sein Stil ist so mitreißend, dass ich ihn stets im Original zitiere und seine Ausführungen paraphrasiere, damit möglichst nichts von seinem Elan verlorengeht. Zudem versteht Hattie es, verschiedene Stilebenen auseinanderzuhalten. Wissenschaftliche Nachweise erläutert er eher nüchtern, die Darstellung der unterrichtspraktischen Konsequenzen dagegen ist anregend und packend.

Publikationen mit ähnlichen Ansätzen und vergleichbaren Ergebnissen, die lange vor Hatties Studien erschienen, erlangten dagegen keine besondere Aufmerksamkeit.

Eine sorgfältige Begründung von Unterrichtsmethoden durch die Ergebnisse empirischer Forschung, vor allem empirisch-experimenteller Forschung, hat beispielsweise Wellenreuther (2004; ²2010) schon vor fast zehn Jahren vorgelegt. Wie Hattie tritt auch der Lüneburger Wissenschaftler für die Direkte Instruktion ein und zeigt die Grenzen individualisierter Lernformen auf. An vielen Stellen sind die Inhalte seiner Ausführungen mit denen von Hattie identisch.

Besonderes Gewicht auf die Zusammenfassung empirisch-quantitativer Forschungsergebnisse hat außerdem Robert Marzano (1998) gelegt. Wie Hattie beziffert auch er die Wirkung von Unterrichtsstrategien in Form von Effektstärken.
Marzanos zahlreiche Untersuchungen, auf die sich auch Hattie stützt, bieten sich
für einen Vergleich mit den Ergebnissen anderer Forscher an. Darüber hinaus liegt
ein sehr kenntnisreiches Buch für die Hand von Lehrpersonen vor, welches sich
sowohl auf Marzano als auch auf Hattie stützt (PETTY 2004; [2]2009).

Im Rahmen der Beschreibung und Diskussion der Ansätze und Ergebnisse der
einzelnen Forscherinnen und Forscher (Kapitel 1 bis 5) versuche ich die Frage zu
beantworten, warum die Lehr- und Lernforschung im deutschsprachigen Raum
empirischen Ergebnissen und den daraus abgeleiteten unterrichtspraktischen Konsequenzen bisher so wenig Beachtung geschenkt hat. Ein Grund ist sicher in der Art
der Darstellung zu suchen: Die meisten deutschsprachigen Wissenschaftlerinnen
und Wissenschaftler schreiben für die *scientific community*, auch wenn sie angeben,
ihre Ausführungen seien hauptsächlich für Lehrpersonen gedacht. Vielleicht sollten
sie Hattie im Original lesen.

Die Konzepte lernwirksamen Unterrichts, die ich in diesem Buch nach der kritischen Besprechung der einzelnen Forschungsansätze vorstelle, beruhen einerseits
auf qualitativer Unterrichtsforschung, andererseits, und zwar zu einem weitaus
größeren Teil, auf empirisch-quantitativen Studien (Kapitel 6 bis 10). Erstrebens-
wert wäre aus meiner Sicht, dass zu den Zusammenfassungen von empirisch-
quantitativen Primärstudien auch umfangreiche Synthesen empirisch-qualitativer
Untersuchungen hinzukämen, um zu einer noch differenzierteren Sicht zu gelangen.

Ich wünsche mir, dass möglichst viele Lehrerinnen und Lehrer sich von den
unterrichtspraktischen Anregungen in diesem Buch angesprochen fühlen und sie –
nach angemessener Adaption – im eigenen Unterricht erproben. Die Orientierung
an empirischen Ergebnissen ist auf alle Fälle besser als ein Beharren auf liebgewonnenen Gepflogenheiten. Letztlich ist aber immer die Expertise der Lehrperson
entscheidend.

Ich danke Herrn Dr. Jens Seeling, dem Programm-Manager der WBG, für die
Geduld und Umsicht, mit der er meinen Tatendrang in die richtigen Bahnen zu
lenken wusste.

Kassel, im November 2013   *Inez De Florio-Hansen*
                                                          www.deflorio.de
                                                          deflorio@t-online.de

Prolog

Vortrag des Choreographen Royston Maldoom beim Kongress „Frühkindliche Bildung" (26. Oktober 2005) in der Staatsoper Unter den Linden, Berlin

[Ausschnitt aus dem Film „Rhythm is it!", Dokumentation eines Tanzprojekts für benachteiligte Kinder und Jugendliche; Berliner Philharmoniker, Dirigent: Sir Simon Rattle; Choreograph: Royston Maldoom; vgl. Epilog]

Moderatorin:
Meine Damen und Herren, heißen Sie bitte Herrn Royston Maldoom willkommen.

R. Maldoom:
Wenn junge Leute mit mir zusammen in einen Raum kommen, sei es in einem Gefängnis, in einer Grundschule oder einer weiterführenden Schule, gleichgültig, ob es Straßenkinder in Äthiopien oder traumatisierte Kinder in Bosnien sind, sobald sie hereinkommen, sind sie potentielle Künstler, und sie werden mit mir zusammen großartiges Theater machen. Wenn sie den Raum betreten, wissen sie sehr, sehr schnell, ob sie einem vertrauen können oder nicht. Es ist erstaunlich, wie diszipliniert und konzentriert man dann mit ihnen arbeiten kann und wie sehr sie das alles annehmen.

Aber wenn sie nur einen Augenblick lang spüren, dass man nicht an ihr Potential glaubt, wenn man Teil der Welt wird, die diese Kinder und Jugendlichen oft umgibt, eine Welt, die sie als gegeben hinnimmt, die sie nicht respektiert und die ihnen nur eingeschränkte Fähigkeiten zutraut, dann hören sie sofort auf und fallen in die Meinung zurück, die so viele Kinder von sich haben, und die auch viele von uns haben, nämlich Versager zu sein, jemand der nichts zustande bringt. Irgendwelche Zweifel daran, dass jemand, mit dem man arbeitet, nicht außergewöhnlich ist, werden diese Menschen spüren, und aufgrund der eigenen Beschränkungen wird man diese jungen Leute in ihren Möglichkeiten und dem Glauben daran einschränken … Deshalb sage ich, wenn ein Kind sein Potential nicht voll ausschöpft, dann ist es mein Fehler und nicht der Fehler des Kindes.

Wenn man zu ihnen sagt: „Breitet die Arme aus, breitet sie so weit aus, wie ihr könnt!", [Maldoom breitet die Arme weit aus] dann werden viele nur bis hierhin gehen [Er nimmt die Arme wieder um die Hälfte zurück].

Für mich ist das eine klare Aussage: Ich bin es nicht wert, mich bis dorthin zu strecken. Ich habe kein Recht, dort zu sein. Das bin ich. Das bin ich, wenn ich mich nach oben strecke [Maldoom hebt die Arme ein wenig in die Höhe].

Während der choreographischen Arbeit kann man zu dem Kind oder der Person gehen und sagen: Nein, schau, breite die Arme ganz aus, Brust heraus, Kopf hoch, schau nach vorn, steh' fest und wachse! [Maldoom unterstreicht seine Worte mit entsprechenden Gesten]

Glauben Sie mir, sobald Sie das einmal gemacht haben, wollen Sie nie mehr das da machen. [Er breitet die Arme wieder nur halb aus]
Das ist wirklich eine Veränderung.

[kurzer Ausschnitt aus dem Film „Rhythm is it!" Maldoom mit Kindern und Jugendlichen bei einer Probe]

Worauf Kinder jeden Alters bei der Ausbildung ansprechen, ist Leidenschaft und Menschen, die diese Leidenschaft und ihre Erfahrung mit ihnen teilen wollen. Deshalb gebrauche ich für gewöhnlich nicht das Wort Bildung. Ich nenne es Erwachsene, die ihre Leidenschaft und Erfahrung mit Kindern teilen wollen. Dabei spielt es keine Rolle, ob es sich um Tanz, Geographie oder Mathematik handelt, es ist diese Leidenschaft, die auf sie überspringt.

Wenn man Kunst vermitteln will, dann muss man, denke ich, den Weg tatsächlich gegangen sein, man muss wenigstens für einige Zeit am Leben dieser Kunst teilgenommen haben, man muss sich dafür engagiert haben. Denn in erster Linie müssen Sie allen Menschen, mit denen Sie arbeiten, vorangehen; man muss fähig sein, neue Herausforderungen zu schaffen, die den wachsenden Fähigkeiten dieser Menschen entsprechen und gleichzeitig muss man imstande sein, ihre Fähigkeiten weiterzuentwickeln, damit sie die neuen Herausforderungen bewältigen, die sie von einem erwarten.

(Vgl. Kahl 2011: DVD; der englische Text wurde von der Autorin transkribiert und ins Deutsche übertragen)

1. Evidenzbasiertes Lehren und Lernen

Auf dem Weg zum Lehrerzimmer denkt Alice W., eine Realschullehrerin, über die Englischstunde nach, die sie gerade in „ihrer" siebten Klasse gehalten hat. Die Schülerinnen und Schüler haben gut mitgearbeitet, und es gab auch keine nennenswerten Störungen. Trotzdem ist Alice irgendwie unzufrieden. Sie hat den Eindruck, ihr Unterricht könnte motivierender und lernwirksamer sein, vor allem für die lernschwächeren Schülerinnen und Schüler. Schon seit einiger Zeit sucht sie nach geeigneten Alternativen. Dabei denkt sie nicht an die rezeptartigen Praxisvorschläge aus den ansprechend aufgemachten Fachzeitschriften oder der Ratgeberliteratur, die sie gelegentlich nutzt. Sie glaubt auch nicht, dass die von Erziehungswissenschaftlern und Fachdidaktikern propagierten „Innovationen" sie wirklich weiterbringen. Ihrer Meinung nach beruhen die Beiträge von Experten häufig auf subjektiven Erfahrungen. Woher weiß man denn, dass die vorgeschlagenen Neuerungen in der Unterrichtspraxis tatsächlich zu besseren Lernergebnissen führen?

Im Lehrerzimmer angekommen, erzählt sie einer älteren Kollegin, was ihr schon länger durch den Kopf geht. Die befreundete Lehrerin kann Alices Bedenken nicht recht nachvollziehen: „Dein Unterricht funktioniert doch! Warum willst du dich auf etwas einlassen, was dich nur Zeit kostet und im Endeffekt nichts bringt? Was meinst du, wie viele Reformen ich schon mitgemacht habe, die nach anfänglicher Euphorie versandet sind? Also ich, ich habe meinen Lehrstil gefunden."

Der Rat der Kollegin, sich mit dem zufriedenzugeben, was im Unterricht irgendwie funktioniert, überzeugt Alice nicht. Sie sucht weiter nach Entscheidungshilfen. Sie möchte wissen, was besser wirken könnte als das, was sie bereits macht. Sie sucht nach Belegen dafür, dass bestimmte Unterrichtsstrategien tatsächlich lernwirksamer sind oder zumindest sein können als herkömmliche Methoden.

1.1 Ziele evidenzbasierter Pädagogik

Eine mögliche Antwort auf Fragen wie
- was wirkt besser bzw. was ist lernwirksamer oder
- was führt bei möglichst vielen Schülerinnen und Schülern zu nachhaltigen Lerneffekten?

ist evidenzbasiertes Lehren und Lernen.

Was heißt ‚evidenzbasiert'? Eine Unterrichtstrategie ist dann evidenzbasiert, wenn wissenschaftliche Belege für ihre Wirkung vorliegen. Aber da hat Alice einen

Einwand. Was nützt es, wenn die Lernwirksamkeit einer Unterrichtsmaßnahme durch eine einzige Studie belegt ist, mag sie auch noch so fundiert sein? Man kann sich doch leicht denken, dass es immer die eine oder andere Untersuchung gibt, die einen hohen Lerneffekt der Methode X oder Y nachweist, während andere Forscher dem widersprechen. Wie zutreffend diese Überlegung ist, zeigt die Durchsicht einschlägiger Fachpublikationen. Deshalb genügt es nicht, sich auf einige wenige empirische Studien zu verlassen. Evidenzbasiertes Lehren und Lernen bedeutet mehr. Die Ergebnisse möglichst aller Forschungsarbeiten zu einem bestimmten Bereich müssen geprüft und zusammengefasst werden. Erst dann kann man begründete Rückschlüsse auf mögliche Lerneffekte ziehen.

Der Terminus ‚evidenzbasiertes Lehren und Lernen‘ bzw. ‚evidenzbasierte Pädagogik‘ ist eigentlich irreführend. Es handelt sich um eine Übersetzung des englischen Begriffs *evidence-based teaching*. Wenn man im Deutschen sagt: „Das ist doch ganz evident", denkt man nicht an wissenschaftliche Nachweise. Mit dem Wort ‚Evidenz‘ verbindet man im Deutschen in erster Linie Bedeutungen wie ‚unmittelbare Einsichtigkeit‘ bzw. ‚Offensichtlichkeit‘. Auch im Englischen schwingen ähnliche Bedeutungsnuancen mit. Hauptsächlich aber denkt man beim englischen ‚evidence‘ an ‚Beleg‘ oder ‚Nachweis‘. Um größere Klarheit zu schaffen, haben deutschsprachige Experten vorgeschlagen, *evidence-based* mit ‚nachweisorientiert‘ wiederzugeben. Sie konnten sich jedoch nicht durchsetzen. Der Begriff ‚evidenzbasiert‘ ist inzwischen etabliert. Eine Wissenschaftsdisziplin, die schon lange und mit großem Erfolg ‚nachweisorientiert‘ arbeitet, ist die Medizin.

Ebenso wie die evidenzbasierte Medizin verfolgt auch die evidenzbasierte Pädagogik das Ziel, Praktikern und allen an Unterricht interessierten Personen die Ergebnisse der gesamten verfügbaren Forschung zu einer bestimmten Fragestellung in nachvollziehbarer, knapper Form zugänglich zu machen. Dies geschieht durch systematische Übersichtsarbeiten (*systematic review*) und/oder Meta-Analysen (*meta-analysis*), d.h. durch die Zusammenschau von Primärstudien (vgl. 1.6). Damit Lehrpersonen einen konkreten Nutzen aus den Forschungsübersichten ziehen können, genügt es selbstverständlich nicht, von „besser als …" oder „lernwirksamer als …" zu sprechen. Die Ergebnisse müssen mithilfe eines Mittelwerts sowie durch ein standardisiertes Wirkungsmaß (= Effektstärke; vgl. 1.7) beziffert werden. Liegen dann entsprechende Mittelwerte für verschiedene methodische Verfahren vor, können Lehrpersonen zwischen einzelnen Alternativen abwägen.

Wie kann wissenschaftliche Forschung, in unserem Fall evidenzbasierte Lehr- und Lernforschung, diese hochgesteckten Ziele überhaupt erreichen? Ist die Zusammenfassung möglichst aller vorliegenden Untersuchungen nicht sehr aufwendig und vor allem äußerst heikel? Ohne Zweifel stellt die Erarbeitung einer systematischen Übersicht bzw. einer Meta-Analyse sehr hohe Anforderungen an den begutachtenden Wissenschaftler (*reviewer*). Seine Vorkenntnisse, seine Sorgfalt und seine

Redlichkeit sind von herausragender Bedeutung. „Aber was ist mit den einzelnen Forschungsarbeiten?" fragt Alice. „Gibt es da nicht große Unterschiede in der Qualität?" In der Tat spielen nicht nur die Qualifikation und die Professionalität des *reviewers* eine wichtige Rolle. Noch entscheidender ist die Güte der sogenannten Primärstudien, die bei der Zusammenschau berücksichtigt werden.

Als Goldstandard empirischer Forschung, die zu evidenzbasiertem Lehren und Lernen beitragen kann, gelten Unterrichtsexperimente (vgl. 1.2). Sie gestatten – eher als Längsschnitt- oder Querschnittuntersuchungen und andere empirische Methoden (vgl. 1.3) – die Festlegung von Effekten, die für die Unterrichtspraxis relevant sein können.

1.2   Evidenz durch experimentelle Forschung

Um nicht auf Mutmaßungen angewiesen zu sein und die Wirkung einer Maßnahme numerisch benennen zu können, stützen sich Forscher bzw. Forschergruppen bei solchen systematischen Zusammenfassungen also in erster Linie auf experimentelle Studien. Unterrichtsexperimente ermöglichen konkrete Aussagen über die Wirksamkeit einer Unterrichtsmaßnahme. Wie lernwirksam sind beispielsweise zusätzliche veranschaulichende Hilfen wie das Erstellen von Begriffslandkarten (*concept mapping*) zur Verdeutlichung bestimmter Inhalte?

Um Lerneffekte des *concept mapping* nachzuweisen, reicht es nicht, den Einsatz dieser visualisierenden Hilfe im Unterricht zu beobachten und/oder Lehrende und Lernende nach ihren Einschätzungen zu befragen. Will man verlässliche Angaben zur Wirkung des *concept mapping* machen, muss man ein Experiment durchführen.

Aber Experiment ist nicht gleich Experiment, selbst wenn es im Unterricht oder unter unterrichtsähnlichen Bedingungen erfolgt. Im Rahmen des evidenzbasierten Lehrens und Lernens gelten sogenannte randomisierte Kontrollgruppenexperimente als besonders aussagekräftig und zuverlässig. Was bedeutet ‚randomisiert'? Unter Randomisierung versteht man die Verteilung der Versuchspersonen auf verschiedene Untersuchungsgruppen auf der Grundlage eines Zufallsmechanismus.

Ein randomisiertes Experiment verläuft in der Regel in folgenden Schritten: Nachdem man den Forschungsgegenstand konkretisiert hat (z. B. Welche Form des *concept mapping*? In welchen Fächern? Auf welcher Schulstufe? Wie oft in welchem Zeitraum? Von der Lehrperson oder von den Lernenden selbst erstellte *concept maps?*), wird eine angemessen große Zahl von Schülerinnen und Schülern auf zwei Gruppen, nämlich die Versuchsgruppen (= Experimentalgruppen) und die Kontrollgruppen, nach dem Zufallsprinzip (Randomisierung) verteilt. Warum ist es wichtig, dass wir uns mit diesen Einzelheiten beschäftigen? Auch randomisierte Kontrollgruppenexperimente können Einschränkungen unterliegen (vgl. unten). Zum einen sind immer Messfehler einzukalkulieren, die man kaum beeinflussen kann. Zum anderen müssen wir im Großen und Ganzen nachvollziehen können, wie der Forscher bzw. die Forschergruppe bei einem bestimmten Experiment vorgegangen ist, damit wir die allgemeine Aussagekraft und die Relevanz für unseren speziellen Lernkontext und für Schülerinnen und Schüler mit unterschiedlichem Lernverhalten einschätzen können.

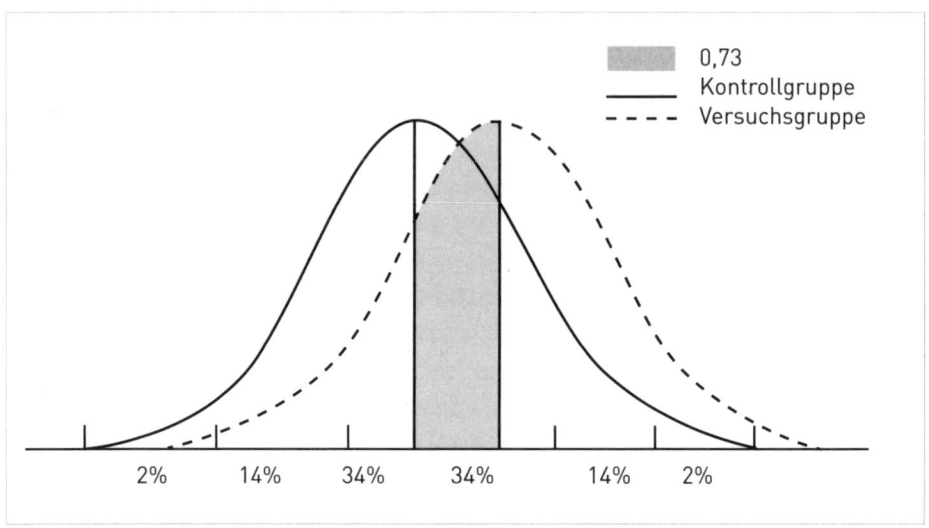

Abb. 1: Randomisiertes Kontrollgruppenexperiment

Zu Beginn des eigentlichen Experiments wird sowohl in den Versuchs- als auch in den Kontrollgruppen derselbe Vortest (*pretest*) durchgeführt. Anschließend kommt in den Versuchsgruppen das *concept mapping* nach vorher festgelegten Kriterien zum Einsatz, während die Kontrollgruppen den herkömmlichen Unterricht erhalten. Die Intervention, in unserem Fall das *concept mapping,* wird die unabhängige Variable genannt. Sie ist eine wählbare Einflussgröße. Statt des *concept mapping* könnte man auch die Wirkung von *advance organizers* untersuchen. Geprüft werden soll der Einfluss der unabhängigen Variablen (wenn …) auf die Lernleistung, die abhängige Variable (dann …). Nach Abschluss der Experimentalphase werden die Leistungen beider Gruppen durch einen Nachtest (*posttest*) ermittelt und miteinander verglichen. Bisweilen kommt auch das *after-only*-Design zum Einsatz, bei dem auf den Vortest verzichtet wird. Nach dem *posttest* zeigt sich, ob das *concept mapping* in der vorgegebenen Form überhaupt lernwirksam ist und vor allem wie groß die Lerneffekte sind.

Es ist nicht immer möglich, bei der Bildung der Versuchs- und Kontrollgruppen nach dem Zufallsprinzip zu verfahren. In solchen Fällen bietet sich eine Parallelisierung an: Es werden Paare von Lernenden gebildet, die hinsichtlich möglichst vieler Merkmale weitgehend identisch sind und dann getrennt der Versuchs- bzw. der Kontrollgruppe zugeordnet. Solche quasi-experimentellen Studien können bei sorgfältiger Planung einen hohen Aussagewert erreichen. Sie sind aber randomisierten Experimenten nicht gleichgestellt.

Warum aber gilt experimentelle Forschung als Goldstandard? Warum haben beispielsweise Querschnitt- oder Längsschnittuntersuchungen nicht den gleichen Stellenwert? Das liegt am sogenannten Kausalzusammenhang. Durch Experimente ist es am ehesten möglich, den Effekt einer Versuchsbedingung zu prüfen. Dennoch sind auch randomisierte Kontrollgruppenexperimente sowie Quasi-Experimente nicht immer frei von Verfälschungen.

Nehmen wir einmal an, ein Forscher sei sehr daran interessiert, *concept mapping* als besonders lernwirksam herauszustellen. Er wird sich folglich alle Mühe geben, besonders gute Begriffslandkarten zu erstellen bzw. erstellen zu lassen. Möglicherweise wird er finanzielle Mittel in die graphische Gestaltung der *concept maps* investieren. Vor allem aber wird er die Lehrpersonen, die in den Versuchsgruppen unterrichten, auf das Experiment einstimmen und ihnen die zu erwartenden positiven Effekte vor Augen führen. Oft müssen die Lehrpersonen auch vor der Untersuchung ein entsprechendes Training absolvieren. Wichtig ist, dass der Unterricht in der Kontrollgruppe wie üblich geplant und durchgeführt wird. Es gilt als Kunstfehler, wenn die Lernbedingungen in der Kontrollgruppe bewusst so gestaltet werden, dass möglichst wenig gelernt wird. Man erhält dann zwar einen starken Effekt, dieser ist aber wenig glaubwürdig (vgl. WELLENREUTHER: 2004; ²2010; Neubearbeitung 2013).

In den meisten Fällen werden solche Verzerrungen von anderen Wissenschaftlern aufgedeckt und in den Rezensionen kritisch besprochen. Es kommt häufig vor, dass Forscher bestimmte Untersuchungen oder Teiluntersuchungen wiederholen, wenn sie Zweifel am Forschungsdesign haben.

1.3   Evidenz durch nicht-experimentelle Forschung

Experimente mit großen Stichproben sind sehr aufwendig und werden deshalb im deutschsprachigen Raum nicht so häufig durchgeführt wie beispielsweise in den USA. Auch aus diesem Grund ist es oft unumgänglich, nicht-experimentelle Untersuchungen in die Betrachtung einzubeziehen, obgleich der Kausalzusammenhang fehlt, d.h. eine Zuordnung von Ursache und Wirkung nur eingeschränkt möglich ist. Aus der Fülle empirischer Forschungsansätze betrachten wir im Folgenden einige wenige Methoden, die für evidenzbasiertes Lehren und Lernen von Bedeutung sind.

In der Unterrichtsforschung werden häufig Quer- und Längsschnittuntersuchungen, sogenannte Korrelationsstudien, durchgeführt. Sie belegen Wechselwirkungen zwischen mindestens zwei Merkmalen. Es wird aber immer wieder darauf hingewiesen, dass die Wechselwirkung zwischen zwei Variablen keine Kausalität darstellt. Ein einfaches Beispiel verdeutlicht diesen Sachverhalt: Man hat beobachtet, dass Schülerinnen und Schüler, die während des Unterrichts immer wieder einen Schluck Wasser trinken, konzentrierter mitarbeiten als Lernende ohne regelmäßige Wasserzufuhr. Daraus zu folgern, dass die verbesserte Konzentration ursächlich mit dem Wasserkonsum zusammenhängt, ist ein Fehlschluss. Zumindest bedarf diese Behauptung der Überprüfung durch ein Experiment. Dann kann sich zeigen, dass die höhere Konzentration vermutlich andere, durch den Unterricht und/oder sonstige Faktoren bedingte Ursachen hat.

Bei Querschnittsuntersuchungen werden unabhängige und abhängige Variablen zum gleichen Zeitpunkt ermittelt. Durch eine Befragung von Lernenden und Lehrpersonen wird beispielsweise der Einfluss einer bestimmten Unterrichtsmethode, die vor der Untersuchung eingesetzt wurde, auf die Lernleistung ermittelt. Aus Korrelationen wird dann fälschlich auf Ursache und Wirkung geschlossen. Längsschnittuntersuchungen verfahren in ähnlicher Weise wie Querschnittuntersuchungen, erheben die Wechselwirkung (Korrelation) aber mehrmals und zu verschiedenen Zeitpunkten. Diese Untersuchungsmethoden beruhen also nicht auf dem kontrollierten Einsatz einer Strategie, wie z. B. des *concept mapping*, und der Messung des Effekts auf die Schülerleistung durch Vor- und Nachtest. Dennoch bieten Quer- und Längsschnittuntersuchungen interessante Einblicke in unterrichtliche Zusammenhänge. Oft führen sie zu relevanten Forschungsfragen und haben schon allein deshalb ihre Berechtigung.

Auch die Ergebnisse empirisch-qualitativer Studien werfen häufig wichtige Fragen auf, denen man in experimentellen Untersuchungen oder mit anderen quantitativen Methoden nachgehen kann. Qualitative Untersuchungen gewähren darüber hinaus nützliche Einblicke in soziale und affektive Zusammenhänge, die mit anderen Forschungsmethoden nur unzureichend erfasst werden können. Wie wir noch sehen werden, beruhen (ältere und neuere) Lern- und Gedächtnismodelle sowie Motivationstheorien häufig auf Ergebnissen empirisch-qualitativer Forschung (vgl. Kap. 3 und Kap. 4).

Auf welcher Grundlage legt ein Forscher bei der Erstellung einer systematischen Übersichtsarbeit oder einer Meta-Analyse die Güte der vorhandenen Untersuchungen genau fest? Wie können wir selbst bei der Lektüre solcher Forschungsüberblicke besser einschätzen, wie hieb- und stichfest die vorliegenden Ergebnisse sind? Hier kann die evidenzbasierte Medizin für die Unterrichtsforschung richtungsweisend sein, obgleich es ohne Zweifel Unterschiede zwischen nachweisorientierter medizinischer Forschung und evidenzbasierter Pädagogik gibt. Gegen eine zu starke Orientierung evidenzbasierter Lehr- und Lernforschung an der medizinischen Forschung wird oft die ‚Faktorenkomplexion' von Unterricht angeführt. Die Wirkung des Medikaments A im Vergleich zu derjenigen von Medikament B sei hingegen relativ leicht zu belegen. Überschätzt man da nicht die Komplexität eines Bereichs, den man gut kennt, im Vergleich zu der einer anderen Wissenschaftsdisziplin?

Um der medizinischen Forschung Kriterien an die Hand zu geben, wie mit unterschiedlichen Untersuchungen umzugehen ist, gibt es eine Reihe verbindlicher Klassifizierungen (z. B. das Klassifikationssystem des *ÄZQ, Ärztliches Zentrum für Qualität in der Medizin* oder dasjenige des *Centre for Evidence-based Medi-*

cine in Oxford). Für das evidenzbasierte Lehren und Lernen ist die Klassifizierung der *AHRQ* (*Agency for Healthcare Research and Quality;* www.ahrq.gov) nützlich. Die *AHRQ* empfiehlt eine Unterteilung in fünf Evidenzklassen.

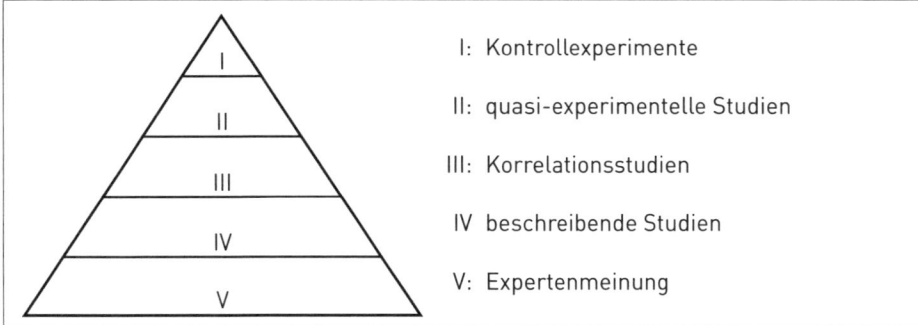

Abb. 2: Grade der Evidenz

Den höchsten Grad der Evidenz (Klasse I und Klasse II) erreichen hochwertige, randomisierte Experimente bzw. quasi-experimentelle Studien. Im mittleren Evidenzbereich (Klasse III) liegen gut angelegte, nicht-experimentelle deskriptive Studien (z. B. Vergleichs- oder Korrelationsstudien). Geringere Evidenz (Klasse IV und Klasse V) weisen beschreibende Studien sowie Expertenmeinungen auf. Diese Abstufung beruht auf der oben dargestellten Wertschätzung experimenteller Untersuchungen im Vergleich zu nicht-experimenteller Forschung. Die Ergebnisse der in den Klassen III, IV und V angeführten wissenschaftlichen Veröffentlichungen gelten daher als weniger aussagekräftig.

1.4   Auf dem Weg zur empirischen Wende

Warum konnte sich evidenzbasiertes Lehren und Lernen bisher in Deutschland (und im deutschsprachigen Raum) nicht in gleicher Weise durchsetzen wie in Skandinavien und den angelsächsischen Ländern? Darüber ist schon viel spekuliert worden. Mit einiger Sicherheit kann man sagen, dass die geisteswissenschaftliche Ausrichtung der deutschsprachigen Pädagogik sowie die mangelnde Kenntnis statistischer Verfahren eine größere Akzeptanz empirisch-quantitativer Forschung in den letzten Jahrzehnten verhindert haben. Erst durch die internationalen Vergleichsstudien wie TIMSS (*Third International Mathematics and Science Study*) und PISA (*Programme for International Student Assessment*) ist empirische Bildungsforschung ins Blickfeld eines größeren Personenkreises gelangt. Das mittelmäßige Abschneiden deutscher Schülerinnen und Schüler bei diesen Vergleichsuntersuchungen und die sich daraus ergebenden Debatten haben die Kritik an empirischer Forschung mit Sicherheit nicht verringert. Inzwischen wird aber auch in der Bundesrepublik von einer „empirischen Wende" gesprochen (vgl. z. B. HELMKE [4]2012: 14f.).

Zu Unrecht wird evidenzbasiertes Lehren und Lernen von einigen Wissenschaftlern als technokratisch abqualifiziert (vgl. BELLMANN & MÜLLER 2011). Empirisch-quantitative Forschung, insbesondere experimentelle Forschung, zergliedere Lehr-/Lernprozesse in unzulässiger Weise (ibid.). Außerdem sei es auch bei hochwertigen Kontrollgruppenexperimenten nicht möglich, die Wirkung anderer Faktoren auszuschließen. In keiner Untersuchung könne beispielsweise der Effekt der Lehrperson ausgeschlossen werden. Das ist unbestritten. Deshalb müssen Experimente sorgfältig geplant, transparent beschrieben und kritisch reflektiert werden. Sie gänzlich abzulehnen, käme einer unverantwortlichen Reduktion wissenschaftlicher Unterrichtsforschung gleich.

Auch Evidenz selbst gerät aus philosophischer Sicht in die Kritik (vgl. BELLMANN & MÜLLER 2011). Ob man einem Sachverhalt oder einer Erscheinung Evidenz zuschreibe, hänge von subjektiven Voreinstellungen und Wertungen ab. Als Alternative wird dann häufig die ganzheitliche Sicht auf Lehr- und Lernprozesse empfohlen, die freilich drängende Fragen von Lehrpersonen außer Acht lässt. Soll man Alice W. antworten, dass es letzte Wahrheiten ohnehin nicht geben kann? Dass sie das bereits weiß, wird an ihren Fragestellungen deutlich.

Ein weiteres Argument der Kritiker „naturwissenschaftlicher" Forschungsmethoden lautet: „Man kann nicht alles messen!" Auch das ist ohne Zweifel richtig, aber man kann weit mehr messen, als viele annehmen. Und das Messen kann, wie wir im Verlauf der folgenden Kapitel sehen werden, zu größeren Lerneffekten führen. Was spricht also gegen die kritische Prüfung der Lernwirksamkeit ausgewählter Verfahren und Strategien? Warum sollten Lehrende und Lernende nachweislich effektivere Methoden nicht in ihrem Lernkontext ausprobieren und durch Adaptionen zu verbesserten Alternativen gelangen?

1.5   Die Expertise von Lehrpersonen beim evidenzbasierten Lehren und Lernen

Möglicherweise sehen einige Experten in den Ergebnissen der evidenzbasierten Pädagogik auch ein „Herrschaftswissen", das Lehrpersonen, Schulleitungen und -verwaltungen sowie Bildungspolitiker unkritisch übernehmen könnten. Das Gegenteil ist intendiert:

Wie viele andere Verfechter des *evidence-based teaching* stellt Geoff Petty gleich zu Beginn seines Praxisbuchs (und an vielen anderen Stellen) Folgendes klar (PETTY [2]2009: 1): "Very successful procedures have been discovered without science in medicine, agriculture and education. We mustn't abandon our intuition or our own evidence; this is the final court of judgement." Auch ohne wissenschaftliches Wissen hat es in Medizin, Landwirtschaft und Erziehung große Fortschritte gegeben. Die letzte Instanz für unsere Urteilsfindung ist die eigene Intuition und der Nachweis, den wir aus unseren Erfahrungen herleiten können.

Analog zur evidenzbasierten Medizin geht es beim evidenzbasierten Lehren und Lernen außerdem um die Integration der drei Komponenten Lehrende–Forschung–Lernende: Da ist zunächst die Lehrperson mit ihrer Expertise. Sie allein kennt den Kontext und die speziellen Faktoren, die in ihren Lerngruppen wirksam sind. Diese Expertise wird dadurch erweitert (nicht ersetzt!), dass der Lehrperson alle einschlägigen Forschungsergebnisse zu einer für sie relevanten Frage zugänglich sind, und zwar in einsichtiger und verlässlicher Form. So wie in der Medizin – neben der Expertise des Arztes und der besten, verfügbaren Evidenz aus systematischer Forschung – die Bedürfnisse und Wünsche des Patienten den Ausschlag geben, sind es beim evidenzbasierten Lehren und Lernen diejenigen der Schülerinnen und Schüler.

1.6   Meta-Analysen und Mega-Analysen

In den letzten Jahrzehnten sind *systematic reviews* zunehmend durch Meta-Analysen ergänzt bzw. durch sie ersetzt worden. Meta-Analysen fassen Primär-Untersuchungen zusammen und beschreiben mithilfe statistischer Methoden die durchschnittliche Effektstärke in einem Bereich, d.h. sie untersuchen, ob ein Effekt vorliegt und wie groß er ist. Der Begriff ‚Meta-Analyse‘ wurde 1976 von Gene V. Glass eingeführt. Er (Glass 1976) definiert Metanalyse als *analysis of analyses*. Bei der Meta-Analyse werden – wie bei den *systematic reviews* – also keine eigenständigen empirischen Untersuchungen durchgeführt. Vielmehr handelt es sich um die Sekundäranalyse von Primärstudien.

Die erste systematische Auswertung, die man als Meta-Analyse bezeichnen kann, wurde bereits Anfang des 20. Jahrhunderts von dem britischen Mathematiker Karl Pearson durchgeführt mit dem Ziel, durch Zusammenfassung von Studien mit relativ kleinen Stichproben zu genaueren und gesicherteren Ergebnissen zu kommen.

Die Erarbeitung einer Meta-Analyse erfolgt in der Regel in folgenden Schritten:
1. Am Anfang steht eine Forschungsfrage, z. B. wie lernwirksam sind Hausaufgaben? Da man die Effekte von Hausaufgaben nicht für alle Schulformen, Schulstufen und Unterrichtsfächer untersuchen kann, erfolgt eine Eingrenzung des Forschungsgegenstands.
2. Es schließt sich eine systematische und möglichst erschöpfende Literaturrecherche an, d.h. in unserem fiktiven Beispiel versucht der Forscher, alle Untersuchungen, die die Wirksamkeit von Hausaufgaben in einem bestimmten Bereich empirisch-quantitativ erforscht haben, ausfindig zu machen.
3. In der Sekundäranalyse im engeren Sinn werden nun die vorhandenen Studien auf der Grundlage der Qualitätskriterien, die für empirische Forschung gelten, geprüft. Bei der Auswahl spielen die oben skizzierten Grade der Evidenz eine wichtige Rolle.
4. Die ausgewählten Publikationen werden kodiert und elektronisch aufbereitet.

5. Anschließend werden die Daten einer statistischen Analyse unterzogen.
6. Am Ende müssen die Ergebnisse der statistischen Datenanalyse sachgerecht aufbereitet und hinsichtlich der Forschungsfrage angemessen interpretiert werden.

Aus der kurzen Beschreibung des mehrstufigen Prozesses bei der Erarbeitung von Meta-Analysen wird deutlich, dass die Güte solcher Synthesen zum Zweck der Generalisierung ganz wesentlich darauf beruht, welche Untersuchungen berücksichtigt werden und welche wegen mangelnder Qualität nicht in die Meta-Analyse einfließen (vgl. 1.3).

Ein (extremes) Beispiel macht deutlich, wie mühsam und problematisch die Auswahl geeigneter Primarstudien sein kann: Eine Forschergruppe um Carole J. Torgerson hat die Wirkung bestimmter Maßnahmen zur Förderung der Lese- und Rechenfähigkeiten von Erwachsenen (*adult literarcy and numeracy*) untersucht und in einer Meta-Analyse zusammengefasst. Carole Torgerson und ihre Mitarbeiter haben 4555 Studien gesichtet, aber letztlich nur zwölf (!) in ihre Meta-Analyse integriert (vgl. TORGERSON ET AL. 2005). Die ausgesonderten Untersuchungen stellten keinen eindeutig bestimmbaren Zusammenhang zwischen Ursache (Förderprogramm) und Wirkung (Verbesserung der Lese- und Rechenleistung der Versuchspersonen) her.

Einige Forscher und Forschergruppen begnügen sich inzwischen nicht mehr mit Meta-Analysen. Sie fassen möglichst viele, in einem Fall sogar alle, verfügbaren Meta-Analysen zu einer Mega-Analyse, d.h. einer Meta-Meta-Analyse, zusammen. Was wir aus solchen aufwendigen Unternehmungen für die evidenzbasierte Verbesserung von Lehren und Lernen entnehmen können, wird am Beispiel von John Hattie (2009; 2012; HATTIE & ANDERMAN 2013) im folgenden Kapitel dargestellt. Dabei bietet sich ein Vergleich von Hatties Mega-Analyse mit den Ergebnissen der umfangreichen empirisch-experimentellen Forschungen von Robert J. Marzano (1998; MARZANO ET AL. 2001) und Martin Wellenreuther (2004, ²2010) an.

1.7   Die entscheidende Größe: Effektstärken

Wie wird nun der Effekt einer Unterrichtsstrategie im Einzelnen festgelegt, sodass auch Lehrpersonen sich ein Bild von der Lernwirksamkeit dieses oder jenes Verfahrens machen können? Generell werden die Ergebnisse empirischer Untersuchungen bisher häufig durch die statistische Signifikanz ausgedrückt. Statistisch signifikant ist ein Forschungsergebnis, wenn es sehr unwahrscheinlich ist, dass das Ergebnis allein auf den Zufall zurückzuführen ist. Diese statistische Größe sagt jedoch nichts über die Stärke der (tatsächlichen) Wirkung eines experimentellen Faktors aus. Folglich ist die statistische Signifikanz im Zusammenhang mit der Verbesserung von Lehren und Lernen nicht wirklich relevant.

Aufgetretene Wirkungen hingegen werden nicht durch statistische Signifikanz, sondern durch die Berechnung einer durchschnittlichen Effektstärke beschrieben (vgl. auch zum Folgenden WELLENREUTHER 2004, ²2010; Neubearbeitung 2013). Dabei handelt es sich um ein standardisiertes Maß, das die Stärke von Zusammenhängen in praktisch bedeutsamer Form benennt. Durch die Angabe der Effektstärke erhalten Lehrpersonen beispielsweise Anhaltspunkte dafür, ob und wie lernwirksam eine Intervention, z. B. der Einsatz des *concept mapping*, in den Versuchsgruppen im Vergleich zu den Kontrollgruppen ist. Handelt es sich nur um einen geringen Effekt, sodass Aufwand und Ertrag in keinem angemessenen Verhältnis stehen? Oder zeigt sich ein mittlerer oder gar großer Effekt, der die Erprobung im eigenen Unterricht nahelegt?

Um als Lehrperson den Aussagewert der numerischen Angabe von Effektstärken in Meta- oder Mega-Analysen besser verstehen und daraus Konsequenzen für das eigene unterrichtliche Handeln ableiten zu können, sollte man im Groben wissen, wie Effektstärken berechnet werden. Die folgende Darstellung ist stark vereinfacht (genauere Angaben zur statistischen Berechnung von Effektstärken und weiterer Einzelheiten finden sich beispielsweise bei MARZANO et al. 2001; WELLENREUTHER Neubearbeitung 2013).

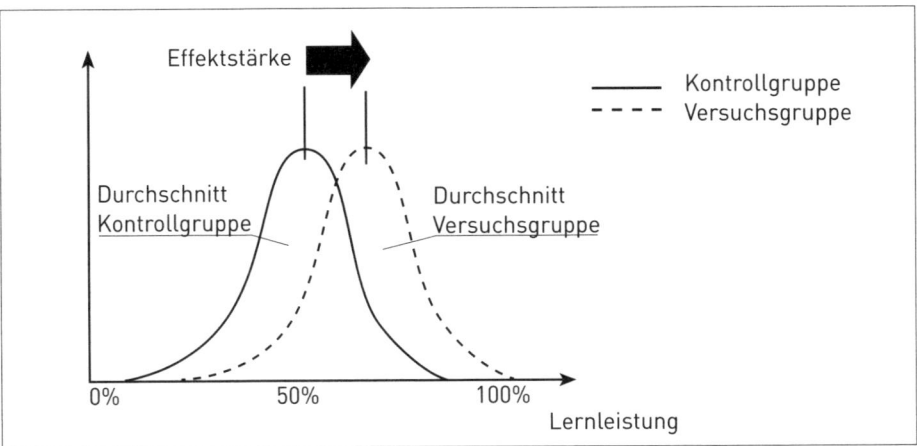

Abb. 3: Effektstärken in experimenteller Forschung

Effektstärken geben Unterschiede der Mittelwerte von Versuchs- und Kontrollgruppe in Einheiten der Standardabweichung an (vgl. WELLENREUTHER Neubearbeitung 2013). Was bedeutet Standardabweichung? Bei dieser statistischen Größe handelt es sich um die Streuung einer Variablen um den Mittelwert. Ein einfaches Beispiel (vgl. TERHART 2011 in Anlehnung an HATTIE 2009) ist die Verteilung der Körpergröße bei Männern und Frauen. Misst man die Größe einer ausgewählten Stichprobe, liegen sehr viele Männer und Frauen nahe am Mittelwert, d.h. sie weichen in ihrer Körpergröße nur geringfügig vom festgestellten Durchschnittswert der Männer oder der Frauen ab. Die Zahl derer hingegen, die deutlich größer oder kleiner sind, nimmt ab, je weiter man sich vom Mittelwert entfernt. Stellt man diese Ergebnisse graphisch dar, erhält man die oben abgebildete Normalverteilung in Glockenform (Gaußsche Kurve). Es gibt unendlich viele Normalverteilungen, die sich hinsichtlich des Mittelwerts und der Streuung, aber nicht in Bezug auf die charakteristische Glockenform, unterscheiden. Mit anderen Worten: Es gibt schmale hohe und kleine breite Glockenkurven, je nachdem, wie groß die Zahl der Abweichungen vom festgestellten Mittelwert ist.

Veranschaulichen wir uns den Nutzen dieser statistischen Einzelheiten am Beispiel der möglichen Lernwirksamkeit des *concept mapping*. Betrachten wir obige Abbildung genauer: Die linke Glockenkurve zeigt die Testergebnisse der Kontrollgruppen, die am herkömmlichen Unterricht ohne Einsatz von Begriffslandkarten teilgenommen haben. Die rechte (gestrichelte) Kurve verdeutlicht die Testergebnisse der Versuchsgruppen, in denen das *concept mapping* nach festgelegten Kriterien zum Einsatz gekommen ist. Der Abstand zwischen den beiden Mittelwerten gibt (nach entsprechenden statistischen Berechnungen) die Effektstärke an. Nach Hattie (2009: 168; vgl. Kap. 2) beträgt die Effektstärke für das *concept mapping* d = 0.57.

1.8   Grenzen von Meta- und Mega-Analysen

Bevor ich auf die häufig geäußerten Einschränkungen von Meta-Analysen eingehe, möchte ich auf die Grundvoraussetzung für die Erstellung einer Meta-Analyse, nämlich die Notwendigkeit statistischer Expertise, hinweisen. Obgleich es selten als Nachteil von Meta- und Mega-Analysen angesehen wird, ist der Kreis der Forscher, der diese umfänglichen Studien erarbeiten kann, ohne Zweifel eingeschränkt. Hierzu schreibt Hartley (HARTLEY 2012: E135) in seiner Besprechung von Hatties *Visible Learning for Teachers* (2012): "To my mind, the most serious criticism is that, in order to calculate an effect-size, you have to know or be able to work with certain statistical data." In der Tat ist es ohne vertiefte Erfahrungen mit statistischer Datenauswertung unmöglich, Effektstärken zu berechnen. Hinzu kommt, dass der subjektive Faktor auf alle Fälle bei der Aufbereitung und Interpretation der Daten eine große Rolle spielt (vgl. 1.6, Schritt 6 bei der Erarbeitung einer Meta-Analyse).

Für viele Kritiker besteht das Hauptproblem von Meta-Analysen im *garbage in-garbage out*-Faktor. Wer Müll, d.h. Studien minderer Qualität, in eine Meta-Analyse aufnimmt, kann auch nur Müll herausbekommen. Mit anderen Worten: Eine Meta-Analyse ist nur so gut, wie die Primärstudien, die in ihr berücksichtigt werden. Ihre Sorgfalt und ihre Redlichkeit (vgl. 1.1) stellen Forscher dadurch unter Beweis, dass sie ihr Vorgehen beim Erstellen einer Meta-Analyse offenlegen. Bei der Darlegung sollten sie zumindest Antworten auf folgende Fragen ermöglichen:

- Bezieht der Forscher nur Ergebnisse aus randomisierten Experimenten oder Quasi-Experimenten in seine Meta-Analyse ein?

- Macht er den Rückgriff auf andere quantitative Studien explizit? Womit begründet er ihn?
- Wie gewichtet er Primärstudien minderer Qualität, wenn er nicht ganz auf sie verzichten will?
- Wie geht er mit unterschiedlichen Stichprobengrößen um? D.h. gehen Studien mit kleinen Stichproben gleichwertig mit den Ergebnissen aus größeren Stichproben in die Berechnung der Effektstärken ein oder erfolgt eine Gewichtung?
- Sichtet er die Primäranalysen auch hinsichtlich der relevanten Begriffe, d.h. ist beispielsweise mit *concept mapping* stets ein vergleichbares Verfahren gemeint?
- Bemüht er sich, auch Studien einzubeziehen, die unveröffentlicht geblieben sind, weil sie nur geringe oder sogar konträre Effekte belegen?

Diese Fragen sollen Praktikern und an Unterricht interessierten Personen helfen, vorgelegte Meta-Analysen leichter zu beurteilen, denn Meta-Analysen können einen herausragenden Beitrag zur Verbesserung des Lehrens und Lernens leisten (zur praxisbezogenen Nutzung der wesentlichen Erkenntnisse aus neueren Meta-Analysen vgl. Kap. 6 bis 10). Meta-Analysen gestatten die Zusammenfassung einschlägiger Forschungsergebnisse aus kleineren Untersuchungen zu einer Gesamtschau und ermöglichen durch die Angabe der Effektstärken eine wichtige Orientierung für die Unterrichtspraxis. In jedem Fall ist eine auf Evidenz basierende Praxis einer auf Gewohnheit gegründeten Praxis („Das habe ich schon immer so gemacht") vorzuziehen. Warum sollten wir nicht doch auf liebgewonnene Gewohnheiten, die nachweislich keine positive oder sogar negative Wirkung entfalten, verzichten?

1.9   Der Wahrheit auf der Spur

Ist eine mittlere oder hohe Lernwirksamkeit einer Lehr- bzw. einer Lernstrategie durch vertrauenswürdige Meta-Analysen belegt, müssen wir als Lehrpersonen drei wichtige Punkte berücksichtigen:

1. Die vorliegenden Effektstärken einer Methode ergeben sich aus der Mittelung der Effektstärken der ausgewählten Primärstudien. Möglicherweise wurden diese Primärstudien immer in einem bestimmten Kontext durchgeführt. Ob diese Befunde dann auf einen anderen Lernkontext übertragbar sind, bleibt offen.
2. Wir erfahren, dass eine Intervention unter bestimmten Voraussetzungen je nach der Höhe der Effektstärke mehr oder weniger lernwirksam ist. Warum eine bestimmte Lehr- oder Lernstrategie diese oder jene Wirkung entfaltet, wissen wir damit noch nicht.
3. Außerdem müssen sich Lehrpersonen und Lernende überlegen, inwieweit sie die empirisch überprüfte Maßnahme für ihren Lernkontext adaptieren können, denn eine Eins-zu-eins-Umsetzung ist so gut wie nie möglich.

Generell gilt zudem, dass eine Plausibilitätsannahme oder eine Theorie nur so lange Gültigkeit hat, bis sie widerlegt und durch bessere ersetzt wird (vgl. Poppers Kriterium der Falsifizierbarkeit). Dazu schreibt Petty (PETTY [2]2009: 5):

> But getting the truth is far from being easy, so we need to keep an open mind. Thanks to more effective research we are learning fast, and the best evidence available can only give us the best guess so far. Medical and agricultural practice changes as new evidence becomes available; education should be the same.

Dass es schwierig ist, der Wahrheit auf die Spur zu kommen, werden wir im folgenden Kapitel sehen. Petty rät dazu, stets aufgeschlossen zu bleiben. Aufgrund der zunehmend besseren Forschung können wir rasch dazulernen, denn auch der beste empirische Beleg gilt nur vorläufig. In der medizinischen und der landwirtschaftlichen Praxis wird das Vorgehen verändert, sobald es neue Nachweise gibt. Pettys Ansicht nach sollten wir bei Erziehung und Bildung ebenso verfahren.

2. Ergebnisse evidenzbasierter pädagogischer Forschung

David C. unterrichtet Deutsch und Gesellschaftslehre in einer Ganztagsschule, die sich an Konzepten der Reformpädagogik orientiert. Das Wichtigste für David C. ist die Betreuung eines Jahrgangs durch dasselbe Lehrerteam von Klasse 5 bis einschließlich Klasse 10. Individualisiertes Lernen hat Vorrang. Die Lernenden bearbeiten von den Lehrkräften sorgfältig konzipierte Aufgaben, die nach Schwierigkeit gestaffelt sind. In kurzen Abständen überprüfen sie ihre Leistungen selbst anhand von kurzen, auf die jeweiligen Aufgaben abgestimmten Tests. In den Phasen des individualisierten Lernens bieten die Lehrpersonen den Lernenden gezielte Rückmeldung und Beratung an. Viele Schülerinnen und Schüler helfen sich auch untereinander und kommen dadurch gut voran.

Die Erstellung des Materials hat die Lehrerteams in den ersten Jahren sehr viel Zeit gekostet, weil sich die meisten Schulbücher als ungeeignet erwiesen. Ohne einen Austausch der Materialien – untereinander und über die Jahrgangsstufen hinweg – wäre das gar nicht zu schaffen gewesen.

Seit einiger Zeit ist die Aufregung groß. Angeblich weist ein neuseeländischer Forscher in einer großen wissenschaftlichen Untersuchung nach, dass individualisiertes Lernen und kleinere Lerngruppen nichts oder nicht viel bringen. Alles, was an Davids Schule erfolgreich praktiziert wird, soll weniger lernwirksam sein als stark von der Lehrperson gesteuerte Unterrichtsformen. David liest eine der zahlreichen Besprechungen des Buches. Zu seinem Erstaunen stimmt er mit den in der Rezension wiedergegebenen Hauptaussagen des Forschers völlig überein. Auf engagierte Lehrpersonen komme es an. Sie sollen das Lernen aus der Perspektive der Schülerinnen und Schüler betrachten, und die Lernenden müssten nach und nach zu ihren eigenen Lehrern werden. Wichtig sei häufiges Feedback. Das macht David neugierig, und er beschließt, sich das Buch zu kaufen oder besser noch, es für die Schule anschaffen zu lassen.

2.1 John Hattie und sein Forschungsprojekt

Führt man sich vor Augen, wie mühselig, aufwendig und problematisch es ist, gute Meta-Analysen zu erstellen, muss man sich wundern, dass ein einziger Forscher alle verfügbaren Meta-Analysen zu einer Mega-Analyse zusammengefasst. Genau das hat John Hattie getan. Er hat die gesamte erziehungswissenschaftliche englisch-sprachige Forschung zu allen erdenklichen Faktoren, welche die kognitive Leistung von Lernenden in Schule und Hochschule beeinflussen, in einer Synthese vereinigt.

John A. C. Hattie war Professor für Erziehungswissenschaft an der *University of Auckland,* Neuseeland und Direktor der dortigen *Visible Learning Labs.* Seit 2011 ist er Direktor des *Melbourne Education Research Institute* an der *University of Melbourne,* Australien. Ende 2008 hat er eine Studie vorgelegt mit dem Titel: *Visible Learning – A synthesis of over 800 meta-analyses relating to achievement* (HATTIE 2009). In diese Mega-Analyse, mit der Hattie weltweit Aufsehen erregt, sind mehr als 50000 Primäranalysen eingeflossen; die Bibliographie umfasst über 70 Seiten.

Um Hatties Leistung besser einschätzen zu können, sollte man seine Vorausset-zungen und seine Arbeitsbedingungen berücksichtigen: Hattie ist Statistikexperte. Er hat über ein entsprechendes Thema an der *University of Toronto,* Kanada, pro-moviert. Nach eigenen Angaben hat er ca. 15 Jahre an der Studie gearbeitet. Dabei wurde er von einem Forschungsteam unterstützt, und ihm sind ca. 31 Millionen Aus$ (das entspricht über 20 Millionen Euro) an Fördergeldern zugeflossen (vgl. *Times Educational Supplement* vom 14.09.2012).

In seiner Mega-Analyse beschränkt Hattie sich auf die kognitive Leistung der Lernenden. Zahlreiche andere Erziehungs- und Bildungsziele, z. B. „Kreativität oder Demokratiefähigkeit, der Sinn für Ästhetik und fürs Soziale" (vgl. SPIEWAK 2013) bleiben unberücksichtigt. Die konstruktive, durchaus wohlwollende Kritik einer Gruppe von Wissenschaftlern der *Massey University,* Neuseeland, geht in dieser Hinsicht noch weiter: "To be more accurate, he [Hattie] is concerned not with achievement but with achievement that is amenable to quantitative meas-urement" (SNOOK ET AL. 2009: 95).

Hattie selbst räumt ein, dass Statistik sein vorrangiges Betätigungsfeld ist. Folglich geht es ihm auch nicht um Interaktionen im Klassenzimmer mit ihren kontextspezifischen Ausprägungen (Hattie 2009: VIII).

Darüber hinaus spielen die Auswirkungen von Armut und Unterprivilegierung in Hatties Studie keine Rolle, denn Letztere seien zwar beklagenswert, können seiner Ansicht nach jedoch nicht durch die Schule beeinflusst werden (vgl. HATTIE 2009: VIII-IX). Im Widerspruch dazu steht, dass er u.a. die Effektstärke für das Geburtsgewicht bei Frühchen (*pre-term birth weight,* d = 0.54; ibid.: 51f.) berech-net. Da Hattie sich mit seiner Mega-Analyse auch an Bildungspolitiker wendet bzw. von ihnen rezipiert wird, ist der Vorwurf von Snook und Mitautoren (SNOOK ET AL. 2009: 95) bedenkenswert: "As we shall see, social class background is indeed more important than many of the issues discussed in this book and hence policy decisions cannot be drawn in isolation from the background variables of class, poverty, health in families and nutrition."

2.2   Die Hattie-Studie

Wenn man John Hattie gerecht werden will, sollte man mindestens die einleitenden Kapitel 1 bis 3 und das Schlusskapitel 11 aufmerksam durchlesen (vgl. HATTIE 2009, deutsche Übersetzung Hattie 2013; ich beziehe mich stets auf die englische Originalausgabe). Viele kennen Hatties Untersuchung nämlich nur vom Hörensagen, andere haben das Buch durchgeblättert und einige Passagen gelesen. Wie beim Rorschach-Test (vgl. ROLFF 2013), einem psychotherapeutischen Verfahren zur Deutung von Tintenklecks-Faltbildern, legen viele in Hatties Ausführungen hinein, was ihren Interessen und Überzeugungen entspricht. Das muss auch David C. feststellen, nachdem sich interessierte Kolleginnen und Kollegen mit dem Inhalt des Buches vertraut gemacht haben.

- Die einen sind begeistert, weil Hattie die Bedeutung engagierter, kompetenter Lehrpersonen besonders unterstreicht. Andere sehen Hatties Plädoyer für die Lehrperson differenzierter: Wer spielt innerhalb einer Schule eine so entscheidende Rolle wie die Lehrkraft? Wenn man Schulen mit Schulen vergleicht, kann eigentlich nur herauskommen, dass die Unterschiede zwischen einzelnen Lehrenden wichtiger sind als Unterschiede zwischen Schulen (vgl. HATTIE 2009: 72f.).
- Ein Kollege hat schon länger nach Ausführungen zu verschiedenen Formen des Feedbacks gesucht und sich sofort in Hatties Ausführungen zum Feedback vertieft. Endlich hat er Anregungen gefunden, die mit seinen Überzeugungen übereinstimmen. Nun möchte er einige Vorschläge möglichst bald in seinem Unterricht umsetzen (vgl. HATTIE 2009: 12f.; 23ff.; 173ff.).
- Eine Kollegin hat Hatties Studie lediglich durchgeblättert und zur Seite gelegt. Sie stört, dass so viele Faktoren unverbunden nebeneinander stehen. Eher zufällig stößt sie auf den Abschnitt zum Kooperativen Lernen (vgl. HATTIE 2009: 212ff.). Da verschiedene Formen von Gruppenarbeit im Schulkonzept eine herausragende Rolle spielen, beschäftigt sie sich näher mit den einzelnen Effektstärken und findet ihre Einschätzungen weitgehend bestätigt.
- David selbst hat natürlich zuerst nach der Wirksamkeit für individualisiertes Lernen geschaut, weil Hattie für diesen Faktor nur eine geringe Effektstärke nachweist (HATTIE 2009: 198, d = 0.23). Nachdem er den kurzen Abschnitt durchgelesen hat, in dem Hattie verschiedene Meta-Analysen bespricht, ist er beruhigt. Die Definition von *Individualised Instruction* in der Hattie-Studie stimmt nur zu einem geringen Teil mit dem Vorgehen an seiner Schule überein.

Da David Fachsprecher für Deutsch ist und zudem die Sitzungen seines Jahrgangsteams moderiert, möchte er sich selbst und den Kolleginnen und Kollegen zunächst einen Überblick verschaffen, bevor man sich von pauschalisierenden Urteilen zur Hattie-Studie in der einen oder anderen kürzeren Rezension in die Irre führen lässt. Allen Lehrpersonen und sonstigen an Unterricht interessierten

Personen kann man die ausführlicheren Darstellungen von Ulrich Steffens sowie von Ulrich Steffens und Dieter Höfer empfehlen. Ein Hintergrundartikel der beiden zuletzt genannten Autoren vom 27.08.2012 (STEFFENS/HÖFER vgl. bm:ukk: Die Hattie-Studie) ist besonders zu empfehlen. Interessant ist auch Ewald Terhart (2011), der Hattie in verschiedener Hinsicht kritisiert und angreift, sich aber hinsichtlich der Kritik am Forschungsdesign (vgl. unten) auffällig zurückhält. Informieren kann man sich außerdem auf den eigens eingerichteten Lernplattformen www.visible-learning.de. und www.visible-learning.org/de. Hier findet man zahlreiche weiterführende Hinweise und Videos, die Hattie bei Vorträgen und Interviews zeigen.

Den Titel *Visible Learning* gibt man im Sinne evidenzbasierter Forschung am besten mit ‚belegbar' bzw. ‚erkennbar' wieder (vgl. STEFFENS 2011). Die Hattie-Studie ist klar gegliedert:

In der Einleitung unterstreicht Hattie u. a. die herausragenden Leistungen des neuseeländischen Bildungssystems und seiner Lehrpersonen. Nach der jüngsten PISA-Studie befindet sich Neuseeland eher im Mittelfeld: „In the 2013 rankings, New Zealand slipped from seventh to 13th in reading, seventh to 18th in science and form 13th to 23rd in maths" (Campbell 2013 online). Anschließend erläutert Hattie (Chap. 1: *The challenge*, HATTIE 2009: 1–6) die Herausforderung, vor die ihn seine Mega-Analyse gestellt hat. Studien haben bisher hauptsächlich belegt, dass eine bestimmte Strategie irgendwie lernwirksam ist. Nun will Hattie herausfinden, welche Unterrichtsstrategien besonders große Lerneffekte hervorrufen.

Bereits im Vorwort legt Hattie dar, dass er in seiner Studie auf Kritik an der bestehenden Forschung grundsätzlich verzichtet (vgl. HATTIE 2009: IX). Darüber hinaus räumt er ein, dass er sich vornehmlich auf Korrelationsstudien und nur zu einem geringen Teil auf randomisierte Kontrollgruppenuntersuchungen bzw. Quasi-Experimente stützt (vgl. HATTIE 2009: 4) (vgl. die kritische Rezension von HIGGINS & SIMPSON 2009). Wichtiger für ihn ist, was „über jeden vernünftigen Zweifel hinaus" (*„beyond reasonable doubt"*) Gültigkeit beanspruchen kann, und er betont, dass das Unterrichtsmodell, welches er in Kapitel drei (Chap. 3: *The argument*, ibid.: 22–38; vgl. auch Chap. 11: *Bringing it all together*, ibid.: 237–261) vorstellt, möglicherweise spekulativ ist: "The model I will present in Chapter 3 may well be speculative …" (HATTIE 2009: 4).

Im zweiten Kapitel (Chap. 2: *The nature of the evidence – A synthesis of meta-analyses*, ibid.: 7–21) beschreibt Hattie sein Vorgehen beim Synthetisieren der Meta-Analysen und der Berechnung der Effektstärken. Auch hier begründet Hattie noch einmal die fehlende Auswahl der Studien (ibid.: 11): "The aim should be to summarize all possible studies regardless of their design – and then ascertain if quality is a moderator to the final conclusions." Hattie fasst also alle vorhandenen Studien unabhängig von ihrem Design zusammen, um am Ende zu klären, ob deren Qualität einen Einfluss auf die Schlussfolgerungen hat.

Leicht nachzuvollziehen ist hingegen Hatties Forderung (ibid.: 7ff.), dass man nicht einfach fragen darf: Was wirkt?, sondern vielmehr fragen muss: Was wirkt am besten? Als Schwellenwert für die Effektstärke legt er d = 0.40 fest. Effektstärken von d = 0.20 bis d = 0.40 bei den Outcomes gelten nach Hattie als klein, von d = 0.40 bis d = 0.60 liegen sie im mittleren Bereich, und Lerneffekte über d = 0.60 bezeichnet er als groß. Dass andere Forscher Effektstärken anders bewerten, wird im Rahmen der unten dargestellten Untersuchungen von Marzano (vgl. 2.5) und Wellenreuther (2.6) deutlich. Ab dem „hinge point" (wörtlich: Gelenkpunkt; HATTIE 2009: 17f.) von d = 0.41 befinden wir uns nach Hattie im „Bereich der erwünschten Effekte" („zone of desired effects", HATTIE 2009: 19). Hatties Überzeugung nach kann man ab d = 0.41 nämlich von einem Effekt sprechen, der eine Erprobung bzw. Einführung der Maßnahme im Unterricht als lohnend erscheinen lässt.

Besonders interessant und für die Praxis hilfreich ist Hatties Vorgehen bei den festgelegten Faktoren: Er bringt sie aufgrund der für jeden Faktor berechneten mittleren Effektstärke in eine Rangfolge (Appendix B; Appendix A listet alle Meta-Analysen auf) und bietet in den Kapiteln 4 bis 10 für alle Faktoren die Visualisierung in Form eines Barometers an. Auf diesem Barometer ist die mittlere Effektstärke für den jeweiligen Faktor eingetragen. Zusätzlich weist das Barometer jedes Mal aus, welche Effektstärken durch Reifung und durch die Teilnahme am Unterricht bei einer (durchschnittlichen) Lehrperson während eines Schuljahrs eintreten. Die beiden letzten Werte sind logischerweise für alle Faktoren gleich.

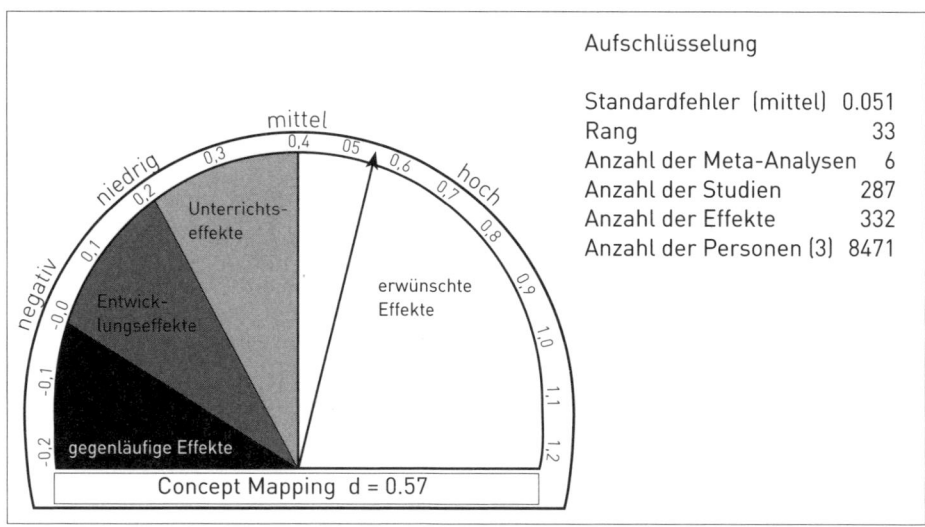

Abb. 4: Effektstärken-Barometer (HATTIE 2009: 168)

Im Begleittext zu den einzelnen Effektstärken gibt Hattie zusätzliche Hinweise. Da es sich bei den angegebenen Effektstärken um Mittelwerte handelt, sollte man auf alle Fälle diese kurzen Erläuterungen durchlesen, wenn man einem Faktor besondere Bedeutung beimisst. Beim Faktor ‚Hausaufgaben' (d = 0.29) erfährt man dann beispielsweise, dass die Lernwirksamkeit im Primarbereich sehr gering, im Sekundarbereich aber vergleichsweise hoch ist und mit zunehmender Klassenstufe weiter ansteigt (vgl. HATTIE 2009: 234–236). Bedenken muss man auch, ob es sich um die übliche oder eine optimierte Hausaufgabenpraxis handelt (vgl. Wellenreuther: 2004, ^{2}2010, Neubearbeitung 2013). Das gilt übrigens für viele Faktoren.

Im dritten Kapitel (Chap. 3: *The argument,* ibid.: 22–38) erläutert Hattie die (älteren und neueren) Lernmodelle, auf die er sich stützt (ibid.: 26ff.). Auf dieser Grundlage fasst er die Fülle der vorliegenden Forschungsgegenstände zu Faktoren zusammen, welche die (messbare) kognitive Lernleistung beeinflussen können. Aus den Primärstudien filtert er 138 Faktoren heraus (in der Publikation von 2012 sind es bereits 150, vgl. 2.3), die er sechs Bereichen zuordnet: Einflüsse des Schülers, des Elternhauses, der Schule, des Curriculums, der Lehrperson sowie der Unterrichtsverfahren. Oberhalb des Schwellenwerts von d = 0.40, also ab d = 0.41, liegen 63 Faktoren, darunter 75.

Fünf dieser Bereiche werden in je einem Kapitel, die Kategorie Unterrichtsstrategien in zwei Kapiteln dargestellt (Chap. 4–10, ibid.: 39–236). Im Schlusskapitel (Chap. 11: *Bringing it all together,* ibid.: 237–261) versucht Hattie, die einzelnen Faktoren in Beziehung zueinander zu setzen und zu einem Unterrichtsmodell zusammenzufügen, obgleich er nur isolierte Faktoren empirisch untersucht.

Es ist nicht allein das gigantische Ausmaß von Hatties Studie, welches zur weltweiten Diskussion seiner Ergebnisse geführt hat. Für Überraschung sorgt die Tatsache, dass viele Faktoren, von deren Wirkung man überzeugt war bzw. ist, nur geringe Effektstärken in Hatties Mega-Analyse erreichen (z. B. *Individualized Instruction* Rang 100 von 138, d = 0.23). Einige in vielen westlichen Ländern abgelehnte oder zumindest kontrovers diskutierte Faktoren hingegen weist er als besonders lernwirksam aus (z. B. *Direct Instruction* Rang 26 von 138, d = 0.59).

Um den Vorrang von Direkter Instruktion – oft auch als *Interactive Whole-Class Instruction* bezeichnet – gegenüber offenen Unterrichtsformen zu untermauern, stellt Hattie den Lehrer als aktivierenden Gestalter („activator") demjenigen des unterstützenden Lernbegleiters („facilitator") gegenüber (vgl. ibid.: 243):

Lehrer als Gestalter (activator)	d	Lehrer als Lernbegleiter (facilitator)	d
Reziprokes Lehren	0.74	Simulationen und Lernspiele	0.32
Feedback	0.72	Entdeckendes Lernen	0.31
Lautes Denken der Schüler	0.67	kleinere Klassengrößen	0.21
Meta-kognitive Strategien	0.67	Individualisiertes Lernen	0.20
Direkte Instruktion	0.59	Problemorientiertes Lernen	0.15
Mastery learning	0.57	getrennter Unterricht für Jungen und Mädchen	0.12
Herausfordernde Ziele	0.56	Webbasiertes Lernen	0.09
Effekte häufiger Testung	0,46	Ganzheitliche Lesemethoden	0.06
Verhaltensziele/advance organizers	0.41	Induktives Unterrichten	0.06
Mittelwert activator	0.60	Mittelwert facilitator	0.17

Abb. 5: Effektstärken für Lehrer als „Gestalter" und Lehrer als „Lernbegleiter"

Die Zuordnung der Konzepte in obiger Tabelle könnte auch anders erfolgen. Das unterstreichen Ulrich Steffens und Dieter Höfer in ihren Betrachtungen zur Hattie-Studie (2012: 13):

> Einige der wirkungsmächtigen Faktoren zu „teacher as activator" könnten ebenso gut den offenen Lernformen zugerechnet werden. Beispielsweise enthalten die Konzepte „Reciprocal teaching", „Meta-cognitive strategies" und „Mastery learning" auch typische Komponenten offener Lernformen. Ferner kann gefragt werden, warum die Faktoren „Smaller class sizes" und „Different teaching for boys and girls" dem „Teacher as facilitator" zugeschlagen werden.

Die beiden Autoren empfehlen daher eine differenzierte Betrachtungsweise. Wie wir in den folgenden Kapiteln (vgl. insbesondere Kap. 5 bis 10) sehen werden, verbindet Hattie ebenso wie andere Experten mit Direkter Instruktion keineswegs darstellenden oder darbietenden Frontalunterricht. Vielmehr geht es um eine Methodenkonzeption, die sich entscheidend auf „Reciprocal teaching", „Meta-cognitive strategies" und „Mastery learning" sowie weitere schülerorientierte Lernformen stützt.

2.3 Weitere Publikationen von John Hattie

Es ist sinnvoll, die sogenannte Hattie-Studie im Zusammenhang mit weiteren Publikationen des Forschers zu betrachten.

Im Jahr 2012 hat Hattie ein Buch mit dem Titel: *Visible Learning for Teachers. Maximizing Impact on Learning* veröffentlicht (HATTIE 2012; deutsche Übersetzung HATTIE 2013). Darin überträgt er die Ergebnisse seiner Studie auf den Unterricht. Es folgt eine ausführliche Darstellung von der Vorbereitung und

Planung über die Durchführung bis hin zur Evaluation durch vielfältige Formen des Feedbacks. Interessant ist der leidenschaftliche, geradezu missionarische Stil des Forschers, den man schon aus Teilen der vorangegangenen Studie, z. B. dem Kapitel 3 (Hattie 2009: 22–38), kennt. Dieser Stil, der im Gegensatz zum nüchternen Ton der wissenschaftlichen Analysen steht, macht den Reiz von Hatties Veröffentlichungen aus. Dazu schreibt Ivo Arnold (2011: 2):

> I find the visible learning story a convincing story. I believe most teachers will agree with the book's main message that effective instruction cannot take place without proper feedback from student to teacher on the effectiveness of the instruction. Hattie also convincingly argues that the effectiveness of teaching increases when teachers act as activator instead of as facilitator, a view which I find refreshing in a time when teaching approaches such as problem-based learning have the effect of sidelining the instructor. My problem with the book is, however, that I would have been convinced even without the empirical analysis.

In der Tat ist die „Geschichte", die Hattie über das Lernen zusammenfügt, nicht nur überzeugend, sondern aus meiner Sicht auch spannend. Viele Lehrpersonen werden Hattie darin folgen, dass Unterricht nur dann wirklich effektiv ist, wenn (auch) die Schülerinnen und Schüler der Lehrperson ein geeignetes Feedback zur Wirkung des Unterrichts geben. Auch sonst kann man Arnold zustimmen: Hattie wird viele Lehrpersonen davon überzeugen, dass ihr Unterricht lernwirksamer sein kann, wenn sie ihn aktiv gestalten und sich nicht damit begnügen, die Lernenden nur stützend zu begleiten. Hatties Ausführungen sind in der Tat erfrischend in einer Zeit, in der Ansätze wie problem-lösendes Lernen die Lehrperson als Randfigur erscheinen lassen. Das Problem, welches Arnold mit Hatties Publikationen hat, ist der Eindruck des Rezensenten, dass er von Hatties „Lern-Geschichte" auch ohne die empirische Analyse überzeugt wäre.

Auffällig ist auch der teilweise freie Umgang von Hattie mit den Ergebnissen seiner Mega-Analyse, den man als Empiriker beklagen mag, als Praktiker aber vermutlich begrüßen wird. Was eine Übernahme von Hatties Unterrichtskonzept erschwert, sind folgende Punkte:

1. Konkrete Beispiele fehlen im Rahmen der unzähligen Empfehlungen für die Praxis fast vollständig. Die wenigen Vorschläge, die Hattie ausführt, lassen sich nicht ohne Weiteres auf den deutschsprachigen Kontext übertragen.
2. Es wird eine geradezu verwirrende Fülle von Kategorisierungen, Klassifizierungen und Unterteilungen vorgenommen. Mit anderen Worten: Man braucht viel Ausdauer, um auch nur die wesentlichen Punkte von Hatties Unterrichtsmodell aufzunehmen.
3. Hattie besteht auf der vollständigen Übernahme seines Unterrichtsmodells. Dafür fehlen aber bei uns die Voraussetzungen: So dürfte es schwer sein, die

erforderlichen Übereinkünfte mit Bildungspolitikern und der Schulaufsicht zu treffen, die Zeit und die Bereitschaft für den notwendigen Austausch unter den Kolleginnen und Kollegen zu finden, die Unterrichtsverpflichtung der Lehrpersonen so zu reduzieren, dass sie die detaillierten Unterrichtsvor- und -nachbereitungen leisten können, und die Verlage oder pädagogische Institutionen zur Erstellung der geeigneten Lehr- und Lernmaterialien zu veranlassen (vgl. WELLENREUTHER 2004, ²2010).

Diese Einschränkungen bedeuten nicht, dass die Ergebnisse von Hatties Arbeit für uns nicht relevant sind. Es ist unsere Aufgabe, sie im Vergleich zu anderen evidenzbasierten Vorgaben zu prüfen und die Anregungen zu übernehmen, die für Lehrpersonen und Lernende im deutschsprachigen Raum richtungsweisend sind und die wir mit gutem Willen unter den gegebenen Umständen umsetzen können. All denen, die Zeit und Muße haben, sei die Lektüre von Hatties „Lehrer-Buch" in Gänze empfohlen, am besten auf Englisch, denn nur so kommt man in den Genuss von Hatties mitreißenden Ausführungen.

Unbedingt empfehlenswert ist die Lektüre der Kapitel 1–3 der Publikation von 2012 (Chap. 1: *Visible learning inside*, HATTIE 2012: 1–6), (Chap. 2: *The source of the ideas*, ibid.: 9–12), (Chap. 3: *Teachers: the major players in the education process*, ibid.: 22–34). In diesen einleitenden Kapiteln fasst Hattie seine Studie knapp zusammen. Im letzten Kapitel (Chap. 9: *Mind frames of teachers, school leaders, and systems*, ibid.: 149–170) ist der Teil *Eight mind frames* – gemeint ist Geistes- und Gemütsverfassung – (ibid.: 159ff.) aufschlussreich, auch wegen des in den abschließenden Übungen enthaltenen *Your personal health check for visible learning* (ibid.: 169).

Am Rande vermerkt sei, dass die Zahl der synthetisierten Meta-Analysen in der Publikation von 2012 auf über 900 angewachsen ist. Mit dieser Erweiterung versucht Hattie auch der Kritik zu begegnen, viele der in der vorangegangenen Hattie-Studie berücksichtigten Meta-Analysen seien zu alt und daher in Teilen überholt, z. B. was den Faktor Lehrerbildung angeht (vgl. TERHART 2011: 284f.). Es ist freilich nicht zu ändern, dass eine Zusammenschau von Forschungsergebnissen mehr oder weniger „historisch" ausfällt. Das gilt nicht nur für Hattie. Dabei gehen Forscher häufig stillschweigend davon aus, dass die Zukunft absehbar ist und sich von der Gegenwart nicht wesentlich unterscheidet.

Zusammen mit Eric M. Anderman von der *Ohio State University*, USA, hat Hattie im Jahr 2013 einen Sammelband herausgegeben: *International Guide to Student Achievement* (HATTIE & ANDERMAN 2013). In erster Linie soll diese umfangreiche Publikation belegen, dass die von Hattie untersuchten Kategorien und auf der Basis der Effektstärken propagierten Konzepte nicht vorrangig von ihm, sondern von Forscherinnen und Forschern weltweit vertreten werden. Auch dieses Projekt hat gigantische Ausmaße: Auf ca. 500 Seiten erläutern Forscher bzw. Forschergruppen in über 150 Beiträgen ihre Positionen. Dass so viele zu Wort kommen, haben die beiden Herausgeber ermöglicht, indem sie die Länge der einzelnen Beiträge auf durchschnittlich drei Druckseiten festgelegt haben. Die Beiträge sind – zur leichteren Orientierung – gleich aufgebaut: Nach einer kurzen Einleitung folgt ein Abschnitt zu den empirischen Belegen (*Research Evidence*), an den sich die Zusammenfassung mit Empfehlungen und das Literaturverzeichnis anschließen.

Sieht man das neunseitige Inhaltverzeichnis durch, stellt man fest, dass die neun Sektionen im Großen und Ganzen dem Aufbau der Hattie-Studie von 2009 folgen. Die erste und einleitende Sektion wird von Hattie und Anderman selbst betreut. Im gesamten Handbuch stammt nur ein einziger Beitrag von Hattie, und zwar 4.7 *Class size* (HATTIE 2013: 131ff.). Die Aussage von Hattie, dass eine Verringerung der Klassenstärke von 25 auf 15 nur unwesentlich zur Verbesserung der Lernleistung beitrage und man das Geld besser an anderen Stellen investiere, löst einerseits Begeisterung bei Schulleitern und Schulverwaltungen sowie bei Bildungspolitkern aus, hat aber andererseits zahlreiche Kritiker auf den Plan gerufen.

Als Beispiel für Hatties Vorgehen gehe ich kurz auf den Faktor *Class size* ein. In der Studie von 2009 erreicht die Klassengröße lediglich eine Effektstärke von d = 0.21 und rangiert auf Rang 106 von 138 (HATTIE 2009: 85–88). In früheren Analysen, nämlich einer Übersicht von Effektstärken (*table of effect sizes,* vgl. Hattie o.J.), auf die Petty ([2]2009: 69) sich stützt, hat Hattie die Lernwirksamkeit von kleineren Klassen sehr viel positiver dargestellt.

Im Sammelband (HATTIE 2013: 131ff.) räumt Hattie ein, dass man eigentlich nichts über die Wirkung kleinerer Klassen hinsichtlich der Lernleistung aussagen kann. Studien deuten darauf hin, dass die Reduzierung der Klassenstärke im Primarbereich zu größeren Lerneffekten führt als in höheren Klassen. Generell hat sich aber herausgestellt, dass die Lernwirksamkeit kleinerer Klassen vor allem deshalb so gering ausfällt, weil die Lehrpersonen genauso unterrichten wie in Klassen mit 25 und mehr Schülern, d.h. dass es für den Unterricht in kleinen Lerngruppen einer zusätzlichen Qualifizierung bedarf. Hattie schließt seinen Beitrag im Sammelband wie folgt (ibid.: 132): "Given the enormous costs and the high levels of advocacy by teachers and parents for lower class size, it is necessary to rephrase the key question from does class size reduction positively influence student achievement toward how can we optimize teaching in small classes."

Aufgrund der enormen Kosten für kleinere Klassenstärken und der hohen Zustimmung, die sie bei Lehrpersonen und Eltern genießen, muss die Schlüsselfrage neu formuliert werden, und zwar von: Beeinflusst die Verkleinerung der Klassenstärke die Lernleistung der Schüler positiv? zu: Wie können wir das Unterrichten in kleinen Klassen verbessern? Ich erinnere an das oben angeführte Falsifikationskriterium von Popper (vgl. 1.9): Eine Theorie hat nur solange Gültigkeit, bis sie widerlegt und durch eine bessere ersetzt wird.

Auch in seinem 2014 zusammen mit G. Yates veröffentlichten Buch: *Visible Learning and the Science of How We Learn* gibt es hinsichtlich der Klassengröße keine neuen Erkenntnisse. Generell dient diese Publikation der Untermauerung von Hatties Unterrichtsmodell auf der Grundlage von neueren (empirischen) Untersuchungen.

2.4 Schatzsuche

Die kritischen Anmerkungen zur Hattie-Studie und den weiteren Veröffentlichungen des Forschers sollen – wie bereits ausgeführt – den Wert seiner Analysen, auch für uns, nicht generell in Frage stellen. Obige Anmerkungen zum Vorgehen und den Resultaten von Hatties Forschungsprojekt dienen in erster Linie dazu, für einen reflektierten und kritischen Umgang mit seinen Ergebnissen sowie ähnlichen systematischen Übersichtsarbeiten und Meta-Analysen zu sensibilisieren. Ein wichtiger Impuls der von evidenzbasierter Pädagogik ausgehen kann, ist meines Erachtens die Schärfung des Blicks auf das eigene Unterrichten. Wir sollten das eigene Lehren aus einer neuen Perspektive sehen und dadurch konstruktiv-kritische Distanz zu liebgewonnenen Gewohnheiten und festgefahrenen Überzeugungen gewinnen. Unter dieser Prämisse kann man Andreas Helmke ([4]2012: 168) zustimmen, der die empirische Basis seines Kapitels zur Unterrichtsqualität wie folgt ergänzt: „Neu hinzugekommen ist die umfassendste Synthese schulleistungsbezogener Bedingungsfaktoren, die es jemals gegeben hat und die unser Bild lernwirksamer Faktoren ändern wird: Hatties (2009) „Visibile Learning", ergänzt um „Visibile Learning for Teachers".

Im Vorwort zu dieser 4. Auflage (ibid.: 13) nennt Helmke die beiden Publikationen von Hattie „Meilensteine", an denen sich jede zukünftige Darstellung des empirischen Forschungsstandes orientieren muss.

Die Einordnung von Hatties Befunden gestattet uns, Evidenz als das zu betrachten, was sie ist. Wie bereits oben angedeutet, geht es nicht um letzte Gewissheiten, denn auch bei evidenzbasierter pädagogischer Forschung spielen subjektive Entscheidungen eine große Rolle. Hattie stellt von vorherein nur die kognitive Lernleistung und das, was sich dabei beziffern lässt, in den Mittelpunkt seiner Betrachtung. Damit entspricht er dem Zeitgeist, der auf Effektivität und Effizienz ausgerichtet ist.

Eine solche Sicht ist freilich auch in unseren Breiten von Nutzen. Zwar scheint eine falsche Dichotomie Instruktion vs. Individualisierung überwunden. Es wird aber eine „Methodenvielfalt" propagiert, die weitgehend der empirischen Evidenz entbehrt. Darüber hinaus fragt man sich bei der Lektüre von Beiträgen zum individualisierten Lernen, ob und welche Rolle eigentlich die fachlichen Inhalte dabei spielen. Viele wissenschaftliche Publikationen gehen nicht darauf ein, wie fachliche Kompetenz im Sinne von Wissen, Können und Einstellungen (vgl. WEINERT 1999) mit anderen wichtigen Bildungszielen verbunden werden kann.

Ausgewählte Ergebnisse und zahlreiche Überlegungen von Hattie lassen sich ohne Weiteres auf die Schulsysteme der meisten westlichen Gesellschaften übertragen. In den folgenden Kapiteln des vorliegenden Buches begeben wir uns auf

Schatzsuche. Wir werden herausfinden, welche Konzepte lernwirksamen Unterrichts sich aus evidenzbasierter pädagogischer Forschung, insbesondere aus experimentellen Untersuchungen, ableiten lassen. Damit wir den Schatz nicht aus den Augen verlieren, beschränken wir uns auf diejenigen Forschungsergebnisse, die von Lehrpersonen ohne zusätzliche externe Ressourcen umgesetzt werden können. Die Leserinnen und Leser mögen nach der Lektüre selbst entscheiden, ob sie auch dann noch an liebgewonnenen Gewohnheiten festhalten wollen, wenn es nachweislich bessere, gut belegte Alternativen gibt.

Bei meinen Vorschlägen beschränke ich mich nicht auf die Untersuchungen von Hattie. Ich beziehe die Analysen und Überlegungen von zwei weiteren Wissenschaftlern ein. Lange vor Hattie sind sie aufgrund der Zusammenschau empirischer, insbesondere experimenteller, Forschung zu vergleichbaren Ergebnissen wie der neuseeländische Forscher gekommen. Evidenzbasiertes Lehren und Lernen ist seit Mitte der 1990er Jahre auch im deutschsprachigen Raum eine wichtige, zum Nachteil vieler Schülerinnen und Schüler jedoch stark vernachlässigte Option. Es besteht allerdings die Hoffnung, dass der Hype um Hattie der evidenzbasierten Pädagogik zu der Bedeutung verhilft, die ihr zukommt.

2.5 Robert Marzano und sein Forschungsprojekt

Bereits Ende der 1990er Jahre hat der US-amerikanische Forscher Robert J. Marzano eine sehr umfangreiche Studie mit dem Titel: *A Theory-Based Meta-Analysis of Research on Instruction* veröffentlicht (vgl. MARZANO 1998). Marzano ist Leiter des *Mid-Continent Research for Education and Learning* in Aurora, Colorado. Der Studie von 1998 sind zahlreiche Untersuchungen vorausgegangen und gefolgt (z. B. MARZANO 2000; 2003).

Die Ergebnisse von Marzano, auf die sich Hattie in größerem Umfang stützt, sind für uns aus folgenden Gründen bedenkenswert:
- Die Meta-Analysen von Marzano sind mit großer Sorgfalt erarbeitet.
- Der theoretische Ansatz von Marzano ist differenzierter als der von Hattie.
- Marzano konzentriert sich auf Unterrichtsstrategien, die Lehrpersonen und Lernende im Unterricht ohne Weiteres erproben und einführen können.
- Wie nach ihm viele Experten, die sich auf wissenschaftliche Belege stützen, misst er der engagierten Lehrperson große Bedeutung bei.
- Marzano transferiert seine Forschungsergebnisse in gut verständlicher Form auf die konkrete Unterrichtspraxis.

Classroom instruction that works: Research-based strategies for increasing student achievement ist der Titel des Buches, in dem Marzano zusammen mit zwei Mitarbeitern seinen Ansatz kurz erläutert, um anschließend die Ergebnisse seiner Meta-Analysen ausführlich in konkrete Unterrichtsvorschläge und Ratschläge für die Praxis zu integrieren (MARZANO ET AL. 2001).

Gleich im ersten Kapitel (Chap. 1: *Applying the Research on Instruction: An Idea Whose Time Has Come*) wird deutlich, dass evidenzbasiertes Lehren und Lernen für Marzano hohen Stellenwert hat: "With all of the limitations of this book acknowledged, we again affirm our belief that we are at the beginning of a new era in education – one in which research will provide strong, explicit guidance for the classroom teacher."

Auch wenn Marzano mögliche Einschränkungen der dargestellten Forschung einräumt, ist er dennoch davon überzeugt, dass im Bereich der Erziehung eine neue Ära angebrochen ist – Lehrpersonen werden sich von einschlägigen, expliziten Forschungsergebnissen leiten lassen.

Anschließend erläutert er knapp, was man unter einer Meta-Analyse versteht und wie man Effektstärken berechnet (vgl. oben 1.7). Gestützt auf Jacob Cohen (1988) betrachtet er Effektstärken von 0.20 als klein, im mittleren Bereich liegen Effektstärken von 0.50, und als hoch werden Effektstärken von 0.80 gewertet. Wie in obiger Liste angedeutet, beschränkt sich Marzano auf Unterrichtsstrategien (*Instructional Strategies*). Zu lernwirksamem Unterricht gehören für ihn selbstverständlich auch Techniken der Klassenführung (*Management Techniques*) und die Ausgestaltung des Curriculums (*Curriculum Design*), die in weiteren Meta-Analysen berücksichtigt werden sollen (zur Angabe weiterer Effektstärken vgl. Kap. 6 bis 10).

Aus den vorliegenden Primärstudien haben Marzano und seine Mitautoren diejenigen Unterrichtsstrategien herausgefiltert und in Meta-Analysen zusammengefasst „that have a high probability on enhancing student achievement for all students in all subject areas at all grade levels". Die neun Unterrichtsstrategien (vgl. die ausführliche Darstellung von MARZANO ET AL. 2001 in Chap. 2 bis 10) sollen also für alle Lernenden, in allen Fächern und auf allen Klassenstufen lernwirksam sein. Es handelt sich weitgehend um Strategien, die wir auch unter Hatties 138 Faktoren finden, z. B. Visualisierungen (*Nonlinguistic representations*), kooperatives Lernen (*Cooperative learning*) und die Überprüfung der gesetzten Ziele durch Feedback (*Setting objectives and providing feedback*).

Wie Geoff Petty (vgl. Kap. 1) warnt auch Marzano (MARZANO et al. 2001: 8) an mehreren Stellen vor der unkritischen Übernahme der dargestellten Unterrichtsstrategien: "Instructional strategies are tools only. Although the strategies presented in this book are certainly good tools, they should not be expected to work equally well in all situations."

Unterrichtsstrategien sind also lediglich Werkzeuge. Und auch wenn die in Marzanos Veröffentlichung von 1998 dargestellten Strategien sicher gute Werkzeuge sind, darf man nicht erwarten, dass sie in allen Situationen gleichermaßen gut funktionieren.

Was ist nun das Besondere an Marzanos theoretischem Ansatz? An dieser Stelle gehe ich nur auf zwei Aspekte ein. Weitere Einzelheiten integriere ich in die praxisbezogenen Kapitel des vorliegenden Buches (vgl. insbesondere Kap. 6 bis 10).

Zum einen haben Marzanos Forschungen ergeben, dass die ausgewählten Strategien zwar eine hohe Lernwirksamkeit aufweisen, dass sich die Effekte aber je nach den Fähigkeiten der Lernenden unterscheiden. Bei lernstarken Schülerinnen und Schülern weisen dieselben Strategien eine Effektstärke von 0.91 auf, Lernende im Mittelfeld verbessern ihre Leistungen um 0.70, während bei Lernschwächeren der Leistungszuwachs nur eine Effektstärke von 0.64 erreicht. Um zu verhindern, dass sich die Schere zwischen den Lernenden immer weiter öffnet, werden für die Anwendung einzelner Strategien bestimmte zusätzliche Maßnahmen empfohlen, die allen Schülerinnen und Schülern eine in etwa gleiche Steigerung ihrer Lernergebnisse ermöglichen sollen.

Zum anderen kategorisiert Marzano die Unterrichtsstrategien (und andere Interventionen) danach, was sie im Lernenden aktivieren:

1. Am wichtigsten sind die Auswirkungen auf das Selbst (*self-system*). Darunter fasst Marzano zusammen, wie Lernende ihre Fähigkeiten einschätzen, welche Bedeutung bzw. welchen Wert sie dem Lerngegenstand beimessen und wie wahrscheinlich der eigene Lernerfolg für sie ist.
2. Die Lernwirksamkeit hinsichtlich des meta-kognitiven Systems (*meta-cognitive system*) steht an zweiter Stelle. Es geht darum, wie Schülerinnen und Schüler für sich selbst Lernziele festlegen, wie sie ihre Lernprozesse in Richtung auf diese Ziele überwachen und wie sie mit auftauchenden Schwierigkeiten umgehen.
3. Zuletzt folgen die Auswirkungen auf das kognitive System, also auf das Denken und den veränderten gedanklichen Umgang mit dem vorliegenden Material, um die angestrebten Ziele zu erreichen.

Geoff Petty (²2009: 73) gibt dazu folgenden Hinweis: "He [Marzano] argued that the self-system activates the meta-cognitive system, which activates the cognitive system, which creates learning! (No wonder teaching is so difficult!)" Vorrang räumt Marzano aufgrund seiner Meta-Analysen dem Selbst ein, welches das meta-kognitive System aktiviert. Letzteres setzt das kognitive System in Gang. Diese wechselseitige Aktivierung löst letztlich Lernprozesse aus. Dass Unterrichten wirklich nicht einfach ist, haben wir schon vorher gewusst!

2.6   Martin Wellenreuther und sein Forschungsprojekt

In Abschnitt 2.2 bin ich kurz darauf eingegangen, dass Hattie für weithin propagierte offene Unterrichtsformen nur geringe Effektstärken ausweist. Anhand seiner Analysen kann er hingegen zeigen, dass lehrergesteuerte Methoden wie Direkte Instruktion besonders lernwirksam sind. Im deutschsprachigen Raum werden diese Ergebnisse teilweise mit Verwunderung und nicht zuletzt mit Skepsis aufgenommen (vgl. TERHART 2011). Dabei gibt es auch in Deutschland bekannte empirisch arbeitende Experten wie z. B. Helmke, Klieme und Lipowsky sowie prominente Hirnforscher wie Gerhard Roth, die seit Jahren mehr oder weniger deutlich zum

Ausdruck bringen, dass individualisiertes Lernen im Vergleich zu angemessenen (!) lehrergesteuerten Methoden nicht besonders lernwirksam ist.

Wohlgemerkt: Es geht nicht um Fördermaßnahmen für lernschwächere Schülerinnen und Schüler oder solche mit größeren Lernrückständen. Förderung erfolgt am besten individuell und in möglichst kleinen Lerngruppen (vgl. z. B. DE FLORIO-HANSEN & KLEWITZ 2011). Offene Unterrichtsformen hingegen, zu denen auch von den Schülerinnen und Schülern verantwortetes individualisiertes Lernen gehört, schaden dem „Mittelfeld" und den Lernschwächeren. Leistungsstärkere Schülerinnen und Schüler kommen mit diesen Lernformen zwar zurecht, aber auch sie könnten noch bessere Lernergebnisse erzielen, wenn die „Individualisierung" durch Vorgaben und Feedback stärker lehrergesteuert wäre.

Wie steht es nun mit den Anforderungen an evidenzbasiertes Lehren und Lernen? Wie in der Definition des Begriffs in 1.1 erläutert, genügt es nicht, sich auf die eine oder andere empirische Studie zu stützen. Vielmehr muss möglichst die gesamte empirische Forschung herangezogen werden.

Die Veröffentlichungen von Martin Wellenreuther, einem Forscher am Institut für Pädagogik an der Universität Lüneburg, zeigen, dass es bereits seit den ausgehenden 1990er Jahren auch in Deutschland Forschungsarbeiten gibt, die auf umfänglichen wissenschaftlichen Belegen basieren. Schon mit dem Untertitel seines Hauptwerks (WELLENREUTHER 2004, ²2010) *Lehren und Lernen – aber wie? Empirisch-experimentelle Forschungen zum Lehren und Lernen im Unterricht* macht Wellenreuther deutlich, dass er in der Regel nur die Ergebnisse von Experimenten in seine Analysen einbezieht.

Die Aussagen zu einzelnen Faktoren sowie das daraus abgeleitete Unterrichtsmodell stimmen in großen Teilen mit denen von Hattie und Marzano überein, obgleich Wellenreuther einen anderen forschungsmethodischen Ansatz verfolgt. Im Gegensatz zu den beiden englischsprachigen Forschern erarbeitet er keine Meta-Analysen (vlg. WELLENREUTHE 2013, 36–50). Aufgrund seiner guten Kenntnis vorliegender empirischer Forschung strukturiert er das Feld des Lehrens und Lernens in anschaulicher Form und zieht für die einzelnen Faktoren Forschungen heran, die evidenzbasierte Aussagen auf der Grundlage von Experimenten machen. Bei der Auswahl der Untersuchungen greift er immer dann auf englischsprachige Forschungsarbeiten zurück, wenn keine experimentellen Studien aus dem deutschsprachigen Raum vorliegen.

Nachdem er in Teil I in empirisch-wissenschaftliches Arbeiten eingeführt hat (WELLENREUTHER 2004: 1–55) geht er in Teil II auf elementare Prozesse des Lehrens und Lernens ein und belegt seine Aussagen durch die einschlägige Forschung (ibid.: 56–324). In Teil III Lernarrangements gestalten (325–479) befasst er sich in drei aufeinanderfolgenden Kapiteln mit Direkter Instruktion (331–367), Gruppenarbeit (368–399) sowie handlungsorientiertem Unterricht und Projektarbeit (400–436). In der zweiten Auflage befindet sich ein Einschub von ca. zehn Seiten mit dem Titel: *Die Vision einer neuen Lernkultur – individualisierter Unterricht als Antwort auf die Heterogenität der Schüler?* (WELLENREUTHER [2]2010: 437–446). Auch Wellenreuther hat seine wissenschaftlichen Ergebnisse für die Unterrichtspraxis aufbereitet (WELLENREUTHER 2009). Außerdem ist eine vollständige Neubearbeitung der Studie von 2004 Ende 2013 erscheinen.

Die Vorzüge von Wellenreuthers Publikationen für uns liegen auf der Hand:

1. Wellenreuther bezieht sich auf das deutsche Schulsystem und den weiteren deutschsprachigen Kontext.
2. In seine umfängliche Untersuchung gehen vor allem experimentelle Untersuchungen ein.
3. Er erläutert die entsprechenden Studien ausführlich und weist auf eventuelle Schwachstellen im Design hin.
4. Er zeigt, in welchen speziellen Lernkontexten Effekte stark oder weniger stark auftreten können.
5. Zahlreiche Beispiele, insbesondere aus dem Mathematikunterricht, tragen zum Verständnis der theoretischen Ausführungen bei.

Was die Lektüre mühsam macht: Wellenreuther schreibt für die *scientific community,* auch da, wo er sich an Lehrpersonen wendet (WELLENREUTHER 2009).

2.7 Schatzinseln und Atolle

Konzepte lernwirksamen Unterrichts beziehen sich selbstverständlich nicht nur auf eine Quelle. *Hattifying teaching and learning,* also einfach nur Hattie folgen – das würde uns sicher nicht weiterbringen! Vielmehr werden wir im Praxisteil des vorliegenden Buches unterschiedliche Ergebnisse und Vorschläge zu einem flexiblen, aber gleichwohl schlüssigen Ganzen zusammenfügen. Folglich haben wir bei unserer Schatzsuche die Reise zu mehreren Inseln vor uns. Da sind die Schatzinseln, auf denen wir in größerem Umfang die Resultate für evidenzbasiertes Lehren und Lernen finden. Wir werden aber auch Atolle besuchen, auf denen es einzelne Kostbarkeiten zu entdecken gibt. Manchmal sind auch „kontroverse" Studien eine wahre Fundgrube.

3. Lernen zwischen Frontalunterricht und offenen Unterrichtsformen

Auszug aus einer Unterrichtsstunde im Fach Mathematik an einer Volksschule mit Sonderschule, Klasse 8, Thema: Prozentrechnung:

215 Lm: {leise zu einer Sw } Das ist zu viel, Alexandra. Zu viel
     Geld. (..) Kommst du dann vor? Wir reden dann miteinander
     da vorn. {laut an alle} Wer hat hier Schwierigkeiten? (.)
     Tja. Kommt bitte ihr mal vor mit eurem Stuhl. Und die
     anderen rechnen weiter, ihr habt ja da auch noch die
220 zweite Aufgabe.
     (Geräusche, Stühlerücken)
     Lm: Machts bitte hier so einen Halbkreis. Genau.
     {50 Sec. Umbaupause}
     Lm: Die Blätter brauch ich mal, Andreas, Matthias. Das
225 Angabenblatt bräuchten wir. (5 sec.) Das ist überhaupt
     kein Problem, weil des was ganz Neues ist. Das haben wir
     noch nicht gerechnet. (xxx) Ok. Michael, liest Du bitte
     die Aufgabe noch mal vor?
     [...]
280 SwT: (Es wird eingesetzt) Einhundert Neunhundertsieben Komma
     Achtzig (xx)
     Lm: Hmhm, genau. Äh könnt ihr dis jetzt selber lösen? Von
     hier aus? Versuchts halt mal!
     Sx: Ne.
285 Lm: Wer es net schafft, bleibt noch hier. Dann machen wirs
     miteinand. Wer glaubt, dass er es jetzt schon lösen kann,
     kann zurück gehen. Bleibts ihr ruhig hier ...

Legende: Lm: Lehrperson männlich; Sw: Schülerin; SwT: Namenskürzel; Sx: keiner bestimmten Person zuzuordnen
(Apaek Nr. 23; zur Nutzung der Materialien des Archivs für pädagogische Kasuistik vgl. Kap. 7.1)

3.1 Ausgewählte Lernmodelle

Um Aussagen über den oben abgedruckten Auszug aus einer Mathematikstunde machen zu können, benötigen wir außer einigen zusätzlichen Informationen zum Lernkontext (vgl. 3.5) einschlägige Lernmodelle. Hierzu schreibt Helmke ([4]2012: 18):

> Für eine Vorstellung der Angriffspunkte und Wirkungsweise von Prinzipien effektiven Unterrichts ist es nötig, sich ein Bild der ablaufenden individuellen *Lernprozesse* zu machen. Ohne Wissen über Prozesse, die beim Lehren und Lernen ablaufen, ist effektives Unterrichten schwer möglich. Nur so lässt sich schlüssig begründen, welche das Lernen anregenden, unterstützenden oder verstärkenden Elemente das Unterrichtsangebot enthalten muss. So lange spezifische Unterrichtsmethoden oder -techniken nicht auf Lernprozesse beziehbar sind, kann ihre Wirkung nicht empirisch überprüft werden. (Hervorhebung des Autors)

Im Folgenden soll nicht nach Art eines Handbuchs in Lerntheorien eingeführt werden. Vielmehr werden wir uns verbreitete Modelle ins Gedächtnis zurückrufen, um sie einer kritischen Prüfung zu unterziehen und durch weniger bekannte Aspekte zu erweitern.

3.2 Vom Oberflächenwissen zur Vernetzung von Konzepten

Häufig beschränken sich mündliche und schriftliche Überprüfungen auf die einfache Reproduktion des Gelernten. Angelerntes Faktenwissen wird aus dem Gedächtnis abgerufen und ohne tieferes Verständnis wiedergegeben. Selbstverständlich bedeutet Lernen für uns alle weit mehr. Wissen ist nur der allererste Schritt. Es stellt die Voraussetzung für die nachfolgenden Lernprozesse dar. Denkprozesse operieren nämlich immer auf vorhandenen Daten. Ohne Wolle kann man nicht stricken, so Wellenreuther (2004, [2]2010). Deshalb haben sich Einführungen zum selbstbestimmten Lernen ohne Fachbezug als weitgehend ineffektiv erwiesen (vgl. FELTEN & STERN 2012; vgl. Kap. 4).

Am Anfang des Kompetenzerwerbs steht also reproduzierbares Wissen. Zahlreiche Forscher haben belegt, dass eine große Zahl von Schülerinnen und Schülern über diese erste Stufe des Oberflächenlernens (*surface learning*) nicht hinauskommt. Das hängt weniger mit ihren Lernmöglichkeiten zusammen als mit ihren Erfahrungen bei mündlichen und schriftlichen Überprüfungen. Sie wissen, dass in Tests und Klassenarbeiten oft nur Faktenwissen abgefragt wird und richten sich darauf ein (vgl. u.a. HATTIE 2009). Warum sollten sie sich anstrengen darüber hinauszukommen, wenn tieferes Verständnis für die Bewertung keine Rolle spielt?

Der weiterführende zweite Schritt besteht darin, die Bedeutung des Lerninhalts bzw. eines Sachverhalts herauszufinden. Um den Sinn einer Sache zu verstehen, ist eine persönliche Interpretation unerlässlich. Es genügt also nicht, dass die Lernenden nur eine Repräsentation des vorgetragenen Lerninhalts im Gedächtnis abspeichern. Sie müssen ein Konzept bilden. Viele Lehrpersonen, die ihre Schülerinnen und Schüler motivieren und aktivieren, über das sogenannte träge Wissen hinauszugehen, sind der irrigen Überzeugung, dass mit dem skizzierten zweiten Schritt das Gelernte als verstanden und gesichert gelten kann. Mit der Ausbildung eines Konzepts sind tiefere Lernprozesse jedoch keineswegs abgeschlossen.

In einem dritten Schritt müssen die Lernenden das entstandene Konzept mit vorhandenen Konzepten und vorausgegangenen Lernerfahrungen verbinden. Bereits bei der Darbietung des „neuen" Lernstoffs muss an das Vorwissen angeknüpft werden, wenn Lernprozesse angeregt werden sollen. Anschließend geht es darum, vorhandene Lernerfahrungen aufgrund der neugebildeten Konzepte und ihrer Vernetzung umzustrukturieren. Das geschieht durch vielfältige, zeitlich versetzte Begegnungen mit dem Lerninhalt in herausfordernden Kontexten. Bei den weiterführenden Lernprozessen ist der Austausch der Schülerinnen und Schüler untereinander besonders lernwirksam. Interaktionen mit der Lehrperson und den Peers unterstützen die Konstruktionsprozesse; letztlich ist Lernen aber immer ein höchst individueller Prozess.

Aus diesem Grund ist es fragwürdig, offene Unterrichtsformen im Gegensatz zum sogenannten Frontalunterricht als konstruktivistisch zu bezeichnen. Im Abschnitt über *Direct Instruction* schreibt Hattie (HATTIE 2009: 204f.): "Every year I present lectures to teacher education students and find that they are already indoctrinated with the mantra 'constructivism good, direct instruction bad'".

Jedes Lernen beruht auf Konstruktion; jedes Lehren kann und soll dieses Konstruieren von (Ausschnitten der) Wirklichkeit beim einzelnen Lernenden möglichst optimal fördern.

Um geeignete Lehrstrategien zu entwickeln und die Schülerinnen und Schüler beim Auf- und Ausbau sowie der Vernetzung von Konzepten zu unterstützen, brauchen wir – über die Unterteilung in *surface, deep und conceptual learning* hinaus – genauere Plausibilitätsannahmen und Erkenntnisse über die Prozesse, die dem Lernen zugrunde liegen. Wir brauchen eine Modellierung, die plausibel erklärt, wie tiefere Denkprozesse zustande kommen.

Solange es keine bessere Theorie gibt, können wir von folgendem Modell ausgehen: Denken erfolgt in der Regel vorsprachlich, in der sogenannten Mentalese (vgl. auch zum Folgenden PETTY [2]2009). Unsere Vorfahren dachten für Millionen Jahre in dieser wortlosen Sprache. Erst seit ca. 200000 Jahren gibt es gesprochene Sprache, aber wir denken immer noch weitgehend in der sogenannten Mentalese. Sie spielt auch bei der Vernetzung eine wichtige Rolle. "The modules of the mind communicate with each other in mentalese too" (PETTY [2]2009: 9).

Für die Annahme einer solchen Denksprache (*language of thought*) sprechen bedenkenswerte Gründe:

- Oft haben wir eine klare Vorstellung von einem Sachverhalt, können ihn aber sprachlich nicht zum Ausdruck bringen.
- Manchmal lesen wir etwas, das wir erst nach einiger Überlegung verstehen.
- Wir erinnern uns z. B. an den Inhalt einer Zeitungsmeldung, aber nicht an die wörtliche Formulierung.
- Auch taubstumme Menschen denken.

Es spricht viel für folgende Vorstellung: Um Bedeutung bzw. Sinn zu konstruieren, werden die im Arbeitsgedächtnis ankommenden Informationen in Mentalese übertragen (vgl. u.a. MARZANO 1998). Nun wird ein Konstrukt gebildet, d.h. ein kleines Netzwerk von miteinander verbundenen Hirnzellen. Aus diesem Konstrukt entwickelt sich ein Konzept, indem wir das Konstrukt mit einem Begriff der gesprochenen Sprache belegen. Die entstehenden bzw. entstandenen Konzepte werden anschließend untereinander sowie mit dem Vorwissen verknüpft. Um dieses tiefere Lernen zu bewirken, bedarf es des Nachdenkens und der wiederholten Auseinandersetzung mit dem Lerninhalt. Erst danach gelangt das „neue" Konzept in das Langzeitgedächtnis. Die beschriebenen Lernprozesse verlaufen keineswegs linear, sondern oft im Rahmen von Versuch und Irrtum.

Auf welche Weise tragen Lehrpersonen zur Ausbildung von Konzepten und zu ihrer Verlinkung bei? Am Anfang können Reproduktionsaufgaben stehen, z. B. die Wiedergabe einer einfachen Definition oder einer kurzen Erklärung, so, wie die Lehrperson sie vorgetragen hat oder wie sie einem Text im Lehrbuch zu entnehmen ist. Dann aber müssen Aufgaben, die zum Nachdenken anregen (*reasoning tasks*), breiten Raum einnehmen. Dabei hat sich eine Stufung von einfachen Denkaufgaben (*simple reasoning tasks*) hin zu anspruchsvollen Formaten (*challenging reasoning tasks*) bewährt (vgl. PETTY [2]2009). Erstere sind meist geschlossen, letztere offen. Bedeutsame Fragen (*reasoning questions*), die sich lernstärkere Schülerinnen und Schüler häufig von sich aus stellen, sind z. B.: Warum verhält es sich so? Was würde geschehen, wenn …? Wie könnte man dies in der Alltagspraxis oder im Beruf umsetzen?

In Anlehnung an Bereiter und Popper nimmt auch Hattie eine ähnliche Dreiteilung des Lernens bzw. von Lernprozessen vor. Seine knappe Darstellung (HATTIE 2009: 26-29) ist jedoch nicht sehr erhellend, weil er einzelne Modelle nur „antippt". Entweder setzt er sie als bekannt voraus, oder er verweist auf seine zahlreichen früheren Veröffentlichungen. Wie viele andere Wissenschaftler hält Hattie die von Bloom erarbeitete Taxonomie kognitiver Lernziele mit ihren sechs Stufen (Wissen, Verstehen, Anwenden, Analyse, Synthese und Evaluation) für ergänzungsbedürftig und verweist zu Recht auf das SOLO-Modell von Biggs & Collis (1982), ohne es jedoch angemessen darzustellen.

3.3   Taxonomien des Lernens

Die Taxonomie des amerikanischen Erziehungswissenschaftlers Benjamin Bloom wird auch deshalb kritisiert, weil die ersten drei Stufen, nämlich Wissen, Verstehen und Anwenden als Formen des Wissens betrachtet werden können, während man die folgenden drei Aspekte, nämlich Analyse, Synthese und Evaluation, als Stufen des Wissenserwerbs bezeichnen kann (vgl. HATTIE 2009). Eine Überarbeitung dieser Taxonomie hat zu vier ähnlichen Graden des Wissens geführt: 1. Faktenwissen (*factual knowledge*), 2. konzeptuelles Wissen (*conceptual knowledge*), 3. prozedurales Wissen (*procedural knowledge*) und 4. meta-kognitives Wissen (*meta-cognitive knowledge*) (ANDERSON ET AL. 2001).

Besonders relevant für die drei Phasen des Lernens ist die SOLO-Taxonomie. SOLO steht für *Structure of the Observed Learning Outcome* (Struktur der beobachteten Lernergebnisse). Biggs & Collis (1982), die diese Taxonomie für den beruflichen Bereich entwickelt haben, sind empirisch vorgegangen. Sie suchten nach Belegen für die tatsächliche Lernqualität bei der Lösung einer weiterführenden Denkaufgabe. Es ging ihnen darum, unterscheidbare Qualitätsstufen des Lernens zu bestimmen, um daraus ein Lehr- und Lernmodell auf der Grundlage einer eigenen Taxonomie zu entwickeln. Sie untersuchten eine große Zahl von Schülerarbeiten und fanden im Laufe des Forschungsprozesses heraus, dass die ‚Struktur' der Erarbeitung entscheidend für die Lernqualität ist.

Das Vorgehen der beiden Forscher lässt sich an folgendem Beispiel erläutern (vgl. PETTY [2]2009: 17ff.): Schülerinnen und Schüler, die sich auf eine berufliche Tätigkeit im Catering-Bereich vorbereiten, erhalten die Aufgabe, Auswahl und Zusammenstellung von Salatgerichten aus der Perspektive eines Catering-Service darzustellen.

Biggs & Collis konnten fünf unterscheidbare Stufungen hinsichtlich der Lernleistung ihrer Probanden feststellen. Diese Qualitätsstufen führen von oberflächlichem Denken zu tieferem Lernen. Dabei beziehen sich die beiden Forscher auf die Lernprodukte in Form von Schülerarbeiten und nicht etwa auf die allgemeine Denkstruktur der Lernenden.

1. Prästruktural (*prestructural*): Ein Proband beschreibt seine persönlichen Vorlieben in Bezug auf Salatgerichte. Er hat die Aufgabe offensichtlich nicht verstanden.
2. Unistrukturell (*unistructural*): Einige Schülerinnen und Schüler äußern sich zu einem wichtigen Gesichtspunkt, z. B. entweder den Zutaten oder den Kosten oder der Zubereitungszeit.
3. Multistrukturell (*multistructural*): Lernende stellen mehr als einen Aspekt dar. Sie setzen die verschiedenen Gesichtspunkte aber nicht zueinander in Beziehung, d.h. sie wägen beispielsweise nicht zwischen den Kosten und der Zubereitungszeit ab.

4. Relational (*relational*): So bezeichnen Biggs & Collis eine Lernleistung, die einzelne Aspekte aufeinander bezieht bzw. gegeneinander abwägt. Es werden viele wichtige Gesichtspunkte genannt, aber die Darstellung bleibt auf die spezielle Lernaufgabe beschränkt.
5. Erweitertes Abstraktum (*extended abstract*): Auch hier wird die Aufgabe zunächst ‚relational' gelöst. Die Lernenden, die dieses Niveau erreichen, gehen aber über den Kontext hinaus und stellen zusätzlich einen Bezug zu allgemeinen Prinzipien, beispielsweise Essgewohnheiten, her.

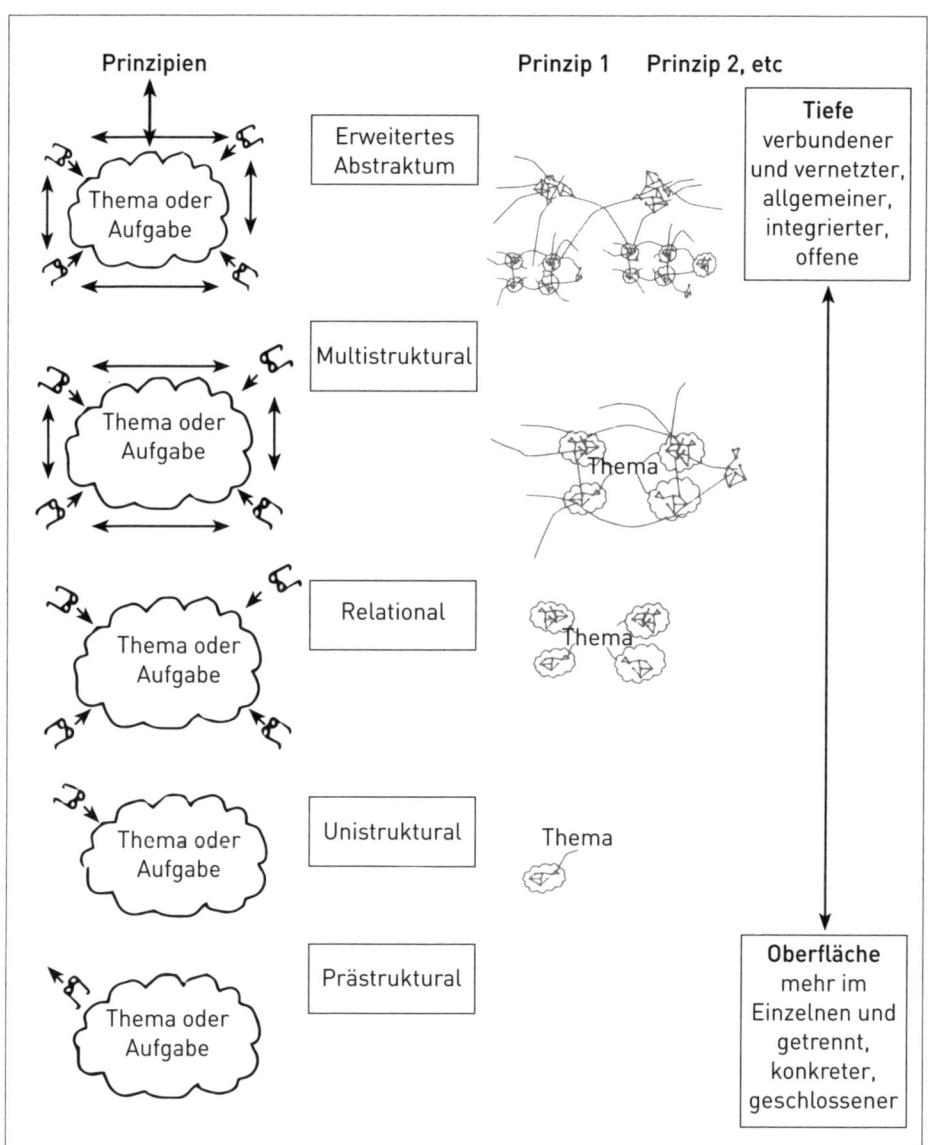

Abb. 6: Darstellung der SOLO-Taxonomie nach Petty (Petty ²2009: 22)

Welche Folgerungen können wir aus dieser Taxonomie für die Unterrichtspraxis ziehen? Das SOLO-Modell zeigt, wie weit Lernprozesse führen sollten bzw. welche Lerneffekte zu erreichen sind. Dadurch, dass ab Stufe 2 jede höhere Stufe die vorangegangene einschließt, können Lehrpersonen einfache und weiterführende Aufgabenformate entwickeln, die aufeinander aufbauen und die Lernenden nach und nach zu einem vertieften, konzeptuellen Lernen führen. Auf alle Fälle trägt die Taxonomie dazu dabei, wichtige weiterführende Denk- und Lernformen nicht aus dem Blick zu verlieren.

Als Lehrperson kann man auch den umgekehrten Weg beschreiten. Insbesondere im Fach Mathematik werden ausgearbeitete Beispiele (*worked examples*) mit großem Erfolg eingesetzt. Die Lernenden vollziehen anhand vorgegebener Beispiele die einzelnen Lernschritte bzw. den Lösungsweg nach, bevor sie ähnliche Aufgaben selbstständig bearbeiten (vgl. HATTIE 2009). Man könnte Schülerinnen und Schülern beispielsweise Ausarbeitungen zur Begutachtung vorlegen, welche die Stufen 1 bis 5 der SOLO-Taxonomie berücksichtigen und sie herausfinden lassen, welche Erweiterungen und Verbindungen der einzelnen Gesichtspunkte sinnvoll sind.

Selbstverständlich wird es beim Erklimmen des Gipfels immer wieder Rückschritte geben. Außerdem brauchen die Lernenden genügend Zeit, um Denkstrukturen auszubilden, die in Stufe 5 sehr nahe an das Experten-Niveau herankommen. Die SOLO-Taxonomie darf also nicht dahingehend missverstanden werden, dass Lernprozesse linear aufsteigend verlaufen und dass alle Schülerinnen und Schüler die beiden letzten Stufen erreichen. Selbst lernschwächere Schülerinnen und Schüler können bei entsprechender Förderung über die Stufe 2 hinauskommen. Auch wenn die Struktur-Stufen nicht in allen Fächern und bei allen Lerngegenständen gleichermaßen wirksam werden, liegt es vor allem an der Strukturierung der dargebotenen Inhalte durch die Lehrperson, wie weit die Lernenden kommen.

3.4   Hirnhälften und Lernstile

Auch im Bereich der persönlichen Merkmale der einzelnen Schülerinnen und Schüler, den sogenannten Lernervariablen, stellen neuere Forschungsarbeiten weitverbreitete Hypothesen in Frage.

Wir alle kennen die Modelle der kognitiven Psychologie, welche davon ausgehen, dass bei individuellen Lernenden eher die rechte Hirnhälfte aktiviert wird, während bei anderen hauptsächlich die linke Hirnhälfte in Aktion tritt. Links-hemisphärisch orientierte Schülerinnen und Schüler lernen im Sinne dieser Modellierung Schritt für Schritt, bevorzugen ein geordnetes Vorgehen und verlassen sich lieber auf Vorgaben und Regeln. Folgt man der Annahme unterschiedlicher Verarbeitungsweisen der beiden Hirnhälften, gehen rechts-hemisphärisch ausgerichtete Lernende gern intuitiv und ganzheitlich vor; sie stellen leichter Verbindungen zu ihrem Vorwissen her. Solche Einteilungen haben sich, sofern daraus Folgerungen für das Lernen gezogen werden, als wissenschaftlich nicht haltbar erwiesen. Zwar gibt es – so der gegenwärtige Stand der Forschung – unterschiedliche Verarbeitungsmechanismen der beiden Hirnhälften; sie geben jedoch lediglich Tendenzen wieder und schließen sich gegenseitig nicht aus.

Coffield und seine Mitautoren (COFFIELD ET AL. 2004a; 2004b) haben 70 Theorien zur Arbeitsweise der Hemisphären untersucht und kommen zu folgenden Ergebnissen: Der kognitive (Lern-)Stil einer Person ist weder angeboren noch unveränderlich. Stattdessen haben die Forscher empirische Belege dafür gefunden, dass der kognitive Stil sich dem Kontext anpasst. Ähnliches gilt für angeblich visuell, auditiv oder kinästhetisch orientierte Personen. Je nach Aufgabe wird bei derselben Person die linke oder rechte Hirnhälfte stärker aktiviert; in der Regel wirken jedoch beide Hirnhälften zusammen. Daher ist ein *whole-brain model* zu befürworten, d.h. eine ganzheitliche Modellierung, die möglichst viele Hirnfunktionen einbezieht.

Jedes Individuum kann alle Lernstile nutzen und sollte das auch tun. Gegenwärtige und absehbare Anforderungen im beruflichen wie im privaten Bereich stellen Menschen vor komplexe Lernaufgaben, zu deren Lösung vielfältige Herangehensweisen und multiple Verarbeitungsmodi erforderlich sind. Deshalb sollten Lehrpersonen ihre Schülerinnen und Schüler dazu anregen, auch die Stile auszubilden und verstärkt zur Anwendung zu bringen, die sie gegebenenfalls weniger nutzen. Es geht darum, auch ungewohnte Perspektiven und Vorgehensweisen in Betracht zu ziehen.

Petty ([2]2009: 35f.) führt dazu ein Beispiel an: Ein Lehrer bereitet eine Unterrichtsstunde zu einer Kurzgeschichte vor. Die Schülerinnen und Schüler sollen sich in die Figuren hineinversetzen und aufgrund ihrer Intuition und Vorstellungskraft die wichtigsten Themen und Bedeutungen der Geschichte in Kleingruppenarbeit herausarbeiten und anschließend im Plenum diskutieren. Ein solches Vorgehen ist eher auf die rechte Hirnhälfte ausgerichtet.

Daher sollte der Lehrer zusätzlich eine „linkshemisphärische" Aktivität in seine Planung einbeziehen. Er kann beispielsweise jedem Lernenden eine von vier ‚Hypothesen' bzw. Interpretationen der Kurzgeschichte vorgeben. Schülerinnen und Schüler mit derselben ‚Hypothese' bzw. Interpretation arbeiten zusammen und überprüfen die Vorgaben anhand der Kurzgeschichte. Beim Vortrag im Plenum führen sie Passagen aus dem Text der Geschichte an, um die vorgegebene Interpretation entweder zu stützen oder zu verwerfen. Auf diese Weise erfahren die Lernenden über den Perspektivenwechsel hinaus, dass es mehr als eine Interpretation derselben Geschichte geben kann.

3.5 Erste Ergebnisse der Schatzsuche

Folgende Prinzipien lassen sich aus den ausgewählten Hypothesen und Theorien für lernwirksamen Unterricht ableiten:

- Lernen muss – über das Anhäufen von oberflächlichem Wissen und der Ausbildung von Begriffen hinaus – eine Vernetzung „neuer" Inhalte mit vorhandenen Konzepten und vorausgegangenen Lernerfahrungen anstreben (Stichwort: vertieftes Verstehen, vgl. Kap. 6 bis 10).

- Da die Struktur bei der Wiedergabe des Gelernten ein entscheidendes Merkmal für Lernqualität darstellt, fördern Lehrpersonen durch ihre Vorgaben eine entsprechende Strukturierung (Stichwort: Struktur vor Einzelheiten, vgl. Kap. 7).
- Herausfordernde, gestufte Aufgabenformate in anregenden Lernumgebungen ermöglichen den Lernenden eine zunehmend tiefer gehende Auseinandersetzung mit den Lerninhalten (Stichwort: zum Nachdenken anregende Aufgaben, vgl. Kap. 8 und 9).
- Häufige, auf Förderung ausgerichtete Rückmeldungen an die Lernenden sind unerlässlich, wenn vertiefte Lernprozesse in Gang gesetzt und aufrechterhalten werden sollen (Stichwort: formatives Feedback, vgl. Kap. 10).
- Konzeptuelles Lernen in der angestrebten Form setzt Zeit zum Üben, Wiederholen und Überlernen voraus (Stichwort: Zeit zur Vertiefung, vgl. Kap. 9).
- Möglichst viele Verarbeitungs- und Repräsentationsmodi des Gehirns werden durch unterschiedliche Zugänge zu den Lerninhalten und häufigen Perspektivenwechsel aktiviert (Stichwort: Multiple Perspektiven, vgl. Kap. 8 und 9).

Nach diesem Fazit werden Sie vielleicht anmerken: Das soll ein Teil des Schatzes sein? Diese Erkenntnisse sind doch nicht wirklich neu. Wir haben sie in der einen oder anderen Ausprägung bereits kennengelernt. Das ist zweifelsohne richtig. Für mich heißt Wissenschaft, also auch evidenzbasiertes Lehren und Lernen, zunächst einmal: Ordnung schaffen! Kleinere experimentelle Studien, Meta- und Mega-Analysen werden nicht dazu erarbeitet, neue Lehr- und Lernmethoden zu kreieren, sondern vorhandene Vorgehensweisen daraufhin zu überprüfen, welche Lerneffekte sie haben und welche Alternativen zur Verbesserung des Lernens sich aus der Ermittlung von Effektstärken ergeben.

Um von der Lern- und Unterrichtsforschung zu profitieren, müssen wir uns über Grundfragen des Lernens verständigen. Nur eine Kenntnis der ablaufenden Lernprozesse gestattet eine empirische Überprüfung bestimmter Unterrichtsstrategien – so Helmke (^{4}2012; vgl. Kap. 3.1). Hinzufügen möchte ich: Nur eine genauere Kenntnis der ablaufenden Lernprozesse gestattet die Überprüfung vorhandener Ergebnisse empirischer, insbesondere experimenteller Forschung, in der Absicht, die eine oder andere Strategie für den eigenen Unterricht zu nutzen.

3.6 Lernen im Frontalunterricht

Es wird immer wieder behauptet, in 70 bis 80 Prozent der deutschen Schulen werde Frontalunterricht praktiziert. Wenn man darunter eine Unterrichtsform versteht, bei der die Lehrperson den Schülerinnen und Schülern frontal gegenübersteht oder -sitzt und die lehrerseitigen Sprechanteile mindestens doppelt so hoch sind wie die der Lernenden, ist diese Aussage sicher zutreffend. Aber was bedeutet Frontalunterricht (*didactic teaching*, vgl. HATTIE 2009: 205) eigentlich?

Der pauschale Begriff ‚Frontalunterricht' ist ein Sammelbegriff für sehr unterschiedliche Konzeptionen lehrergelenkten Unterrichts (WIECHMANN ⁵2011). Im Frontalunterricht versucht die Lehrperson, den Lernenden „neue" Lerninhalte durch Vortragen, Vormachen und/oder Vorführen näherzubringen. Individuelle Unterschiede zwischen den Lernenden bleiben weitgehend unberücksichtigt. Häufig richtet sich die Lehrperson an einem vermuteten mittleren Niveau der Lernenden aus.

Klassischer Frontalunterricht ist die Vorlesung. Aber auch im universitären Unterricht machen sich Veränderungen bemerkbar. Erlauben die hohen Hörerzahlen kein anderes Vorgehen, kann sich der Hochschullehrer im Laufe des Vortrags durch Life-Feedback-Systeme rückversichern, inwieweit die Studierenden seine Ausführungen verstanden haben. Über ein solches System kann der Dozent Fragen (beispielsweise im Single- oder Multiple-Choice-Format) an die zuhörenden Studierenden richten „und in Abhängigkeit der Beantwortung situativ über die weitere Gestaltung der Veranstaltung entscheiden" (KUNDISCH 2013: 297). In vielen Fällen wird dann auch auf die *Peer Instruction*-Methode zurückgegriffen.

Im schulischen Unterricht kommt neben dem darstellenden Frontalunterricht in Form kurzer Vorträge meist die sogenannte erarbeitende Variante, das fragend-entwickelnde Verfahren, zum Einsatz. Stern (FELTEN & STERN 2012: 34) beschreibt es treffend:

> Ein Auswuchs dieser Art des Unterrichtens ist auch die sogenannte Osterhasenpädagogik: Der Lehrer versteckt das Wissen und die Schüler müssen es suchen. Das sieht dann so aus: Der Lehrer stellt eine Frage an die Klasse und hat die kurze und prägnante Antwort, die er hören möchte schon im Kopf. Er fragt solange in der Klasse herum, bis er diese zu hören bekommt, während er auf die Antworten der anderen Schüler nicht eingeht. Gute Ansatzpunkte beim Schülerwissen bleiben ungenutzt.

Betrachten wir die oben angeführten sechs Prinzipien lernwirksamen Unterrichts (vgl. 3.4), so bedarf es keiner detaillierten Gegenüberstellung dieser Leitlinien mit den Formen des darstellenden und erarbeitenden Frontalunterrichts um festzustellen, dass durch „klassische" Unterrichtsverfahren in dieser Form kein Lernzuwachs für alle Schülerinnen und Schüler, insbesondere die Lernschwächeren, zu erreichen ist.

Es ist jedoch ein Fehlschluss zu glauben, lehrergesteuerte Unterrichtsmethoden führten nicht zum Erfolg. Auch die Ergebnisse der empirischen Bildungsforschung belegen, wie wir noch sehen werden (vgl. Kap. 5), das Gegenteil. Betrachten wir nun den Auszug aus einer Mathematikstunde (vgl. Transkript am Anfang dieses Kapitels).

Der Lehrer hat die Prozentrechnung eingeführt und anhand einiger Kurztests das erste Verständnis überprüft. Nun legt er den Schülerinnen und Schülern Aufgaben vor, bei denen es um einen Preisvergleich von Geräten der Unterhaltungselektronik geht. Die Lernenden beschäftigen sich mit diesen Aufgaben in Stillarbeit unter gelegentlicher Besprechung mit anderen Schülerinnen und Schülern. Der Lehrer geht ohne Unterlass herum, um herauszufinden, ob alle mit den gestellten Aufgaben zurechtkommen.

Dabei spricht er leise mit einzelnen Schülerinnen und Schülern über mögliche individuelle Schwierigkeiten. Als er feststellt, dass eine Schülerin (Alexandra) offenbar etwas Grundlegendes nicht verstanden hat, bittet er sie und andere Lernende mit ähnlichen Schwierigkeiten nach vorn. Dort bilden sie einen (kleinen) Stuhlkreis, während die anderen (lernstärkeren) Schülerinnen und Schüler sich mit der zweiten Aufgabe beschäftigen. Der Lehrer gibt aber jetzt nur so viel an Hilfe vor, dass einige dann an ihren Plätzen allein weiterrechnen können. Die anderen bleiben vorn, um mit dem Lehrer zusammen die Aufgabe zu lösen. Trotz der starken oder gerade wegen dieser Steuerung, entspricht das Vorgehen dieses Mathematiklehrers den sechs Prinzipien lernwirksamen Unterrichts zu einem guten Teil. Mit Frontalunterricht in der beschriebenen Form hat es nichts zu tun.

3.7   Lernen in offenen Unterrichtsformen

Offener Unterricht ist eine Organisationsform, bei der die Lernenden frei wählen können, wo, wann und in welcher Sozialform sie mit individuellen Methoden selbstgewählte Inhalte erarbeiten. Dieses Unterrichtsprinzip, welches den Schülerinnen und Schülern vollständige organisatorische, soziale, inhaltliche, methodische und persönliche Freiheit lässt, kommt in Reinform höchst selten vor.

Generell gibt es keine einheitliche Definition des Offenen Unterrichts (vgl. Peschel 2002). Oft soll lediglich darauf hingewiesen werden, dass der jeweilige Unterricht offener ist als Frontalunterricht. Freiarbeit, Projektunterricht, entdeckendes, forschendes sowie selbstbestimmtes Lernen – die wichtigsten Formen von Offenem Unterricht – werden häufig im Zusammenhang bzw. im Wechsel mit stärker lehrergesteuerten Unterrichtsmethoden eingesetzt. Einbezogen werden auch weniger freie Methodenvarianten wie beispielsweise Wochenplanarbeit und Werkstattunterricht. Für manche gehören sogar Stationenarbeit und Lernen durch Lehren zum Offenen Unterricht.

Die fehlende einheitliche Definition bzw. die Bestimmung dessen, was sogenannten Offenen Unterricht in der jeweiligen Ausprägung ausmacht, hat dazu geführt, dass es kaum empirische Forschungsarbeiten gibt. Giaconia & Hedges (1982) haben in einer Meta-Analyse 150 Primärstudien zusammengefasst und kommen zu dem Ergebnis, dass soziale und methodische Fähigkeiten möglicherweise durch Offene Lernformen etwas besser gefördert werden als im traditionellen Unterricht. Die Ergebnisse zeigen aber eine gewisse Überlegenheit lehrergesteuerten

Unterrichts, wenn es um fachliche Schulleistungen und die Leistungsmotivation geht. Weitere Untersuchungen lassen erkennen, dass bei detaillierteren Messungen keine Vorteile des Offenen gegenüber dem teilweise geöffneten Unterricht zu erwarten sind.

Zur Verbesserung empirischer Forschung, vor allem experimenteller Untersuchungen, schlägt Peschel (2002) ein Stufenmodell vor, an dem wir uns orientieren können:

- Vorstufe: „Geöffneter Unterricht": In den traditionellen Unterricht werden Arbeitsformen wie Freiarbeit, Wochenplan, Stationenlernen etc. aufgenommen, während Inhalte, Methoden und Lernwege weiterhin vom Lehrer gesteuert werden.
- Stufe 1: Methodische Öffnung: Aufgrund der Annahme, dass Lernen ein eigenaktiver, konstruktivistischer Prozess ist, dürfen die Lernenden ihren eigenen Weg zur Lösung des Problems suchen. Die Lehrperson beschränkt sich darauf, Inhalte und Problemstellung vorzugeben.
- Stufe 2: Methodische und inhaltliche Öffnung: Die zusätzliche Freigabe der inhaltlichen Dimension trägt den höchst unterschiedlichen Interessen der Lernenden Rechnung. Sie bringen selbst Themen und Materialien zur Bearbeitung in die Schule mit.
- Stufe 3: Sozial-integrative Öffnung: Die Lehrperson gibt keine Regeln und Normen vor, lebt sie aber bzw. fordert sie für sich ein. Die in dieser Art Basisdemokratie erforderlichen Absprachen und Anpassungen liegen in der Verantwortung aller. Jeder, auch die Lehrperson, ist ein gleichberechtigtes Mitglied der Gemeinschaft.

Weiter oben (vgl. 2.4) habe ich angedeutet, dass es kein wirkliches Entweder-Oder zwischen lehrergesteuertem Unterrichten und schülerorientiertem Lernen gibt. Meist wird, je nach Zielen und Inhalten, eine Balance zwischen verschiedenen Methoden empfohlen. Auf die Notwendigkeit wohlüberlegter Ausgewogenheit hat u.a. Weinert (vgl. Helmke [4]2012) nachdrücklich hingewiesen. Ein sinnvolles Wechsel- bzw. Zusammenspiel unterschiedlicher Methodenansätze erreichen wir aber nicht dadurch, dass wir, wie Herbert Gudjons, lehrergesteuertem Unterrichten lediglich eine Integration in individualisierende Lernformen zugestehen (Gudjons [3]2011).

Gudjons bekanntes Buch: „Frontalunterricht – neu entdeckt" trägt den Untertitel: Integration in offene Unterrichtsformen. Im 6. Kapitel (ibid.: 255ff.) geht er vom Vorrang des Offenen Unterrichts gegenüber dem Frontalunterricht aus, den er mit Direkter Instruktion gleichsetzt. Für diese Einschätzung führt er keine empirischen Belege an. Wie bereits mehrfach betont, sind Frontalunterricht und Direkte Instruktion keineswegs dasselbe. Außerdem liegen für die Überlegenheit lehrergesteuerter Ansätze empirische Nachweise vor: Die hohe Lernwirksamkeit von Direkter Instruktion, die man treffender als Interaktiven Klassenunterricht

(*Interactive Whole-Class Teaching*) bezeichnet, ist seit langer Zeit hinreichend empirisch belegt, nicht nur bei Hattie (2009, 2012; HATTIE & ANDERMAN 2013), sondern auch bei vielen empirisch arbeitenden Erziehungswissenschaftlern und Didaktikern im deutschsprachigen Raum (vgl. Kap. 5).

Dennoch wird Offener Unterricht einschließlich der Stufe 3 immer wieder propagiert, und zwar unter folgender Prämisse: In den westlichen Gesellschaften seien neben Sachwissen in erster Linie Selbst- und Sozialkompetenz unerlässlich. Diese und andere überfachliche Schlüsselqualifikationen ließen sich am besten durch Offenen Unterricht fördern.

Inwieweit kann uns die Forschung zum evidenzbasierten Lehren und Lernen auch hinsichtlich weiterführender Fragestellungen helfen? Die strenge empirische Prüfung individualisierender Lernformen hat bestätigt, dass lernschwächere Schülerinnen und Schüler davon nicht profitieren, sondern im Gegenteil in ihren Ergebnissen zurückfallen. Aber auch Lernende im „Mittelfeld" sowie lernstärkere Schülerinnen und Schüler können durch sorgfältig geplanten, durchgeführten und evaluierten lehrergesteuerten Unterricht größere Lerneffekte erzielen. Am wichtigsten aber ist meines Erachtens die inzwischen weitgehend bestätigte Hypothese, dass soziale, affektive und sonstige, über Sach- und Fachwissen hinausgehende Ziele mit angemessener Direkter Instruktion genauso gut, wenn nicht sogar besser und vor allem in kürzerer Zeit erreicht werden können. Das gilt für alle Schülerinnen und Schüler, insbesondere aber für Lernschwächere und Benachteiligte (vgl. Kap. 5).

Zutreffender als Böhm (2012: 116) in seinem Fazit zu den Grenzen der Reformpädagogik kann man es kaum ausdrücken:

> Die theoretisch fundierte Kritik machte deutlich, dass die Erziehung nicht zu wählen hat zwischen Freigabe *oder* Bestimmung, Romantik *oder* Aufklärung, Emotionalität *oder* Rationalität, Gemeinschaft *oder* Gesellschaft, Nähe *oder* Distanz, Wärme *oder* Kälte, Individualisierung *oder* Sozialisierung, Natur *oder* Kultur, Fremdbeeinflussung *oder* Selbstgestaltung, Determination *oder* Emanzipation, Subjektivität *oder* Objektivität, sondern dass es sich dabei und bei vielen anderen (pädagogischen) Polaritäten letztlich um Paradoxien handelt, die der Erziehung selbst innewohnen und denen ein wie immer formulierter binärer Code nicht gerecht werden kann. (Hervorhebungen des Autors)

3.8 Begegnung mit einem Philosophen

Auf einer einsamen Insel treffen wir einen Mann, der sich nach Art von Robinson Crusoe dort eingerichtet hat. Wir vermuten, es handele sich um einen gestrandeten Geschäftsmann, er stellt sich uns aber als Philosoph vor. Er arbeite an einem wichtigen Buch über den Verrat des Bildungssystems an den Schülerinnen und Schülern. Da werden wir hellhörig und wollen mehr erfahren. Das gegenwärtige Schulsystem sei ein Zwei-Klassensystem, das die Schwächeren benachteilige. Ziel der Schule müsse es hingegen sein, allen Schülerinnen und Schülern ein erfülltes Sozial- und Berufsleben zu ermöglichen. Da können wir nur zustimmen.

Bildung diene der Entfaltung der Persönlichkeit und keinesfalls den Interessen der Wirtschaft. Ja, aber … wollen wir einwenden, kommen aber nicht dazu, denn der Philosoph vertritt seine pauschalisierenden Thesen mit großer Vehemenz. Dabei verwickelt er sich immer mehr in Widersprüche: Während er eine Ausrichtung an wirtschaftlichen Interessen soeben noch abgelehnt hat, plädiert er nun dafür, die Kinder und Jugendlichen aus bildungsfernen Familien stärker zu fördern, damit auch sie einen Schulabschluss erreichen. Uns ginge nämlich sonst ein Facharbeiter-Potential verloren, auf das wir dringend angewiesen seien.

Wir sehen ein, dass es wenig bringen würde, sich mit ihm auf eine Diskussion einzulassen, zumal er eine wissenschaftsfeindliche Haltung an den Tag legt. Wir wollen wissen, was er denn an die Stelle des von ihm rundweg abgelehnten Schulsystems setzen möchte. Nun spricht er von seiner Bildungsrevolution und entwirft das Bild einer Gemeinschaftsschule mit Ganztagsbetrieb. Anstelle der Fächer solle hauptsächlich in Projekten gelernt werden. Mathematik sei ohnehin kein Unterrichtsfach für die Schule; Online-Akademien seien hier die bessere Wahl. Noten gehörten abgeschafft und müssten durch Beurteilungen der Schülerpersönlichkeit ersetzt werden. Seine „neue" Schule basiere auf individualisiertem Lernen. Was er sich genau darunter vorstellt, bleibt offen. Alles, was er dazu sagt, läuft auf *Mastery-Learning* hinaus, nämlich die Überzeugung, dass jede/r Lernende den Stoff unter günstigen Lernbedingungen und ausreichendem formativem Feedback „meistern" kann (vgl. Kap. 10).

Auch das Bildungssystem wolle er grundlegend reformieren: Der Föderalismus gehöre abgeschafft und die Ministerien zusammengelegt. Aber dennoch solle es keinen Zentralismus wie in Frankreich geben. Als wir ihn schließlich fragen, ob die Lehrpersonen – er will auch den Beamtenstatus abschaffen – mit den umfangreichen Absprachen im Team und der Materialerstellung sowie der individuellen Förderung jedes einzelnen Lernenden nicht überfordert seien, macht er uns klar, dass seine Bildungsrevolution das Leben der Lehrpersonen deutlich erleichtere: Alle könnten um 16 Uhr nach Hause gehen. Da wird uns vollends klar, dass wir bei diesem Philosophen nicht an der richtigen Stelle sind. Wir segeln rasch zur nächsten Insel weiter.

Das Buch von Richard David Precht ist 2013 erschienen und trägt den Titel: „Anna, die Schule und der liebe Gott".

4. Vom ‚guten‘ zum lernwirksamen Unterricht

Das neue Schuljahr hatte vor knapp einem Monat begonnen. Jan war jetzt in der achten Klasse. Als er an diesem Tag von der Schule nach Hause kam, fragte ihn seine Mutter eher beiläufig: „Na, wie war's heute in der Schule?"

Während Jan sonst eher unwirsch und einsilbig auf solche Fragen reagierte, antwortete er überraschend bereitwillig: „Es ging. Wir hatten heute auch wieder Physik."

Seine Mutter sah ihn erwartungsvoll an, denn Jan stand seit dem Übergang aufs Gymnasium mit dem Physikunterricht auf Kriegsfuß. Über Jahre war es bei seiner negativen Einstellung und seinen miserablen Leistungen geblieben. Nun hatte es zu Schuljahrsbeginn einen Lehrerwechsel gegeben.

Sie wollte gerade fragen: „Na, und …?", da sagte Jan: „Also diese Berger ist gar nicht schlecht." „Und was heißt das, ‚nicht schlecht'?" wollte seine Mutter wissen. „Sie erklärt alles mehrmals, bis es auch der Letzte kapiert hat. Und es ist auch nicht mehr so laut. Sie hat gleich deutlich gesagt, wo's lang geht. Null Toleranz, kann ich dir sagen. Es wird voll gelernt, die ganze Zeit!"

„Willst du damit sagen, Physik macht dir auf einmal Spaß?" „Nee, das nun nicht gerade, aber die Berger ist irgendwie o.k."

Jans Mutter beschloss, Frau Berger in absehbarer Zeit in der Sprechstunde aufzusuchen, um von der Lehrerin Anregungen zu bekommen, wie sie und ihr Mann Jans vorsichtige Annäherung an das Fach Physik fördern könnten.

4.1 Motivation als Grundvoraussetzung

Wie wir in Kapital 3 gesehen haben, ist es nicht möglich, Unterricht zu analysieren und vor allem ihn lernwirksam zu gestalten, wenn man die zugrunde liegenden Lernprozesse der Schülerinnen und Schüler nicht hinreichend berücksichtigt. Ähnliches gilt für den Faktor Motivation, für den Hattie (2009: 47f.) eine Effektstärke von d = 0.48 angibt.

Motivation ist eine sogenannte intervenierende Variable. Sie wird in allen Bereichen wirksam, nicht nur in Schule und Unterricht, sondern im gesamten Leben eines Menschen. Motivation ist nicht direkt beobachtbar. Meist wissen wir nicht, was genau jemand veranlasst, sich für bestimmte Ziele zu engagieren, während sich eine andere Person in einer vergleichbaren Situation passiv verhält. Folglich ist es für Lehrpersonen sehr schwierig, die für jeden einzelnen Lernenden geeignete Motivierungsstrategie zu finden.

Betrachten wir das Beispiel von Jan. Seinen Aussagen können wir entnehmen, dass die neue Physiklehrerin die Lernenden nicht durch explizite Strategien, z. B. Ermahnungen oder der Drohung mit dem nächsten Test, zu motivieren versucht. Jans Motivationsschub ist offenbar auf vier Aspekte des Unterrichts von Frau Berger zurückzuführen: 1. Die Lehrerin erklärt die Lerninhalte auf unterschiedliche Art, so dass auch Jan – trotz seiner beträchtlichen Lernrückstände – den neuen Lernstoff verstehen konnte. 2. Frau Berger hat in Bezug auf das Klassenmanagement von vornherein Verhaltensregeln festgelegt. 3. Sie achtet darauf, dass diese Regeln auch eingehalten werden. 4. Die Unterrichtszeit wird nicht mit Nebensächlichkeiten vertan, sondern weitestgehend für das Lernen genutzt.

Aus diesem Beispiel kann man schließen, dass Merkmale ‚guten‘ bzw. lernwirksamen Unterrichts einen motivierenden Einfluss auf einzelne Schülerinnen und Schüler sowie die gesamte Lerngruppe haben können. Damit werden wir uns in den Abschnitten zum ‚guten‘ und zum lernwirksamen Unterricht beschäftigen (vgl. 4.2 und 4.3). Außerdem stehen einzelne Formen der Rückmeldung an die Lernenden bezüglich ihrer Lernprozesse und der Ergebnisse ihres Lernens in engem Zusammenhang mit der Motivation. Aufgrund der herausragenden Bedeutung des Feedbacks ist ihm das gesamte Kapitel 10 gewidmet.

An dieser Stelle geht es nicht darum, die zahlreichen Definitionen von Motivation oder Klassifizierungen wie ‚intrinsisch‘ oder ‚extrinsisch‘ Revue passieren zu lassen. Vielmehr beschränke ich mich auf grundlegende motivationale Aspekte, die durch geeignete Lehrstrategien positiv beeinflusst werden können.

Schülerinnen und Schüler engagieren sich beim Lernen, wenn zwei Voraussetzungen erfüllt sind: Das Lernziel muss für sie einen persönlichen Wert haben. Es genügt aber nicht, dass sie das Ziel für sinnvoll halten. Hinzukommen muss die Erwartung, dass sie dieses Ziel auch erreichen können. Das lässt sich auf folgende Formel bringen:

Motivation = Wert des angestrebten Ziels x Erwartung der Erreichbarkeit

Der Wert des Ziels und die damit verbundene Erwartungshaltung werden nicht einfach addiert, sondern multipliziert. Wenn ein Schüler den Unterricht mit der Einstellung besucht, dass er es nicht schaffen kann, dann ist seine Motivation gleich null, auch wenn er den Wert der Ziele hoch einschätzt. Umgekehrt verhält es sich ebenso: Wenn eine Schülerin den Wert der im Unterricht angestrebten Ziele mit Null beziffert, kann ihre Erwartung der Erreichbarkeit noch so hoch sein; ihre Motivation ist wiederum gleich null (vgl. PETTY [2]2009: 41).

Offensichtlich hat Jan beim Übergang ins Gymnasium den Anschluss an den Physikunterricht verloren. Das kann verschiedene Ursachen haben: Die Bildungs- bzw. Fachsprache war ihm nicht geläufig, der Unterricht war nicht angemessen strukturiert, die Erläuterungen der Lehrperson waren für ihn weitgehend unver-

ständlich und das Klassenmanagement ließ zu wünschen übrig. Es kam zu zahlreichen Störungen und nicht zuletzt dadurch gab es viel Leerlauf. Durch seine
Lernrückstände tendierte Jans Erwartung, die Ziele des Unterrichts zu erreichen,
bald gegen null.

Aufgrund der Formel Motivation = Wert des angestrebten Ziels x Erwartung
der Erreichbarkeit stehen Lehrpersonen vor einer doppelten Herausforderung:
1. Sie müssen den Wert der angestrebten Ziele verdeutlichen. 2. Sie haben die
Aufgabe, die Erwartungshaltung der Lernenden hinsichtlich ihrer eigenen Lernmöglichkeiten zu steigern.

1. Wie kann eine Lehrperson Schülerinnen und Schüler vom Wert der Unterricht-
   sinhalte überzeugen?
   - An erster Stelle stehen sinnvolle, interessante Ziele, die einen Lebensbezug
     haben.
   - Nach und nach geht es darum, den Lernenden die Bedeutung des Unter-
     richtsfaches für ihre Lebenspraxis vor Augen zu führen, auch wenn sie sich
     zunächst nicht erschließt.
   - Lernprozesse müssen so gestaltet sein, dass die Bedürfnisse der Lernenden
     nach Anerkennung und Wertschätzung sowie nach sozialer Zugehörigkeit
     hinreichend berücksichtigt werden (vgl. u.a. MASLOW [3]1970).

2. Wie lässt sich eine positive Erwartungshaltung hinsichtlich des eigenen Lerner-
   folgs fördern? Die Aufgabe, vor der Lehrpersonen hier stehen, ist aus meiner
   Sicht ungleich schwieriger als die Verdeutlichung des Werts fachlicher und fä-
   cherübergreifender Ziele. Aber es liegen empirische Forschungsergebnisse vor,
   die weiterhelfen können. Nach Carol S. Dweck (DWECK 1999; 2006) kann man
   im Wesentlichen zwischen zwei etwa gleich großen Gruppen von Lernenden à
   ca. 40% unterscheiden (ca. 20% lassen sich nicht einordnen) (vgl. auch zum
   Folgenden DWECK 2012):
   - Die erste Gruppe besteht aus Kindern und Jugendlichen, die davon überzeugt
     sind, dass Intelligenz bzw. die Begabung für ein Fach (z. B. Mathematik,
     Naturwissenschaften oder Fremdsprachen) angeboren ist und folglich nur
     in geringem Maß durch Lernen und Anstrengung positiv beeinflusst werden
     kann. Das bezeichnet Dweck als *fixed mindset,* eine unveränderliche Denk-
     weise.
   - Die Lernenden der zweiten Gruppe glauben, dass man seine Leistungen
     durch Lernen verbessern kann, dass möglicherweise angeborene Dispositio-
     nen durch entsprechende Anstrengung positiv verändert werden können. In
     der Begrifflichkeit von Dweck heißt das *growth mindset,* eine auf Wachstum
     ausgerichtete Denkweise.

Lernende der ersten Gruppe vermeiden Situationen, die sie dumm aussehen lassen oder in denen sie sich anstrengen müssen. Sie lehnen Unterstützung ab in

der Überzeugung, dass sie doch nicht davon profitieren können und die ‚Helfer‘ ihr Unvermögen bemerken. Sie vermeiden alles, was zu einem Scheitern führen könnte. Stattdessen suchen sie Ablenkung und verharren in ihrer Wohlfühlzone (*comfort zone*). Da sie aufgrund ihres Vermeidungsverhaltens keine Fortschritte machen, fallen sie immer weiter zurück und fühlen sich dadurch in ihrer negativen Einstellung bestätigt.

Schülerinnen und Schüler der zweiten Gruppe haben eine positive Einstellung zu Schwierigkeiten und Fehlern. Diese sind aus ihrer Sicht unvermeidlich und gehören zum Lernprozess dazu. Wenn sie keine Probleme mit den Anforderungen haben, wissen sie, dass die Aufgabe für sie zu leicht war. Ihre Anstrengung wächst mit der Herausforderung. Bevor sie Hilfe suchen oder annehmen, versuchen sie zunächst, allein mit der Aufgabe zurechtzukommen.

Folgende Unterrichtsstrategien können helfen:

- Feedback sowie verschiedene Assessment-Methoden (vgl. Kap. 10);
- Reziprokes Lehren (*reciprocal teaching*) (vgl. Kap. 9);
- Lernschleifen (*learning loops*) (vgl. Kap. 7);
- Analyse der Bildungsbiographien bedeutender bzw. bekannter Persönlichkeiten (vgl. Dweck 2012).

Generell sollte die Lehrperson die Zuversicht verbreiten, dass alle Lernenden ihre Leistungen bei entsprechender Anstrengung verbessern werden. Dweck, die über Jahrzehnte zu diesen Fragen größere empirische Studien durchgeführt hat, rät allen Lehrpersonen dazu, bestimmte Formen des Lobs zu vermeiden bzw. sie durch solche zu ersetzen, die eine auf Wachstum ausgerichtete Denkweise (*growth mindset*) fördern. Die Ergebnisse ihrer Untersuchungen, die Dweck sicherheitshalber mehrmals wiederholt hat, stellt die Forscherin in einem Interview (http://www.intelltheory.com/dweck.shtml) folgendermaßen dar:

> We've done a long series of studies now with all ages of kids and we've seen that praising intelligence backfires. It puts them in a fixed mindset and not want challenges [sic]. They don't want to risk looking stupid or risk making mistakes. Kids praised for intelligence curtail their learning in order to never make a mistake, in order to preserve the label you gave to them.

Kinder für ihre Intelligenz zu loben ist kontraproduktiv. Der Schuss geht – so Dweck – nach hinten los, denn die Kinder schränken ihr Lernen ein, um möglichst keinen Fehler zu machen und so die Etikettierung, besser: die Medaille, zu behalten, die wir ihnen angeheftet haben. "Students praised for the process they engaged in – their effort, their strategies, their focus, their perseverance – these kids take on hard tasks and stick with them, even if they make lots of mistakes. They learn more in the long run." (http://www.intelltheory.com/dweck.shtml)

Lobt man Kinder hingegen für ihre Anstrengung, ihre Strategien, ihre Konzentration und ihre Ausdauer, sind sie bereit, auch schwierige Aufgaben zu übernehmen und bei der Stange zu bleiben, selbst wenn sie viele Fehler machen. Auf die Dauer gesehen lernen sie mehr (vgl. auch Kap. 10).

Gleich, welche Unterrichtsmerkmale man als besonders wichtig ansieht, zunächst einmal gelten obige Forderungen und Ratschläge für Lernende aller Altersstufen und Begabungen in allen Schulfächern und darüber hinaus. Ohne Motivation bzw. ohne ihre Förderung und Aufrechterhaltung ist Unterricht auf die Dauer nicht lernwirksam.

4.2 ‚Guter‘ Unterricht

Denkt man an Auflistungen von Merkmalen guten Unterrichts – ich beziehe mich zunächst exemplarisch auf die Ausführungen von Hilbert Meyer (2004, [8]2011) – sowie entsprechende Ratschläge für die Unterrichtspraxis, ergibt sich eine Reihe von Fragen. Meyer ist sich dessen selbstverständlich bewusst. Für ihn geht es um die Beantwortung von vier entscheidenden Fragen:

(1) Gut für wen? Die Gütekriterien sollen für alle Schüler an allgemeinbildenden und berufsbildenden Schulen gelten.

(2) Gut für welche Fächer? Die Gütekriterien sollen dem Anspruch nach für alle Schulfächer, für alle Schulstufen und alle Schulformen gelten.

(3) Gut für welche Ziele? Die Kriterien sollen helfen, einen Unterricht hinzubekommen, in dem sowohl das kognitive wie auch das affektive und soziale Lernen der Schülerinnen und Schüler gefördert wird [sic].

(4) Nützlich wofür? Die Kriterien sollen der Analyse und Beurteilung alltäglichen Unterrichts dienen. (MEYER [8]2011: 11f.)

Die wichtigste Frage stellt sich Meyer nicht: Wie legt er seine Gütekriterien fest? Er stützt sich zwar auf einige ältere empirische Untersuchungen, räumt aber ein, dass er eigentlich kein Empiriker ist und sich in die entsprechende Forschung erst einarbeiten musste. Im Rahmen seines „Kriterienmix" (ibid.: 15) nennt er lediglich eine einschlägige empirisch-experimentelle Studie und eine Meta-Analyse. Den Begriff ‚Effektstärke‘ erwähnt er an drei Stellen eher beiläufig (ibid.: 35, 53, 128), freilich ohne sie konkret zu beziffern.

Im Abschnitt ‚Klare Strukturierung‘ geht er auf die Effektstärke dieses Merkmals ein und präsentiert eine Tabelle von Wang und Mitautoren (WANG ET AL. 1993): „Rangfolge des Einflusses auf den Lernerfolg (Effektstärke)" (ibid.: 35). Diese Auflistung ist in abnehmender Reihenfolge von stark bis schwach geordnet (ohne konkrete Angaben zu den einzelnen Effektstärken). Hilbert Meyer zitiert die Tabelle nach Helmke & Weinert (1997: 74), auf deren Untersuchungen er sich auch sonst häufig beruft (MEYER [8]2011: 158–162). Auf die Qualitätskriterien von

Helmke (2009, [4]2012) geht Meyer freilich nicht ein. Das holen wir weiter unten nach, zumal Helmkes Kriterien empirisch gut fundiert sind.

Meyer legt aufgrund seiner subjektiven Erfahrung und der Durchsicht geisteswissenschaftlicher Studien sowie qualitativer und (in geringem Maß) quantitativer Forschungsarbeiten zehn Gütekriterien fest, ohne eine besondere Gewichtung vorzunehmen, d.h.: „Die Merkmale sind zwar durchnummeriert, aber dies bedeutet nicht, dass die Reihenfolge eine Rangfolge wäre" (ibid.: 18). Rufen wir uns seine Auflistung ins Gedächtnis zurück:

1.   Klare Strukturierung des Unterrichts
2.   Hoher Anteil echter Lernzeit
3.   Lernförderliches Klima
4.   Inhaltliche Klarheit
5.   Sinnstiftendes Kommunizieren
6.   Methodenvielfalt
7.   Individuelles Fördern
8.   Intelligentes Üben
9.   Transparente Leistungserwartungen
10.   Vorbereitete Umgebung

Dass Meyers Vorschläge von evidenzbasiertem Lehren und Lernen weit entfernt sind, braucht nicht weiter erläutert zu werden. Bezeichnend ist folgende Unterscheidung:

> Merkmale guten Unterrichts sind empirisch erforschte Ausprägungen von Unterricht, die zu dauerhaft hohen kognitiven, affektiven und/oder sozialen Lernergebnissen beitragen.
> Gütekriterien bzw. Kriterien guten Unterrichts sind theoretisch begründete und in Kenntnis empirischer Forschungsergebnisse formulierte Maßstäbe zur Beurteilung der Unterrichtsqualität. (MEYER [8]2011: 20)

Diese Unterscheidung ist aus meiner Sicht fragwürdig: Durch den Begriff ‚Gütekriterien' suggeriert Meyer eine Nähe zu den Gütekriterien empirischer Forschung. Dieser „Scheinobjektivität" steht jedoch die „bewusste, wertende Entscheidung" des Autors (ibid.: 20) gegenüber.

Ohnehin dürfte es schwer sein, Meyers Gütekriterien in dem Sinne zu nutzen, wie es sich beispielsweise Alice W., die Realschullehrerin, wünscht (vgl. Anfang Kap. 1). Das wird deutlich, wenn wir ein Gütekriterium, nämlich „1. Klare Strukturierung des Unterrichts", näher betrachten. Wie die meisten anderen ‚Gütekriterien' hat dieses Unterrichtsmerkmal bei vielen Forschern (z. B. bei HATTIE, MARZANO, HELMKE, KLIEME, LIPOWSKY, G. ROTH, WELLENREUTHER) besonderes Gewicht.

Meyer stützt sich auf die ältere Untersuchung von Kounin (KOUNIN 1970; dtsch. 1976) zum *classroom management*. Unter ‚Klare Strukturierung des Unterrichts‘ subsummiert Meyer „Prinzipien effektiver Klassenführung" (ibid.: 32f.). Hinzu kommen Merkmale aus weiteren Studien (ibid.: 34). Was kann eine Lehrperson, die nach gut belegten Alternativen zu herkömmlichen Unterrichtsverfahren sucht, mit dieser Sammlung von ca. 30 Faktoren anfangen? Wieso wird nicht zwischen Klassenführung und Strukturiertheit des Unterrichtens unterschieden?

Unter den 138 Faktoren, die in der Hattie-Studie (2009; 2012: 150 Faktoren) mit Effektstärken beziffert werden, gibt es eine ganze Reihe, deren Betrachtung sich im Zusammenhang mit Meyers Kriterium ‚Klare Struktuierung des Unterrichts‘ lohnt (Auflistung in der Reihenfolge der Hattie-Studie 2009). Bei den Einflüssen der Schule sind zu nennen: *classroom management* (Klassenführung) (d = 0.52), *classroom behavioral* (Verhalten in der Klasse) (d = 0.80), *decreasing disruptive behavior* (Verminderung von Störverhalten) (d = 0.34). Aus dem Bereich der Einflüsse von Lehrpersonen kommen *teacher-student relationships* (Lehrer-Schüler-Verhältnis) (d = 0.72) in Betracht. Von besonderem Interesse sind Hatties Berechnungen und Analysen im Bereich der Unterrichtsverfahren, z. B. *spaced vs. massed practice* (verteiltes vs. massiertes Üben) (d = 0.71), *meta-cognitive strategies* (meta-kognitive Strategien (d = 0.69), *individualized instruction* (individualisiertes Lernen) (d = 0.23) sowie *teaching strategies* (Lehrstrategien) (d = 0.60).

Sehr empfehlenswert, auch aufgrund der empirischen Kontrolle, sind die umfangreichen Ausführungen von Helmke ([4]2012: 168ff.) zu Meyers erstem Gütekriterium: Klare Strukturierung des Unterrichts. Helmke differenziert zwischen der ‚Klassenführung‘ (ibid.: 170ff.) und dem Merkmal ‚Klarheit und Strukturiertheit‘ (ibid.: 190ff.). Ebenso verhält es sich bei Wellenreuther (2004, [2]2010), der sich vorwiegend auf empirisch-experimentelle Forschung stützt. Wellenreuther betrachtet die Wissensstrukturierung im Zusammenhang mit den Erklärungen der Lehrperson (ibid.: 161ff.), während er an anderer Stelle auf das Klassenmanagement eingeht (ibid.: 244ff.).

Auch Helmke benennt zehn „wichtige fächerübergreifende Qualitätsbereiche" *(Helmke* [4]2012: 168f.), nämlich:

1. Klassenführung
2. Klarheit und Strukturiertheit
3. Konsolidierung und Sicherung
4. Aktivierung
5. Motivierung
6. lernförderliches Klima
7. Schülerorientierung
8. Kompetenzorientierung
9. Umgang mit Heterogenität
10. Angebotsvielfalt

Dazu führt Helmke aus (ibid.: 169):

> Den Merkmalen 2–4 ist gemeinsam, dass sie sich *direkt* auf die Förderung der Informationsverarbeitung beziehen, die Merkmale 5–7 richten sich primär auf die Förderung der Lernbereitschaft und *indirekt* auf den Lernerfolg, und die Merkmale 9 und 10 tragen dem Sachverhalt der Unterschiedlichkeit von Bildungszielen, fachlichen Inhalten und individuellen Lernvoraussetzungen Rechnung. (Hervorhebungen des Autors)

Bevor Helmke ausführlich auf die einzelnen Qualitätsbereiche eingeht (ibid.: 172–271) macht er anhand von acht Punkten deutlich, „was ein solcher ‚Katalog‘ leisten kann und was nicht" (ibid.: 169f.). Bei diesen zehn Qualitätsmerkmalen, die auf individueller Konstruktion durch Helmke beruhen, handelt es sich um Orientierungshilfen, die bei reflektierter Nutzung und angemessener Kombination lernwirksam sein können.

In Kapitel 1 habe ich auf Einschränkungen von evidenzbasierter Forschung, insbesondere von Meta-Analysen, hingewiesen, und ich habe in Kapitel 2 mögliche Ungereimtheiten in Hatties „Teaching's holy grail" („Der heilige Gral des Lehrens") angesprochen. Damit soll der unreflektierten Übernahme, die auch Helmke in Rechnung stellt, vorgebeugt werden. Auch an dieser Stelle betone ich noch einmal, dass evidenzbasiertes Lehren und Lernen gegenüber bisherigen wissenschaftlichen Studien, große Vorteile bringt, vorausgesetzt Lehrpersonen sowie Aus- und Fortbilder wissen die Schätze sinnvoll zu nutzen.

Wie können wir konkret vorgehen? Dazu ein Beispiel: Nehmen wir an, eine Lehrperson will die Gestaltung, Zahl und Verteilung von Übungsphasen in ihrem Unterricht überdenken. Dann ist sie gut beraten, die Ausführungen bei Hattie (2009) zu *spaced vs. massed practice* (verteiltes vs. massiertes Üben) durchzulesen, und sie auf alle Fälle mit weiteren empirischen Belegen zu vergleichen (vgl. z. B. HELMKE [4]2012: 201ff., WELLENREUTHER 2004, [2]2010: 115ff.). Nach einer solchen Bestandsaufnahme ist die Expertise der Lehrperson oder besser noch eines Lehrerteams gefragt: Was können wir für den eigenen Lernkontext übernehmen, was müssen wir adaptieren und wie können wir unser eigenes Vorgehen am Ende evidenzbasiert evaluieren?

4.3 Lernwirksamer Unterricht

Gibt es – außer den umfangreichen, oben genannten Studien – eine Auflistung von Merkmalen lernwirksamen Unterrichts, die einen wissenschaftsorientierten Anspruch erhebt und auf der neueren empirisch-quantitativen Forschung beruht? Wie könnte eine solche evidenzbasierte Übersicht aussehen? Michael Felten, ein (Mathematik-) Lehrer und Elsbeth Stern, eine Lehr- und Lernforscherin (ETH Zürich), haben einen Ratgeber zum lernwirksamen Unterrichten veröffentlicht, durch den Lehrpersonen im Schulalltag von der Lernforschung profitieren sollen (FELTEN & STERN 2012).

Das Buch ist so strukturiert, dass Felten aus der Sicht des Unterrichtspraktikers auf ein bis zwei Seiten bestimmte Überlegungen zu Schule und Unterricht anstellt und Stern auf der Grundlage der empirischen Unterrichtsforschung dazu Stellung nimmt. Dabei verweist sie nur gelegentlich auf die einschlägigen Untersuchungen. Die Beispiele, auf die Felten und Stern sich beziehen, stammen meistens aus dem Mathematikunterricht bzw. dem Unterricht in den Naturwissenschaften. Daher sind die Darstellungen „Die Lernforscherin nimmt Stellung" nicht für alle Lehrpersonen gleichermaßen nützlich.

Am Ende ihres Ratgebers legen die Autoren (FELTEN & STERN 2012: 144f.) einen Überblick vor, der jedoch nicht dem Unterricht von der Planung über die Durchführung bis hin zur Analyse folgt. Dennoch können Unterrichtspraktiker und sonstige, an evidenzbasiertem Lehren und Lernen interessierte Personen viel davon profitieren.

Statt Nachwort: Lernwirksam unterrichten – auf einen Blick
1. **Erfolgreiche Lehrpersonen beherzigen drei wichtige Grundüberzeugungen:**
   a. Kinder wollen gerne etwas lernen und leisten.
   b. Intelligenz kann sich nur durch Lernen entfalten.
   c. Königswege zu Unterrichtserfolg gibt es viele – aber auch Sackgassen.
2. **Das Vorwissen ist schon die halbe Miete.**
   Die Verankerung neuen Wissens hängt ganz wesentlich davon ab, ob das dazu nötige Wissen vorliegt und aktiviert wurde.
3. **Auf die Aufgaben kommt es an.**
   Aufgaben sind besonders motivierend und lernförderlich,
   a. wenn sie kognitiv herausfordernd und dennoch bewältigbar sind;
   b. wenn sie Lösungen (also Erfolge) auf verschiedenen Niveaus zulassen;
   c. wenn die Aufgabenkontexte den Lernenden sinnvoll erscheinen.
4. **Methodenwochen sind Zeitverschwendung.**
   Selbstständigkeit ist nicht direkt und isoliert lehrbar, sie kann aber indirekt gefördert werden: durch Eigentexte, Selbsterklärungen, Musterlösungen oder Lerntagebücher. Metakognitives Wissen entsteht im Handeln: durch häufigen erfolgreichen Umgang mit Aufgabenstellungen, die die Anwendung bestimmter Strategien nahe legen.
5. **Gute Lehrpersonen ziehen sich niemals aus dem Unterrichtsgeschehen heraus, sondern sind hochgradig steuerungsaktiv.**
   Lange Lehrermonologe bewirken Apathie bei Schülern, aber auch schlecht organisierte oder ausgewertete Gruppenarbeitsphasen hinterlassen kaum Lernzuwachs. Gute Lehrpersonen können abwechs-

lungsreiche Lernsequenzen organisieren, vielfältig veranschaulichen und flexibel erklären, spannend Wissen präsentieren sowie angemessene Hilfen geben. Gruppenarbeitsformen sind nur dann sinnvoll, wenn dabei jeder Beteiligte dazu lernt.

6. **Individuelle Förderung beginnt im Kopf der Lehrperson.**
   Das Eingehen auf Einzelne ist in allen Schulformen sinnvoll – und auch bei Arbeitsphasen im Plenum möglich. Individualisierung ist zweckmäßig nicht in ihrer extremen („Jedem stets ein eigenes Arbeitsblatt!"), sondern der behutsamen Form: gelegentliche Vertiefungen in einer Teilgruppe oder Spezialaufgaben für einzelne.

7. **Stillarbeit muss sein – regelmäßig.**
   Ohne eigenständige, unterrichtsnahe Vertiefungs- und Übungsphasen ist die Verankerung neuen Wissens selten möglich – solche Sicherung kann in stillen Unterrichtsphasen, nachmittäglichen Silentien oder durch Hausaufgaben erfolgen.

8. **Warum nicht öfter einen Test?**
   Tests zur Rangstufeneinordnung müssen sein (möglichst nicht zu oft!), solche mit inhaltlicher Rückmeldungsfunktion über den individuellen Lernfortschritt sollten sein (so oft wie möglich!). Miniselbsttests sind ebenso aktivierend wie diagnostisch – sie offenbaren, wie jeder die Lerninhalte aufgefasst hat, und machen keine zusätzliche Arbeit.

9. **Mehr Ermutigung, bitte!**
   Positives Lernklima entsteht durch eine entwicklungsoptimistische und beziehungsaktive Haltung der Lehrperson – also durch grundsätzliches Zutrauen und gute Laune, konkrete Hinweise, Fehlerfreundlichkeit und Geduld – aber auch souveränen Umgang mit Störungen.

10. **Aktive Elternarbeit erleichtert das Unterrichten.**
    Regelmäßige Gespräche mit einzelnen Eltern helfen, die Lernbiografie der unterschiedlichen Schüler besser zu verstehen. Bisweilen kann man auch verwöhnende, vernachlässigende oder überehrgeizige Erziehungsstile günstig beeinflussen. Elternabende können als Form gestaltet werden, auf dem für das Reizvolle wie das Belastende des Lernens geworben wird.

Vergleicht man diese Darstellung mit dem bei Hattie (2009, 2012) entworfenen Unterrichtsmodell, stellt man eine große Übereinstimmung fest. Dazu schreibt Stern (2012: 141): „Als langjährige Lehr- und Lernforscherin war ich sehr beruhigt, zu sehen, dass die von John Hattie aufgeführten Befunde mit meinen Botschaften in der Aus- und Weiterbildung von Lehrern übereinstimmten." Zahlreiche Gemeinsamkeiten weist der obige Überblick von Felten & Stern bzw. das dahinterstehende Lehr- und Lernmodell auch mit den empirischen bzw. empirisch-experimentellen Ergebnissen von Helmke ([4]2012) und Wellenreuther (2004, [2]2010, Neubearbeitung 2013) auf.

4.4   Reif für die Insel

Nach diesen Betrachtungen sagt Hektor, ein Teilnehmer an unserer Schatzsuche: „Also, ich habe bisher immer gedacht, guter Unterricht und lernwirksamer Unterricht seien dasselbe." Darauf erwidert Filomena, die meistens alles besser weiß: „Guter Unterricht muss nicht lernwirksam sein, aber lernwirksamer Unterricht ist gut." „Jetzt verstehe ich gar nichts mehr", wirft Helena ein. „Doch, doch, Filomena hat recht", sagt Leander, „wenn du guten Unterricht machst, bekommst du eine positive Beurteilung von der Schulaufsicht. Wie viel die Kinder dabei gelernt haben, ist sekundär. Hauptsache, du hast die Gütekriterien erfüllt." „Soll das heißen, was ‚guter' Unterricht ist, beruht hauptsächlich auf externer Beurteilung, während ‚lernwirksamer' Unterricht für die Schülerinnen und Schüler da ist?" fragt Helena. „Ja, so in etwa", antwortet Filomena. Da stöhnt Hektor laut: „Ich bin reif für die Insel."

5. Direkte Instruktion in empirischer Forschung

Ausschnitte aus Interviews mit einer Lehrerin und einem Lehrer (geführt von De Florio-Hansen Ende Mai 2013)

Frage: *Was verbinden Sie mit dem Begriff ‚Direkte Instruktion‘?*
Lw: Unterschiedliche Dinge, aber wenn ich von der starken, krassen Interpretation ausgehe, würde ich sagen, es ist eine unmittelbare, enge Steuerung im Sinne von Lenkung, im Sinne von Input, und im Sinne von Steuerung desjenigen, der lernen sollte, aber so möglicherweise nur bestimmte Zusammen / nicht Zusammenhänge, sagen wir mal Vokabeln beispielsweise oder sonstige Inputs schneller begreifen / begreifen auch schon Vorsicht, schneller verinnerlichen könnte.
Frage: *Sehen Sie einen Unterschied zum Frontalunterricht?*
Lw: Jein, der Frontalunterricht kann eine Form sein, um direkt zu instruieren, wobei ich das, wenn ich‘s mal werte, nicht negativ sehe. Aber es kommt darauf an, welche / welcher Zweck damit erfolgt, verfolgt wird. Ist das eine kurze Hilfe, um bestimmte Fakten zu erhalten, die das Lernen des Einzelnen weiterführen können? Immer also bestimmte Begriffe, bestimmte Vokabeln, also egal, oder auch Selbstverständlichkeiten, ich würde mal sagen wirklich Fakten, das halte ich für richtig in diesem Zusammenhang. Was sollte sich der Einzelne diese / die kann er sich nicht aneignen, gut, mag ja sein, aber der Aufwand steht in keinem Verhältnis zu dem, was hier als Hilfestellung über diese Instruktion gegeben werden kann.

Frage: *Was verbinden Sie mit dem Begriff ‚Direkte Instruktion‘?*
Lm: Wenn man von der Bedeutung des Begriffes ausgeht, von der Vorstellung, dann ist Direkte Instruktion eine Vorgabe. Direkte Instruktion heißt: Ich gebe einer Person eine genaue Anweisung, was sie zu tun hat.
Frage: *Wo sehen Sie den Unterschied zwischen Direkter Instruktion und Frontalunterricht?*
Lm: … keinen großen Unterschied, denn dort mache ich genau dasselbe … was ich im Unterricht mache. Ich gebe vor, was der Schüler können soll, können muss am Ende. Das sage ich ihm von vornherein, das ist Direkte Instruktion, ich sage ihm genau, was er tun, machen, lernen soll.

5.1 Wissenschaftliche Belege als Alternative zu pädagogischer Ideologie

Dieses Kapitel bildet den Mittelpunkt des vorliegenden Buches. Es steht nicht nur in der Mitte, sondern leitet, auf der Grundlage der vorangegangenen Kapitel, zu den nachfolgenden unterrichtspraktischen Vorschlägen über. Sein Hauptanliegen besteht darin, Direkte Instruktion in ihren vielfältigen Ausprägungen auf der Grundlage wissenschaftlicher Belege zu beschreiben und zu reflektieren, um daraus schlüssige Empfehlungen für die Unterrichtspraxis abzuleiten.

Zuvor aber gehe ich noch einmal ausführlicher darauf ein, warum diese Methodenkonzeption bisher im Unterricht nicht in dem Umfang berücksichtigt wird, wie es den vielfach nachgewiesenen positiven Lerneffekten entspricht. Obgleich der im angelsächsischen Raum häufig gebrauchte Begriff ‚Interaktiver Klassenunterricht' (*Interactive Whole-Class Teaching*) m. E. treffender ist, bleibe ich bei ‚Direkter Instruktion'. Denn dieser Terminus ist am weitesten verbreitet und wird auch in neueren empirischen Untersuchungen, z. B. von Wellenreuther (2004, ²2010) und von Hattie (2009, 2012; HATTIE & ANDERMAN 2013), verwendet. Dass Direkte Instruktion abgewertet bzw. negiert wird, hat aus meiner Sicht auch ideologische Gründe:

- Einige Erziehungswissenschaftler lehnen die empirische Prüfung von Methodenansätzen generell ab, weil verschiedene Unterrichtsmerkmale immer im Wechselspiel mit der oder den untersuchten Variablen stünden. Gut geplante, hochwertige Experimente stellen dies aber in Rechung.
- Andere behaupten, Ziele, die sich vor allem mit „offenen" Methoden erreichen ließen, seien nicht messbar. Aus diesem Grund könne man die Lernwirksamkeit von Direkter Instruktion leichter nachweisen. Inzwischen gibt es empirische Verfahren, um auch Ziele wie z. B. soziales Lernen zu messen und zu bewerten.
- Die oben wiedergegebenen Interviewaussagen belegen, dass Direkte Instruktion häufig unzureichend definiert und/oder mit Frontalunterricht gleichgesetzt wird. Daraus resultiert die Befürchtung bzw. die Überzeugung, sie beruhe auf einem autoritären Unterrichtsstil und fördere obrigkeitsstaatliches Denken.
- Obgleich gegenteilige empirische Nachweise vorliegen, wird behauptet, Direkte Instruktion eigne sich lediglich zur Vermittlung von Faktenwissen – so auch die zu Beginn dieses Kapitels interviewte Lehrerin – und entfalte positive Lerneffekte hauptsächlich bei jüngeren und lernschwächeren Schülerinnen und Schülern.
- Direkte Instruktion wird auf den Dreischritt: Präsentation des Wissens, angeleitetes sowie eigenständiges Üben reduziert und deshalb als monoton abgewertet.
- Die notwendige Interaktivität, die Direkte Instruktion vom Frontalunterricht unterscheidet, ist vielerorts nur schwach ausgeprägt. Stattdessen herrscht im *classroom discourse* immer noch das IRE-Schema (*Initiation–Reply–*

Evaluation) vor, bei dem die Lehrperson eine Frage (*Initiation*) stellt und auf die Schülerantwort (*Reply)* bewertend reagiert (*Evaluation).*

- Obgleich die Aktivierung der Schülerinnen und Schüler bei Direkter Instruktion neben der Steuerung durch die Lehrperson ein Hauptmerkmal bildet, wird pauschalisierend auf die Passivität der Lernenden bei diesem interaktiven Verfahren verwiesen.
- Andererseits wird aufgrund einer unbegründeten Bevorzugung offener Unterrichtsformen die starke (indirekte) Steuerung individualisierten Lernens durch die Lehrperson nicht in den Blick genommen.

5.2   Ältere Konzeptionen von Direkter Instruktion

Einer der bekanntesten Verfechter von interaktivem Klassenunterricht im deutschsprachigen Raum ist Jochen Grell. Anfang der 1980er Jahre hat er zusammen mit Monika Grell einen Ratgeber mit dem Titel „Unterrichtsrezepte" veröffentlicht (GRELL & GRELL 1983, [12]2010). Die Grundlage des Buches bildet der sogenannte informierende Unterricht, den die Autoren dem Erarbeitungsmuster des fragend-entwickelnden (Frontal-) Unterrichts gegenüberstellen.

Bei ihrer Konzeption stützen sich Grell & Grell noch nicht auf empirische Belege zum Nachweis der Wirksamkeit der von ihnen propagierten Unterrichtsmethode. Wie die meisten Wissenschaftler (vgl. z. B. MEYER, HELMKE, WELLENREUTHER, HATTIE) beziehen sie zwar die bekannte Untersuchung von Kounin (1976) zum *classroom management* in ihre Darstellung ein. Sie halten Kounins Studie aber für wenig nützlich, weil die notwendigen Operationalisierungen weitgehend fehlten. Für die Umsetzung von Kounins richtungsweisenden Belegen im konkreten Unterricht müssten die Lehrpersonen die Indikatoren selbst festlegen, bei Kounin fehle eine in sich geschlossene Theorie.

Diese Modellierung des informierenden Unterrichts aus den beginnenden 1980er Jahren hat Jochen Grell auf der Grundlage empirischer Forschung aus den USA weiterentwickelt. Dabei stützt Grell sich vor allem auf Rosenshine (1985; ROSENSHINE & STEVENS 1986), auf den der Begriff ‚Direct Instruction' zurückgeht. In Anlehnung an Rosenshine und dessen Mitarbeiter nennt Grell seinen inzwischen empirisch belegten Ansatz ‚Direktes Unterrichten'. In einem von Wiechmann (1999, [2]2000) herausgegebenen Sammelband mit dem Titel „Zwölf Unterrichtsmethoden" hat Grell (GRELL [2]2000: 35–49; vgl. auch GRELL 2014) Gelegenheit, seine Konzeption ausführlich darzustellen.

Grell ist sich der Tatsache bewusst, dass es sich um ein „umstrittenes Unterrichtsmodell" handelt (ibid.: 35ff.; vgl. auch 5.1). Das mussten auch Rosenshine &Stevens (vgl. GRELL [2]2000: 35ff.) sowie andere US-amerikanische Forscher beim *Project Follow Through* (vgl. unten 5.4) erfahren. Dieser Negierung wissenschaftlicher Nachweise ist auch Grell später selbst zum Opfer gefallen. Wiechmann hat in den weiteren Auflagen des Sammelbands den Beitrag von Grell durch einen eigenen

Aufsatz mit dem Titel „Direkte Instruktion" ersetzt (vgl. [5]2011: 39–51), der haupt-sächlich die in Abschnitt 5.1 beschriebenen Vorbehalte und Mängel darlegt.

Trotzdem erfreut sich das Unterrichtsmodell von Jochen Grell unter Lehrper-sonen nach wie vor großer Beliebtheit. Direktes Unterrichten basiert nach Grell im Wesentlichen auf drei Prinzipien (vgl. oben 5.1):

1. Demonstrations- und Präsentationsfunktion
2. Üben unter Anleitung
3. Selbstständiges Üben

Wie vielfältig man diese drei Hauptphasen der Direkten Instruktion ausgestalten kann, beschreibt nicht nur Grell ausführlich (ibid.: 41ff.); im Zusammenhang mit den Modellierungen von Wellenreuther und Hattie (vgl. 5.3 und 5.4) werden wir zahlreiche Strategien und Techniken kennenlernen, welche die von manchen unterstellte Monotonie gar nicht erst aufkommen lassen.

Weitere wichtige Aspekte der Direkten Instruktion sind nach Grell (ibid.: 41):

1. Klar strukturierte Lernerfahrungen
2. kleine Schritte, flottes Tempo
3. detaillierte, redundante Erklärungen
4. viele Fragen und Aufgaben, alle Schüler üben aktiv
5. viele Rückmeldungen, viel Korrigieren von Schülerantworten
6. mindestens 80 Prozent der Schülerantworten sind richtig
7. kurze Stillarbeitsphasen, Überwachen der Schülerarbeit
8. Lernerfolg durch Überlernen

Diesen kleinen Katalog greift ein Gymnasiallehrer (mit den Fächern Englisch und Sport) auf (http://www.jochenenglish.de/?p=6). Dazu veranlasst ihn seine – zuge-gebenermaßen überspitzte – Kritik am herkömmlichen Unterricht:

> Immer mal wieder sollte man Unterricht aus der Schülerperspektive erleben. Erst dann wird einem wieder bewusst, wie grausam und tödlich langweilig Unterricht sein kann. ‚Motivierende' Einstiege, die zu einem einzigen Ratespiel werden, weil es gilt herauszufinden, wohin das alles nun führen soll. Ein „fragend-entwickeln-der" Unterricht, in dem aus den Schülern etwas herausgeholt werden soll, was schlichtweg nicht in ihnen drinnen ist. Wiederholtes Umformulieren von Fragen durch den Lehrer, bis er dem Schüler die Antwort endlich in den Mund gelegt hat. Lähmende Langeweile weil das deduktive ‚Erarbeiten' (gerne in der Gruppe) nicht wirklich weiterbringt. Außerdem kriegt man „ganz hinten" schon akus-tisch nicht mit, was vorne gebrabbelt wird etc. pp. Ich kann nur jedem empfeh-len, sich immer mal wieder dieser Erfahrung auszusetzen.

Betrachtet man noch einmal Grells Katalog, so fällt auf, dass gerade im Rah-men von Direkter Instruktion den Fragen der Lehrperson eine besondere Bedeutung zukommt. Frage ist selbstverständlich nicht gleich Frage: Im sogenannten darbietenden (Frontal-)Unterricht versucht die Lehrperson bestimmte Inhalte zu vermitteln, indem sie die Lernenden durch möglichst kleinschrittige Fragen auf die wesentlichen Aspekte des Lernstoffes hinlenkt „Osterhasenpädagogik" nennt Stern dieses fragend-entwickelnde Verfahren (vgl. Kap. 4). Im Rahmen von Direkter Instruktion haben Fragen eine ganz andere Funktion. Mit ihrer Hilfe überprüft die Lehrperson nach der Darbietung von Wissen, ob und inwieweit die Schülerinnen und Schüler die „neuen" Lerninhalte verstanden haben.

Im englischen Sprachraum werden solche Fragen zur Sicherstellung der Lernfortschritte als *assertive questioning* bezeichnet. Es handelt sich um ein bejahendes, positives Frageverhalten seitens der Lehrperson, das keineswegs der Bewertung oder gar der Bloßstellung einzelner Lernender dient. Vielmehr gibt es der Lehrperson Gelegenheit sich rückzuversichern, ob und was einzelne Lernende verstanden haben bzw. inwieweit sich aufgrund der Vorerfahrungen der Schülerinnen und Schüler Missverständnisse oder Fehlinterpretationen eingeschlichen haben.

Assertive questioning erschöpft sich nicht in der Frage, ob einzelne Lernende, Tandems oder Kleingruppen eine Antwort parat haben. Vielmehr kann es sich um vordergründig organisatorische Fragen handeln: Wer braucht noch mehr Zeit? Auch weiterführende Fragen, wie z. B.: Warum denkst du/denkt ihr, dass es sich so und so verhält?, können Aufschluss über den Lernstand geben. Am Ende der Phase des *assertive questioning* sollte eine Antwort stehen, auf die sich die gesamte Lerngruppe geeinigt hat. Erst dann nennt die Lehrperson die korrekte Lösung oder verschiedene mögliche Antworten (vgl. PETTY ²2009).

Als vertiefende Zusammenfassung der Konzeption von Grell führe ich die Definition von Helmke & Weinert (1997: 136) an. Sie enthält einen guten Überblick über die einzelnen Schritte bei Direkter Instruktion:

> Sie ist zwar – im Gegensatz zu manchen kritischen Einwänden – das Gegenteil eines bornierten Paukunterrichts, doch wird das Lernen der Schüler in der Tat sehr stark durch den Lehrer gesteuert. Er gibt die Ziele vor; zerlegt den Unterrichtsstoff in kleine, überschaubare Einheiten; vermittelt das notwendige Wissen; stellt Fragen unterschiedlicher Schwierigkeit, sodass der einzelne Schüler die richtige Lösung mit großer Wahrscheinlichkeit finden kann; er sorgt für ausreichende Übung; kombiniert in zweckmäßiger Weise Klassen-, Gruppen- und Individualarbeit; kontrolliert beständig die Lernfortschritte der einzelnen Kinder und hilft in möglichst unauffälliger Art bei der Vermeidung oder Überwindung von Lernschwierigkeiten.

5.3 Wellenreuther: Evidenzbasierte Direkte Instruktion

Bevor Wellenreuther ausführlich auf Einzelheiten der Direkten Instruktion eingeht, beschreibt er in fünf Thesen die Voraussetzungen für die Gestaltung von Lernarrangements (2004, ²2010: 325ff.):

1. These: Unter „günstigen" Bedingungen wollen Schüler von
   sich aus lernen.
2. These: Die erste Aneignung von Wissen hat der Begrenztheit
   des Arbeitsgedächtnisses Rechnung zu tragen.
3. These: Nur fest im Langzeitgedächtnis verankertes Wissen ist
   verfügbares, verwendbares und transferierbares Wissen.
4. These: Rückstände in Grundkenntnissen behindern nachfolgendes
   Lernen.
5. These: Motiviertes und konzentriertes Lernen setzt ein wirksames
   Klassenmanagement voraus.

Wellenreuther belegt diese Thesen mit empirischer Forschung, in den meisten Fällen mit Untersuchungen aus dem englischsprachigen Raum. Es bedarf an dieser Stelle keiner weiteren Erläuterung; die fünf Thesen leuchten unmittelbar ein.

Aus meiner Sicht reichen sie aber als Grundlage für eine Modellierung und Begründung von Direkter Instruktion als bedeutsamer Form des Unterrichts – Wellenreuther nennt sie die „Urform des Unterrichtens" (2004, ²2010: 329) – nicht aus. Wenn Direkte Instruktion ihre positiven Lerneffekte voll entfalten soll, sind weitere Prämissen zu bedenken. Es geht nicht nur um die erste Aneignung von Wissen und seine Verankerung im Langzeitgedächtnis, sondern auch um vertiefende Lernprozesse wie konzeptuelles, vernetztes Lernen (vgl. *deep and conceptual learning* Kap. 2). Wellenreuther selbst führt Weinert (1998: 27) an, der Direkte Instruktion bei der Erreichung anspruchsvoller Leistungsziele für die wirksamste Methode hält. Dafür nennt Wellenreuther (2004, ²2010: 321) folgendes Beispiel:

> Auch metakognitives Wissen und die Handhabung von Lernstrategien wird [sic] im Rahmen direkter Instruktion vermittelt, z. B. indem der Lehrer Wissen über diese Strategien vermittelt und solche Strategien beim Bearbeiten von Aufgaben durch die Methode des Lauten Denkens selbst modelliert, und die Schüler danach angehalten werden, ebenfalls diese Methode des Lauten Denkens beim Anwenden der Strategien anzuwenden. Den Schülern wird [sic] dann über die Güte ihrer Strategienanwendungen Rückmeldungen gegeben.

Außerdem muss die Zusammenstellung von Lernmaterial und Lernaufgaben sowie deren Gestaltung in Lernarrangements auch die Lerneffekte im affektiven und sozialen Bereich mitbedenken und vergrößern. Es ist, wie bereits mehrfach angedeutet, keineswegs so, dass diese Ziele nur durch offene Unterrichtsformen erreicht werden können. Das erwähnt auch Wellenreuther selbst (2004, ²2010). Seine 1. These, dass die meisten Kinder und Jugendlichen von sich aus lernen wollen, bedarf m. E. der Ergänzung. Gerade lernschwächere Schülerinnen und Schüler müssen beharrlich und behutsam motiviert werden. Dabei können die in Kapitel 4 dargestellten empirischen Befunde zu Motivation und Feedback eine besondere Hilfe sein (vgl. auch Kap. 10).

Um einzelne Phasen und alternative Vorgehensweisen bei Direkter Instruktion zu analysieren und in einer lernwirksamen Synthese zusammenzufügen, benötigen wir eine geeignete Definition von Lernarrangement bzw. von Lernumgebung. Dabei müssen aktuelle bildungspolitische Forderungen berücksichtigt werden. "A learning environment is a social system focused on the permanent development and certification of human knowledge and competencies in a particular domain." Das Setting – so Koper (2000: 5) – als soziales System ist auf die ständige Entwicklung und den Nachweis des Wissens der Menschheit sowie entsprechender Kompetenzen in einem bestimmten Bereich gerichtet.

Diese Definition betont den sozialen Aspekt (z. B. Klassenklima, Interaktion mit Peers), die kontinuierliche Weiterentwicklung von Wissen und Können in einem bestimmten Bereich (z. B. Lernschleifen, Üben, Überlernen) und vor allem auch den Kompetenzerwerb, der sich nicht auf Wissen und Können beschränkt, sondern immer auch Einstellungen (zum fachlichen und überfachlichen Lernen sowie zu den Lerninhalten aller Bereiche) mitbedenken muss (vgl. WEINERT 1999).

Betrachten wir nun Wellenreuthers Ausführungen zu den einzelnen Phasen der Direkten Instruktion vor diesem Hintergrund genauer. Er präsentiert folgendes Ablaufschema (2004, ²2010: 333ff.):

Planungsüberlegungen vor Beginn des Unterrichts
1. Klärung individueller Voraussetzungen, z. B. der Vorkenntnisse. Vorgehensweisen und der Interessen/Ängste
2. Klärung didaktischer Voraussetzungen, z. B. der zu vermittelnden Inhalte, ihrer Struktur und Prüfung der Frage, wie diese Inhalte an die vorhandenen Kenntnisse und Motivationen angebunden werden können

Unterrichtshandeln in einer Unterrichtsstunde
1. Schritt: Wiederholung, Geben von vorstrukturierenden Hinweisen, Verknüpfen von Vorwissen, Vorerfahrungen mit dem neu zu lernenden Inhalt
2. Schritt: Präsentation der Inhalte unter Berücksichtigung individueller und didaktischer Voraussetzungen
3. Schritt: Anwendung des neuen Wissens in verschiedenen Sozialformen (Einzelarbeit, Gruppenarbeit, Partnerarbeit) und Zusammenfassung

Fortführung der Lektion in anderen Unterrichtsstunden
Wiederholung wesentlicher Punkte unter Berücksichtigung der Schwierigkeiten der Schüler

Im Rahmen seines Ablaufschemas von der Planung des Unterrichts bis zur Sicherung des Lernergebnisses gibt Wellenreuther zahlreiche nützliche Hinweise. Bevor wir unseren Blick auf die für unsere Unterrichtspraxis relevanten Einzelheiten von

Direkter Instruktion richten (vgl. Kap. 6 bis 10), müssen wir die wichtigsten Details von Hatties Modellierung (2009, 2012) kennenlernen (vgl. 5.4).

Ungleich mehr Raum als die Präsentation des Ablaufschemas (vgl. WELLEN-REUTHER 2004, ²2010: 333–338) nimmt bei Wellenreuther die Erörterung der empirischen Forschung zu Direkter Instruktion ein (vgl. ibid.: 338–362). Die Unterscheidung in indirekte und direkte empirische Belege ist auch für die Betrachtung anderer Untersuchungen, insbesondere der Hattie-Studie (2009), richtungsweisend (vgl. auch LIEM & MARTIN 2013: 366). Wellenreuther weist darauf hin, dass Direkte Instruktion aus mindestens zwei Gründen nur schwer in ihrer Gesamtheit (direkt) empirisch untersucht werden kann.

1. Es gibt eine große Zahl unabhängiger Variablen. Da Direkte Instruktion kein einheitliches methodisches Verfahren ist und zahlreiche Ausprägungen annehmen kann, ist es schwierig, hochwertige Experimente zu planen und durchzuführen.
2. Lehrpersonen fehlt es oft an genauer Kenntnis wichtiger Einzelheiten von Direkter Instruktion. Trainingsmaßnahmen schaffen zwar Abhilfe, sie reichen aber meist nicht aus, um im Bereich der Darstellung bzw. Präsentation der „neuen" Lerninhalte die nötige Klarheit und Strukturierung der Lehrererklärungen zu erreichen.

Trotz der angedeuteten Schwierigkeiten hat es empirische Untersuchungen von Direkter Instruktion im Vergleich zu anderen Methoden gegeben. Die bekannteste ist das US-amerikanische *Project Follow Through*, bei dem in einer großangelegten quasi-experimentellen Studie neun verschiedene Unterrichtsverfahren überprüft und miteinander verglichen wurden. Direkte Instruktion war durch DISTAR vertreten, eine von Siegfried („Zig") Engelmann kreierte Form, die schon zuvor sorgfältig evaluiert worden war. Obgleich DISTAR bei der gut kontrollierten Studie *Follow Through* am besten abschnitt, wurden die Ergebnisse teilweise verfälscht und trotz wiederholter Bestätigung boykottiert (vgl. WELLENREUTHER 2004, ²2010: 341ff.).

Auch Hattie (2009, 2012) beruft sich auf *Project Follow Through* und beklagt die Unterdrückung der wichtigen empirischen Nachweise für die Lernwirksamkeit von Direkter Instruktion (vgl. auch WELLENREUTHER 2014). Offenbar wird Direkte Instruktion aber nicht nur deshalb unterdrückt, weil dieser Ansatz den Überzeugungen und Gewohnheiten von Lehrpersonen und anderen an Unterricht Interessierten zuwiderläuft. Der Verdacht drängt sich auf, dass Direkte Instruktion deshalb boykottiert bzw. abgewertet wird, weil auch lernschwächere Schülerinnen und Schüler damit größere Lerneffekte erreichen können, die Bildungseliten aber gern „unter sich bleiben wollen" (vgl. WELLENREUTHER 2004, ²2010: 344). Das belegen auch populärwissenschaftliche Publikationen wie das am Ende von Kapitel 3 erwähnte Sachbuch von Precht (2013). Einerseits spricht sich der „Philosoph" dafür aus, allen Schülerinnen und Schülern größere Lernerfolge zu bescheren; andererseits plädiert er, gefangen in bildungsbürgerlichen Vorstellungen, für Individualisierung um jeden Preis. Anscheinend weiß er nicht oder will nicht wissen, dass vor allem lernschwächere Schülerinnen und Schüler durch individualisierte und offene Lernformen noch stärker benachteiligt werden als bisher.

Eine Längsschnittuntersuchung von Helmke (1988) bestätigt wichtige Aspekte von Direkter Instruktion, nämlich die effektive Klassenführung, eine deutliche Wissensstrukturierung sowie Diagnostik und Adaptivität im Rahmen der einzelnen Unterrichtsphasen. Klarheit und Verständlichkeit standen bei dieser Untersuchung weniger im Fokus.

Eine wichtige experimentelle Untersuchung, die ebenfalls die Überlegenheit von Direkter Instruktion bestätigt, ist das Feldexperiment von Good et al. (1983). Es bestand aus einer Längsschnittuntersuchung und einer Trainingsstudie, d.h. Lehrpersonen, die in den Versuchsgruppen unterrichtet haben, absolvierten zuvor ein Training. Auch hier wurde das positive Abschneiden von Direkter Instruktion von anderen Forschern angezweifelt, aber durch Nachfolgeuntersuchungen bestätigt (vgl. WELLENREUTHER 2004: 350).

Wellenreuther (2004, ²2010: 339) hält es zu Recht für legitim, auch indirekte empirische Belege für die Prüfung von Direkter Instruktion heranzuziehen (vgl. auch LIEM & MARTIN 2013: 366ff.) „Bei dieser indirekten empirischen Evaluation der direkten Instruktion handelt es sich um eine Methode, die zuerst die grundlegenden Annahmen einer Unterrichtsmethode verdeutlicht, und dann prüft, ob diese Annahmen durch strenge experimentelle Forschung belegt werden können."

Wellenreuther geht von zehn Annahmen aus, die einer wirksamen Direkten Instruktion zugrunde liegen. Da diese Prämissen auch für die Unterrichtspraxis hohen Stellenwert haben, benenne ich sie kurz:

1. Da Lernen auf Verständnis abzielt, spielen die Vorgabe der Ziele, strukturierende Hilfen, das Anknüpfen an das Vorwissen der Lernenden, graphische Darstellungen sowie Zusammenfassungen eine herausragende Rolle.
2. Verfahrensweisen und Techniken eines effektiven Klassenmanagements sind eine wichtige Voraussetzung.
3. Bei der Vermittlung von Wissen steht das klassenbezogene *Scaffolding* im Mittelpunkt, bei dem die Lehrperson von der „Zone der nächsten Entwicklung" (*Zone of Proximal Development*; vgl. VYGOTSKY 1962) ausgeht und die Hilfen nach und nach verringert, um das „Gerüst" schließlich ganz zu entfernen.
4. Abstrakte Inhalte bzw. Schemata sind mit bedeutungshaltigen konkreten Beispielen zu verbinden.
5. Beim Aufbau neuer kognitiver Schemata bedarf es einer klaren Strukturierung und Gliederung, gegebenenfalls durch Nutzung geeigneter Medien.
6. Die Lerninhalte müssen in überschaubare Einheiten (Komponenten) zerlegt und allein, sowie in ihrem inhaltlichen Zusammenhang, vermittelt werden.

7. Übungen sollen abwechslungsreich, wohl dosiert und zeitlich verteilt sein.
8. Schülerinnen und Schüler lernen mehr, wenn sie in kurzen Abständen erfahren, inwieweit sie die Inhalte beherrschen (z. B. durch Besprechung von Fehlern, Kurztests).
9. Zur Verankerung im Langzeitgedächtnis müssen die Inhalte in regelmäßigen Abständen und in zunehmend schwierigeren Aufgaben wiederholt werden.
10. Um einen Transfer zu ermöglichen, müssen die Übungen variationsreich gestaltet sein.

Für diese Annahmen, die größtenteils auch durch hohe Effektstärken bei Hattie (2009) belegt sind, führt Wellenreuther fundierte empirische Nachweise an. Man kann davon ausgehen, dass die Kombination wirksamer Einzelelemente die positive Wirkung von Direkter Instruktion ausmacht (vgl. WELLENREUTHER 2004, [2]2010: 340).

Wie wir sehen werden, kommt Wellenreuther das Verdienst zu, lange vor Hattie durch die Analyse empirischer Forschung, insbesondere experimenteller Untersuchungen, die Wirksamkeit von Direkter Instruktion und ergänzender Unterrichtsverfahren (vgl. Kap. 9) nachgewiesen zu haben. Wellenreuthers Plädoyer für Direkte Instruktion als Grundform des Unterrichts ist durch Hatties Forschungsprojekt weitestgehend bestätigt worden. Das gilt nicht nur für das Unterrichtsmodell insgesamt, sondern auch für viele Faktoren, deren Lernwirksamkeit Hattie durch entsprechende Effektstärken nachweist. Außerdem werden im Beitrag von Liem & Martin (2013: 366ff.) weitere empirische Untersuchungen, darunter auch Meta-Analysen, aus jüngerer Zeit (z. B. BORMAN ET AL. 2003; KIRSCHNER ET AL. 2006, MAYER 2004; TOBIAS & DUFY 2009; ALFIERI ET AL. 2011) als Belege für die Überlegenheit von Direkter Instruktion angeführt.

5.4 *Direct Instruction* – die Basis von Hatties Unterrichtsmodell

Hattie nennt die einzelnen Schritte von *Direct Instruction* an zwei Stellen seiner Publikationen in identischer Form (2009: 205f.; 2012). Trotz der folgenden Paraphrasierung der Unterrichtsphasen auf Deutsch, zitiere ich Hattie zunächst wörtlich. Damit möchte ich erreichen, dass die grundlegenden Aspekte von Direkter Instruktion noch deutlicher werden und deutschsprachige Verfechter dieses Unterrichtsansatzes bestärkt werden. Darüber hinaus trägt das Zitat m.E. dazu bei, dass in die Hattie-Studie möglichst nichts hinein- oder herausinterpretiert wird, was die Untersuchung nicht enthält.

Direct Instruction involves seven major steps:
1. Before the lesson is prepared, the teacher should have a clear idea of what the *learning intentions* are. What specifically, should the student be able to do, understand, care about as a result of the teaching?

2. The teacher needs to know what *success criteria* of performance are to be expected and when and what students will be held accountable for from the lesson/activity. The students need to be informed about the standards of the performance.

3. There is a need to build *commitment and engagement* in the learning task. In the terminology of Direct Instruction, this is sometimes called a "hook" to grab the student's attention. The aim is to put students into a receptive frame of mind; to focus student attention on the lesson; to share the learning intentions.

4. There are guides to *how the teacher should present the lesson* – including notions such as input, modeling, and checking for understanding. Input refers to providing information needed for students to gain the knowledge or skill through lecture, film, tape, video, pictures, and so on. Modeling is where the teacher shows students examples of what is expected as an end product of their work. The critical aspects are explained through labeling, categorizing, and comparing to exemplars of what is desired. Checking for understanding involves monitoring whether students have "got it" before proceeding. It is essential that students practice *doing it right*, so that the teacher must know what the students understand before they start to practice. If there is any doubt that the class has not understood, the concept or skill should be retaught before practice begins.

5. There is a notion of guided practice. This involves an opportunity for each student to demonstrate his or her grasp of new learning by working through an activity or exercise under the teacher's direct supervision. The teacher moves around the room to determine the level of mastery and to provide feedback and individual mediation as needed.

6. There is the closure part of the lesson. Closure involves those actions or statements by a teacher that are designed to bring a lesson presentation to an appropriate conclusion: the part wherein students are helped to bring things together in their own minds, to make sense out of what has just been taught. "Any questions? No, OK, let's move on" is not closure. Closure is used to cue students to the fact that they have arrived at an important point in the lesson or the end of a lesson, to help organize student learning, to help form a coherent picture, to consolidate, eliminate confusion and frustration, and so on, to reinforce the major points to be learned. Thus closure involves reviewing and clarifying the key points of a lesson, tying them together in a coherent whole, and ensuring they will be applied by the student by ensuring they have become part of the student's conceptual network.

7. There is independent practice. Once students have mastered the content or skill, it is time to provide for reinforcement practice. It is provided on a repeating schedule so that the learning is not forgotten. It may be homework or group or

individual work in class. It is important to note that this practice can provide for decontextualization: enough different contexts so that the skill or concept may be applied to any relevant situation and not only the context in which it was originally learned. For example, if the lesson is about inference from reading a passage about dinosaurs, the practice should be about inference from reading about another topic such as whales. The advocates of Direct Instruction argue that the failure to do this seventh step is responsible for most student failure to be able to apply something learned. (Hervorhebungen des Autors)

Diese ausführliche Darstellung ist nicht nur deshalb gerechtfertigt, weil Hatties Unterrichtsmodell auf den genannten sieben Schritten basiert. Sie enthält Kernaussagen zu Direkter Instruktion, die mit falschen Vorstellungen aufräumen und die Grundlage für eine umfassende oder zumindest partielle Veränderung unserer eigenen Unterrichtspraxis bilden können. Die folgende paraphrasierende Zusammenschau der sieben wichtigsten Schritte („seven major! steps") zur Umsetzung von Direkter Instruktion gestattet es uns, sinnvolle Akzente zu setzen und für uns wichtige Einzelheiten genauer zu betrachten.

1. Bevor eine Lehrperson eine Unterrichtsstunde vorbereitet, sollte sie genau wissen, was die Schülerinnen und Schüler konkret lernen sollen. Welche Lernabsichten sind mit den Inhalten, Fertigkeiten und Fähigkeiten verbunden? Welches Lernergebnis soll ein Schüler oder eine Schülerin am Ende der Unterrichtsphase erreicht haben? D.h. was soll er/sie tun können, verstehen und für wichtig erachten?

2. Die Lehrperson muss wissen, welche Kriterien eine erfolgreiche Leistung belegen und zu welchen Zeitpunkten sowie in welcher Form die Lernenden über die Ergebnisse der Unterrichtsstunde/Lernaktivität Rechenschaft ablegen sollen. Die Lernenden müssen über die entsprechenden Leistungsstandards vorab informiert werden.

3. Im Rahmen einer Lernaktivität müssen Leistungsbereitschaft und Selbstverpflichtung geweckt werden. Der Aufhänger (*hook*: Haken) zielt darauf ab, die Lernenden aufnahmebereit zu machen, ihre Aufmerksamkeit auf den Unterrichtsstoff zu lenken und dafür zu sorgen, dass sie sich mit den Lernabsichten identifizieren.

4. Es gibt Orientierungshilfen zur Gestaltung von Unterrichtsstunden, die auf Begriffe wie Input, Lernen am Modell und Verständnisüberprüfung eingehen. In welcher Form erhalten die Lernenden die für den Aufbau des Wissens oder Könnens notwendigen Informationen (*input*)? Das kann z. B. durch einen Vortrag, einen Film, eine Audioaufzeichnung, ein Video und Bilder erfolgen. Beim Lernen am Model zeigt die Lehrperson den Schülerinnen und Schülern Beispiele für das Endergebnis ihres Lernens (*modeling*). Entscheidende Aspekte werden

durch Kennzeichnung, Kategorisierung und Vergleiche mit Musterbeispielen des erwünschten Ergebnisses erläutert. Durch die Verständnisüberprüfung kontrolliert die Lehrperson, ob die Lernenden „es kapiert" haben, bevor mit dem Unterricht fortgefahren wird (*checking for understanding*). Es ist von grundlegender Bedeutung, dass die Lernenden es beim Üben von Anfang an richtig machen. Daher muss die Lehrperson wissen, was die Lernenden verstanden haben, bevor sie mit dem Üben anfangen. Gibt es irgendeinen Grund daran zu zweifeln, dass die Klasse ein hinreichendes Verständnis erreicht hat, muss die Lehrperson das Konzept bzw. die Fertigkeit noch einmal einführen – in der Industrie wird ,nachteachen' verwendet –, bevor das Üben beginnen kann.

5. Durch ,angeleitetes Üben' erhält jede/r einzelne Lernende Gelegenheit zu zeigen, inwieweit er/sie den neuen Lernstoff begriffen hat. Dabei wird eine Lernaktivität oder Übung unter direkter Aufsicht der Lehrperson durchgearbeitet. Sie geht in der Klasse herum, um den Grad der Beherrschung (des Lernstoffs) zu bestimmen sowie, je nach Bedarf, Rückmeldung und individuelle Hilfestellung zu geben.

6. Jede Unterrichtsstunde hat einen Schlussteil. Durch entsprechende Handlungen und Aussagen bringt die Lehrperson die Unterrichtsstunde zu einem angemessenen Ende: Die Lernenden erhalten Hilfestellung, um die Dinge in ihren Köpfen zusammenzuführen und dem soeben Gelernten einen Sinn zu geben. „Noch irgendwelche Fragen? Nein, gut, dann lasst uns weitermachen" ist kein Abschluss. Der Schlussteil soll den Lernenden deutlich machen, dass sie an einem wichtigen Punkt im Unterricht oder dem Ende des Unterrichts angekommen sind. Er soll sie unterstützen, ihr Lernen zu organisieren und zu festigen sowie Zusammenhänge herzustellen. Verwirrung und Frustration sollen abgebaut werden, insgesamt sollen die wichtigsten Punkte des Gelernten verstärkt werden. Im Schlussteil werden die Kernpunkte der Unterrichtsstunde erneut betrachtet und gegebenenfalls geklärt, damit sie zu einem zusammenhängenden Ganzen geformt werden können. Dadurch soll sichergestellt werden, dass die Schülerinnen und Schüler das Gelernte anwenden und es Teil ihres konzeptuellen Netzwerks geworden ist.

7. Es folgt das selbstständige Üben. Wenn die Lernenden den Inhalt oder die Fertigkeit beherrschen, ist es Zeit für vertiefendes Üben. Wiederholungen sollen angemessen geplant werden, damit das Gelernte nicht in Vergessenheit gerät. Dabei kann es sich um Hausaufgaben oder Gruppen- bzw. Einzelarbeit in der Klasse handeln. Es ist unbedingt darauf zu achten, dass das Üben in unterschiedlichen Kontexten erfolgt (*decontextuatisation*), damit die Fertigkeit oder der Inhalt auf jede andere wichtige Situation übertragen werden kann und nicht nur innerhalb des Kontexts, in dem sie erlernt wurde. Die Verfechter von Direkter Instruktion führen an, dass das Auslassen dieses siebten Schritts dafür verantwortlich ist, dass viele Schülerinnen und Schüler nicht in der Lage sind, das Gelernte anzuwenden.

Fassen wir kurz zusammen, bevor wir uns mit den wichtigsten Effektstärken im Zusammenhang mit Direkter Instruktion beschäftigen: Die Lehrperson bestimmt die Lernintentionen und die Erfolgskriterien, macht sie den Lernenden transparent, führt in die Inhalte durch Lernen am Modell ein, überprüft, ob die Schülerinnen und Schüler verstanden haben, was sie gehört haben und gibt im Schlussteil noch einmal das wieder, was sie gesagt haben, um es zusammenzuführen.

Hattie gibt die Effektstärke von Direkter Instruktion mit d = 0.59 an. In den Erläuterungen zum Effektstärkenbarometer geht er auf relevante Einzelheiten ein (HATTIE 2009: 206f.). Die Effekte von Direkter Instruktion gelten nicht nur für Oberflächenwissen oder einfache Fertigkeiten und auch nicht nur für lernschwache Schülerinnen und Schüler. Die Varianz liegt bei d = 0.90 für „normalbegabte" Lernende, während die Lernschwächeren d = 0.86 erreichen. Die Lerneffekte sind größer im Bereich des Lesens (d = 0.89) als für Mathematik (d = 0.50). Es gibt keinen großen Unterschied zwischen einfachen Aufgaben (d = 0.64) und Inhalten, die tieferes Verständnis erfordern („high-level comprehension") (d = 0.54). Das Gleiche gilt für Schülerinnen und Schüler der Primarstufe und Lernende im Sekundarbereich (*High School*). Die Lerneffekte hängen auch nicht in besonderem Maß von der Lehrperson ab: "To demonstrate that the effects from direct instruction are not specifically teacher effects, Fischer and Tarver (FISCHER AND TARVER, 1997) delivered mathematics lessons via videodisc; the effects were close to d = 1.00" (HATTIE 2009: 207).

Über diese Ergebnisse hinaus liefert Hattie zahlreiche indirekte empirische Beweise für die Lernwirksamkeit Direkter Instruktion (vgl. 5.3). Die wichtigsten in der Rangfolge der Effektstärken sind (vgl HATTIE 2009: 297f.):

Providing formative Evaluation (formative Evaluation)	d = 0.90	Rang 3
Teacher clarity (Klarheit der Lehrperson)	d = 0.75	Rang 8
Feedback	d = 0.73	Rang 10
Spaced vs. massed practice (verteiltes vs. massiertes Üben)	d = 0.71	Rang 12
Meta-cognitive strategies (meta-kognitive Strategien)	d = 0.69	Rang 13
Teaching strategies (Lehrstrategien)	d = 0.60	Rang 23
Cooperative vs. individualistic learning (kooperatives vs. individualisiertes Lernen)	d = 0.59	Rang 24
Worked examples (Beispiellösungen)	d = 0.57	Rang 30
(Challenging) goals (herausfordernde Ziele)	d = 0.56	Rang 34
Classroom management (Klassenführung)	d = 0.52	Rang 42
Questioning (rückversichernde Fragen)	d = 0.46	Rang 53
Quality of teaching (Unterrichtsqualität)	d = 0.44	Rang 56
Cooperative learning (kooperatives Lernen)	d = 0.41	Rang 63

Wir können davon ausgehen, dass die Effekte dieser Faktoren sich wechselseitig verstärken (vgl. auch Wellenreuther Kap. 5.3). In den folgenden Kapiteln werden wir für unsere Erziehungs- und Bildungskontexte geeignete Konzepte Direkter Instruktion aus den bisher vorgestellten Theorien und Modellierungen herausarbeiten (vgl. Kap. 6 bis 10). Dabei haben wir Gelegenheit, auch die oben genannten Faktoren zu berücksichtigen.

5.5   Ein Blick in die Schatztruhe

Im Verlauf unserer Reise von Insel zu Insel sowie zu den kleineren Atollen haben wir verschiedene Schätze gesammelt und in eine große Truhe getan, in der Absicht, sie später zu sichten und Brauchbares von weniger Nützlichem zu trennen. Beim Sammeln haben wir festgestellt, dass zahlreiche Fundstücke einander ähnlich sind, aber offenbar trotzdem Unterschiede aufweisen. Nach dem Ende unserer Schatzsuche haben wir nun die dankbare Aufgabe, die Teile unseres Schatzes erneut zu sichten und kritisch zu prüfen, inwieweit wir sie verwenden können. Bei Schätzen – Lehren und Lernen können höchst wertvoll sein – steckt, wie bei vielen anderen Dingen, der Teufel im Detail. Möglicherweise ist das englische Sprichwort wegen des Plurals sogar besser: *The devil is in the details.*

6. Lernwirksame Unterrichtspraxis I:
Planung und Einstieg in den Unterricht

Nicole und Sandra sind eng befreundet. Sie gehen in dieselbe Gesamtschule, sind aber nicht in der gleichen Klasse. Sandra ist in der 9. Klasse, Nicole schon in der 10. Als sie sich an diesem Tag nach dem Unterricht treffen, sieht Nicole sofort, dass bei Sandra etwas nicht in Ordnung ist.

„Na, wie bist du denn drauf?", fragt sie. „War's schwer?" Damit bezieht sie sich auf eine Mathe-Vergleichsarbeit, die an diesem Tag in Sandras Klasse geschrieben wurde. „Ach, der Test, nee, der war eher leicht." „Und warum guckst du dann so komisch?" „Wir hatten gerade Bio, das war total krass", platzte es aus Sandra heraus. „Wieso, ich denke, dich interessiert Bio?" „Ja, aber der Lehmann ist echt eine Zumutung. Der kann einem den ganzen Spaß an Bio verderben!" „Was macht er denn, dass du dich nicht einkriegst?"

Nun erzählt Sandra in etwa, was in der Stunde passiert ist. Obgleich die meisten Schülerinnen und Schüler dem Lehrer gesagt haben, dass sie wegen des Mathe-Tests keine Bioaufgaben gemacht haben, hat er keine Rücksicht genommen. Sie sollten dann Abbildungen im Biobuch erklären, obwohl die meisten den Zusammenhang – es ging um Mitose und DNA – gar nicht kannten. Es zog sich hin, und es war sehr laut.

„Na ja", meint Sandra, „irgendwie muss er ja auch mit dem Stoff durchkommen."

„Ach, das ist nicht alles!", sagt Sandra empört, „er kann nicht erklären und geht auf unsere Fragen nicht ein. Jede Stunde fragt er ab, was wir im Buch vorbereiten mussten. Was ich aber gar nicht ab kann, ist, dass er niemals von vornherein sagt, was wir lernen sollen und wofür das gut ist. Dabei ist so etwas wie die DNA doch für jeden wichtig. Dass es die meisten in der Klasse interessiert, hätte er auch merken können, als alle auf einmal mitgearbeitet haben, als die ‚Weitergabe von Merkmalen' – so hieß das im Buch, glaub' ich – an die Reihe kam. Viele wollten wissen, warum sie ganz anders aussehen als ihre Eltern oder warum sie nur dem Vater oder der Mutter ähnlich sind. Da waren auf einmal fast alle am Ball. Der Lehmann hat das aber gar nicht begriffen."

Nicole sagt erst einmal gar nichts. Sie denkt darüber nach, welche ihrer eigenen Lehrerinnen und Lehrer tatsächlich gleich zu Anfang der Stunde sagen, was an diesem Tag gelernt werden soll, welchen Sinn das hat und wie man merkt, dass man den Stoff in etwa verstanden hat. Ihre Bilanz fällt mager aus. „Weißt du", meint sie etwas altklug, „viele Lehrer denken wahrscheinlich, dass wir dranbleiben, wenn sie uns kräftig herumraten lassen. Am besten gehen wir jetzt erst mal ein Eis essen!" (orientiert an ApaeK Nr. 309)

6.1 Klassenführung und lernförderliches Klima

Bevor wir darüber nachdenken, wie wir als Lehrpersonen das erreichen, was Liem & Martin (2013: 366) mit "communicate learning goals and orient students to learn" zusammenfassen, sollten wir uns mit zwei eng zusammenhängenden Voraussetzungen beschäftigen, nämlich unserem Auftreten in und vor der Klasse sowie der daraus resultierenden Lernatmosphäre. Die Klassenführung – im Englischen treffender als *classroom management* bezeichnet – hat großen Einfluss auf die Lernergebnisse, nicht nur im kognitiven Bereich. In aller Regel wissen Lehrpersonen, dass die Unterrichtsqualität ganz wesentlich von der Klassenführung abhängt. Aber was heißt das eigentlich, „eine Klasse gut zu führen"?

Lehrende und Lernende verbinden mit effektiver Klassenführung in erster Linie die Vorstellung, dass die Lehrperson Autorität genießt und es ihr gelingt, „Störverhalten" einzelner Schülerinnen und Schüler zu reduzieren oder sogar ganz auszuschalten. Aber wie bringt man Lernende dazu, sich selbst und andere nicht beim Lernen zu stören? Wie kann man als Lehrperson auf Störungen reagieren? Eine Studentin beschreibt folgendes Erlebnis:

„Episode eines pädagogisch wertvollen Ereignisses"
Autor: K., J. (ApaeK Nr. 2383)
Diese Episode erzählt von einem Vormittag einer 3. Klasse der Grundschule: Am Ende einer selbstständigen Arbeitsphase schaukelt ein Junge auf seinem Stuhl, läuft durch die Klasse, wirft sich auf den Boden, lacht und ruft dabei. Er stört den Unterricht und die anderen Kinder, aber vor allem ärgert sein Verhalten die junge Lehrerin, die mit dem Unterricht fortfahren möchte. Sie steht vor der Klasse und macht das „Leise-Zeichen" mit dem Finger vor dem Mund und der anderen Hand hoch erhoben. Die meisten Kinder merken innerhalb von einigen Minuten, dass die Lehrerin gerne ihre Aufmerksamkeit haben möchte, gehen zu ihren Plätzen und werden leise. Doch dieser eine Junge scheint gar nicht wahrzunehmen, was um ihn herum geschieht, er bleibt bei seinem lauten Verhalten und lenkt damit die anderen Kinder ab. Die junge Lehrerin empfindet das Verhalten dieses Jungen nun als respektlos und nimmt es persönlich, dass er offensichtlich versucht sie zu verärgern. Es bedarf der Mithilfe der anderen Schüler, die den Jungen nun zurechtzuweisen versuchen, dass er überhaupt wahrnimmt, wie sehr er seine Lehrerin verärgert. Er läuft rot an und scheint ein schlechtes Gewissen zu haben, wenn die junge Lehrerin ihm einen strafenden Blick zuwirft. Bis der Unterricht weitergehen konnte, sind bestimmt fünf Minuten vergangen.

Dieselbe Klasse hat nun eine andere Lehrerin, die ihre Stunde mit einer kurzen (ca. 3 Min.) Bewegungseinheit beginnt. Der gleiche Junge stört wieder durch sein

Verhalten, aber da Bewegung in der Klasse ja der Sinn der dreiminütigen Einführung ist, ignoriert diese Lehrerin das Verhalten und lässt den Zappelphilipp zappeln. Am Ende der Bewegungseinheit bittet die Lehrerin die Schüler sich in einen Stuhlkreis zu setzen und ihre Lesebücher mitzubringen. Derselbe Junge zappelt weiter durch den Klassenraum und scheint sich nicht beherrschen zu können. Mit lauter, fast schon erschreckend lauter Stimme ermahnt diese Lehrerin den Schüler nun. Der Junge erschrickt, merkt, dass er etwas falsch gemacht hat und beruhigt sich sofort. Er beherrscht sich nun für den größten Teil der Stunde. Gegen Ende bedarf es einer weiteren strengen Erinnerung der Lehrerin, wo er sich befindet und so kommt die Lehrerin gut durch die Stunde, ohne viel Zeit durch den Zappelphillipp zu verlieren. Somit kann auch der wilde Junge dem größten Teil des Unterrichts gut folgen und beteiligt sich motiviert am Lesen.

Fazit: Hieran kann man sehen, dass manche Schüler einfach erinnert werden müssen, wo sie sind und dass ihr Verhalten unangebracht ist. Anstatt viel Zeit zu verlieren und sich das Verhalten des störenden Schülers zu Herzen zu nehmen und den Jungen durch diese Methode schon fast bloß zu stellen, ist es vielleicht sinnvoller ihn streng zu ermahnen, die Fronten eindeutig zu klären und dann mit dem Unterricht sinnvoll fortzufahren.

In dieser Beschreibung wird deutlich, dass es darum geht, Regeln aufzustellen, an deren Einhaltung zu erinnern bzw. sie einzufordern und durch Routinen und Rituale sicherzustellen, dass die Unterrichtszeit effektiv zum Lernen genutzt werden kann (vgl. Einzelheiten bei HELMKE [4]2012; WELLENREUTHER 2004, [2]2010).

Der Faktor, der den größten Einfluss im Rahmen der Klassenführung hat, ist die sogenannte *with-it-ness*, d.h. das Dabeisein, die Allgegenwärtigkeit der Lehrperson, für die Hattie eine Effektstärke von d = 1.42 angibt. Mit *with-it-ness* – der Begriff geht auf Kounins Untersuchungen von 1970 zurück – wird die Fähigkeit von Lehrpersonen bezeichnet, Verhaltensprobleme frühzeitig zu erkennen sowie rasch darauf zu reagieren und dabei eine emotionale Objektivität (d = 0.71) zu bewahren, wie beispielsweise die zweite Lehrperson in obigem Beispiel.

Die hohe Effektstärke für die Allgegenwärtigkeit der Lehrperson verwundert, weil Hattie das *classroom management* nur mit einer Effektstärke von d = 0.52 ausweist. Dabei stellt die Klassenführung einen Faktor dar, dessen Wirkung alle an der Verbesserung von Unterricht interessierten Personen, nicht nur empirisch arbeitende Erziehungswissenschaftler, sehr hoch einschätzen (vgl. FREIBERG 2013). An dieser Stelle kann man konkret die Einschränkungen konstatieren, die Hatties Vorgehen bei seiner Mega-Analyse mit sich bringt: Es gibt zahlreiche hochwertige empirische Untersuchungen zum *classroom management* und seinen einzelnen Facetten (vgl. z. B. WELLENREUTHER 2004, [2]2010; FREIBERG 2013). Da Hattie aber nur Studien einbezieht, die Auswirkungen auf die kognitiven Lernleistungen berücksichtigen, kann er sich lediglich auf eine einzige Meta-Analyse, nämlich die von Marzano (2000), stützen.

Selbstverständlich bezieht sich Klassenführung nicht nur auf das frühzeitige Erkennen von Störfaktoren und deren gezielte, erfolgreiche Bewältigung. Wie bereits zu Beginn angedeutet, wird die Qualität des Unterrichts daran festgemacht, wie erfolgreich eine Lehrperson eine Klasse zu unterrichten und im positiven Wortsinn zu führen versteht. Dafür ist eine Reihe von Faktoren verantwortlich. Von Unterrichtsstrategien im engeren Sinn (siehe unten sowie Kap. 7 bis 9) einmal abgesehen, sind die wichtigsten Faktoren das Lehrer-Schüler-Verhältnis (*teacher-student realtionships* d = 0.72), die positiven Erwartungen der Lehrperson hinsichtlich der Lernfähigkeit aller Schülerinnen und Schüler (*expectations* d = 0.43) und das Motivieren (*motivation* d = 0.48). Groß sind auch die Einflüsse der Peers (*peer influences* d = 0.53), auf die auch die Lehrperson durch das *classroom management* einwirkt sowie der Zusammenhalt der Lerngruppe (*classroom cohesion* d = 0.53).

Wie man als Lehrperson zum Zusammenhalt der Klasse beitragen kann, zeigt das folgende Erlebnis einer Praktikantin:

Episode: „Sternstunde"

Autor: K., K. (ApaeK Nr. 2394)

Die folgende Episode einer Unterrichtsstunde ereignete sich in einer 4. Klasse. Zu dieser Klasse ist vorwegzusagen, dass die Kinder in dieser Klasse einem Schulpsychologen und Vermittler gegenüber offenlegten, dass sie sich nicht als „Gemeinschaft" fühlten. Als Grund dafür nannten sie einen neuen Schüler, welcher durch sein aggressives Verhalten regelmäßig auffällig wurde und vor allem die Mädchen der Klasse sehr einschüchterte. Auf diesen Sachverhalt möchte ich an dieser Stelle allerdings nicht näher eingehen.

Die Lehrerin, die die folgende Unterrichtsstunde hielt, hatte zusätzlich noch eine psychologische Ausbildung.

Die Klassenlehrerin hatte die beiden letzten Schulstunden freitags Deutsch und Sachunterricht in dieser 4. Klasse.

Nachdem die erste Schulstunde mit dem Vorstellen und anschließendem Besprechen zweier Referate vergangen war, forderte die Lehrerin alle Schüler auf, sich in einem Stuhlkreis vor der Tafel zusammenzufinden. Ohne zu verraten, was die Kinder nun erwarten würde, fügte sie noch hinzu: „Julian[1], du darfst dir aussuchen, neben wem du sitzen möchtest." Als alle Kinder im Stuhlkreis Platz gefunden hatten, Julian zwischen seinen zwei besten Freunden saß und alle Kinder zur Ruhe gekommen waren, eröffnete die Lehrerin das Gespräch. „Ich wollte jetzt mal mit euch, beziehungsweise Julian und ich, wollten jetzt mal mit euch

---

1   Die hier verwendeten Namen der Schüler sind von mir frei erfunden und stehen in keinem Zusammenhang mit den wirklichen Namen der Schüler. Ich habe bei dieser Episode darauf verzichtet, anonyme Sprecherkürzel zu verwenden, da ich innerhalb dieses persönlichen Gesprächs Namen als geeigneter empfand.

sprechen. Wisst ihr, oft bekommt man in so einer großen Klasse gar nicht mit, wenn es einem Kind im Moment gar nicht gut geht. Das ist nicht eure Schuld. Trotzdem ist es wichtig, dass wir ganz aufmerksam durchs Leben gehen und auf die Gefühle unserer Mitmenschen achten."

Die ganze Klasse lauschte der Lehrerin und ihren Worten. Man merkte deutlich an der Haltung und Disziplin der Kinder, dass sie sofort erkannt hatten, dass an dieser Stelle Aufmerksamkeit, und kein Herumalbern, angebracht war. Weiter leitete sie ins Thema ein: „Wer von euch musste leider schon mal etwas traurig in die Schule gehen? Wem ging es mal nicht ganz so gut?" Einige Kinder meldeten sich auf die Frage der Lehrerin. Die Lehrerin war sichtlich betroffen: „Oh, so viele? Das tut mir wirklich leid für euch. Aber Julian siehst du? Deine Angst war unbegründet, dass dich die Anderen nicht verstehen würden. Ihr habt ja gestern sicherlich alle gemerkt, dass unser Julian sehr traurig war und, wenn man traurig ist, muss man auch mal weinen und lässt sich dann auch früher aus der Schule abholen.

Heute hat mich Julian gebeten, dass wir euch sagen, was passiert ist, dass jeder Bescheid weiß. Leider ist nämlich vor zwei Tagen Julians Opa gestorben und den hast du sehr geliebt, stimmt´s?" Julian nickte traurig. Sein einer Freund legte sofort den Arm um ihn und ein kleines Lächeln breitete sich bei Julian aus. „Das hilft, oder?", fragte die Lehrerin aufgrund dieser einfühlsamen Geste. Bevor sie weitersprechen konnte, meldete sich ein Mädchen. Nachdem ihre Handmeldung beachtet wurde, sprach sie leise: „Tut mir leid für dich Julian. Weißt du ich...", ihre Stimme wurde sehr zittrig, „würde meinen Opa auch gerne kennen, aber meine Eltern haben Streit mit meiner Oma und meinem Opa. Und immer, wenn ich zu Weihnachten oder Geburtstag ein Päckchen geschenkt bekomme, dann schicken meine Eltern es ungeöffnet zurück." Tränen liefen über die Wangen des Mädchens und viele Mitschüler zeigten sich betroffen. Ihre Freundin, die neben ihr saß, war sichtlich berührt, doch wusste nicht, was sie tun sollte. Die Lehrerin sprach zu ihr: „Maike, nehme Nina mal in den Arm. Da ist ganz viel Kummer und da helfen Freunde." Auch zwei andere Schülerinnen standen von ihrem Platz auf und knieten sich vor die weinende Nina.

Folgend darauf äußerten sich noch viele Kinder und beschrieben ihren Kummer, ein geliebtes Familienmitglied oder auch das Haustier verloren zu haben. Aber auch die Trauer, bestimmte Familienmitglieder niemals kennengelernt zu haben, beschäftigte einige Kinder.

Während der ehrlichen Worte und den vielen Tränen, die vergossen wurden, machte kein Kind Scherze oder lachte. Alle waren sichtlich betroffen und versuchten sich gegenseitig Halt zu geben, sodass bei jeder traurigen Erzählung immer Kinder um das Kind saßen und auf diese Art Beistand verkörperten. Besonders betroffen war ein Junge, der plötzlich sagte: „Ich muss jetzt weinen, weil so viele von meinen Freunden traurig sind und das macht mich traurig."

Zum Glück gelang es der Lehrerin durch das Betonen, dass man stets die positiven und schönen Momente im Herzen behalten sollte, dass einige Kinder anfingen, lustige Begebenheiten zu erzählen. Dadurch löste sich schnell die traurige Stimmung und die Kinder fingen gemeinsam an darüber zu lachen oder sich zu ergänzen. Abschließend betonte die Lehrerin auch, dass die Kinder gerne mit ihren Eltern über diese Stunde sprechen sollten, um ihre Trauer auch den Eltern mitteilen zu können.

Diese „Sternstunde" hatte mich zutiefst berührt, weil so viele Kinder Kummer mit sich tragen mussten, aber in dieser Situation plötzlich die ganze Klasse gemeinsam sich stark und einfühlsam zeigte.

6.2   Erste Schritte zu einer lernwirksamen Unterrichtspraxis

Zur besseren Orientierung stelle ich den folgenden Ausführungen und Anregungen eine Übersicht der Schritte zu einer lernwirksamen Unterrichtspraxis voran, die in diesem Kapitel erarbeitet werden. Die weiteren Schritte – insgesamt sind es 30 – finden Sie in Form eines *advance organizer* zu Beginn von Kapitel 7 und Kapitel 8.

Planung und Vorbereitung

1. Auswahl von curricularen Kompetenzzielen, die an das bisher Gelernte anschließen, motivierend sind und einen Lebensbezug haben;
2. Anknüpfen an das didaktische und lebensweltliche Vorwissen der Lernenden;
3. gegebenenfalls Unterteilung der angestrebten Kompetenzen in Teilkompetenzen;
4. sorgfältige Planung von Darbietungs- und Übungsschritten;
5. Erarbeitung alternativer Präsentationsformen und Übungsformate.

Einstieg

6. Erläuterung der Ziele, der Lernintentionen und der Erfolgskriterien;
7. Darstellung des Werts der angestrebten Kompetenz bzw. der Teilkompetenzen;
8. Bestärkung der Schülerinnen und Schüler hinsichtlich der Erreichbarkeit der Ziele;
9. Förderung von Leistungsbereitschaft und Engagement durch einen motivierenden „Aufhänger" oder sonstige Hinweise.

6.3   Anknüpfen an das Vorwissen der Lernenden

Im Folgenden werden in Anlehnung an die Abfolge bei Hattie (vgl. Kap. 5) wichtige Schritte vor der eigentlichen Darbietung der neuen Lerninhalte (vgl. Kap. 7) beschrieben. Es geht um das Anknüpfen an das Vorwissen der Lernenden, die Festlegung herausfordernder Ziele und Erfolgskriterien (vgl. 6.3) sowie das Motivieren der Lernenden für das, was Helmke ([4]2012) Ausdauerbereitschaft nennt (vgl. 6.4).

Diese Phase nennt Petty *orientation phase;* er misst ihr herausragende Bedeutung bei: Für ihn sind es *the vital first five minutes* (vgl. [2]2009: 206). Bei der Angabe der Effektstärken stützt er sich auf Hattie, vor allem aber auf Marzano. Ohne auf die einzelnen Untersuchungen eingehen zu können, gebe ich zur allgemeinen Orientierung die Effektstärken unter Berufung auf Petty an. Dabei bezieht sich die Angabe von d = 0 … auf die Ergebnisse von Hattie, während 0 … diejenigen von Marzano wiedergibt.

Das, was ich im Titel dieses Abschnitts zusammenfassend als „Vorwissen" bezeichne, kann man grob in zwei Bereiche unterteilen. Da ist zum einen das didaktische Wissen, d.h. die bisher im Unterricht aufgenommenen und verinnerlichten Lerninhalte. Zum anderen geht es um das Weltwissen, das, was man bei Kindern und Jugendlichen einer bestimmten Altersstufe im Allgemeinen voraussetzen kann. Hinzu kommen die individuellen Wissensbestände und Erfahrungen, die bei einzelnen Schülerinnen und Schülern ganz erheblich differieren können. Selbstverständlich sind die Grenzen zwischen didaktischem Wissen und Weltwissen fließend, und es bestehen vielfältige Wechselbeziehungen.

Sicher ist es für Lehrpersonen und bisweilen auch für Schülerinnen und Schüler nicht allzu schwierig, sich bewusst zu machen, worauf ein „neuer" fachlicher Lerninhalt Bezug nimmt. So tritt beispielsweise im Fremdsprachenunterricht zu einer bestimmten Zeit der Vergangenheit, die die Lernenden schon kennen und angewendet haben, eine weitere Zeit der Vergangenheit hinzu, die einen anderen Zeitwert hat bzw. eine andere Perspektive des Sprechers auf das Geschehen eröffnet. Das Anknüpfen an Bekanntes unter Kontrastierung zum Neuen bietet sich hier an.

Didaktisches Wissen bezieht sich aber nicht nur auf einfach strukturierte Bezüge wie im soeben genannten Beispiel. Es kann sich um fachliches, fächerübergreifendes und überfachliches Vorwissen handeln sowie um Fertigkeiten und Fähigkeiten, die mit Einstellungen verbunden sind. Vorausgegangene Lernerfahrungen beziehen sich außerdem auf Lernstrategien und nicht zuletzt auf den gesamten Bereich der Identitätsfindung und Persönlichkeitsentwicklung.

Bei der Planung und Vorbereitung von Unterricht muss die Lehrperson sich Rechenschaft darüber ablegen, an welche vorangegangenen Lernerfahrungen sie bei den Lernenden vermutlich anknüpfen kann. Dabei ist zu bedenken, dass den Schülerinnen und Schülern solche Anknüpfungspunkte bzw. Andockstellen transparent gemacht werden sollten, denn die meisten stellen solche Bezüge nicht von sich aus her, insbesondere dann nicht, wenn sie dabei einen größeren Transfer leisten müssen. Das kann durch geeignete Fragen der Lehrperson geschehen: Nach Petty ([2]2009: 206) erreicht dieses (vorbereitete) Frageverhalten zur Anknüpfung an das Vorwissen eine Effektstärke von 0.91. Gute Erfolge erzielt man beispielsweise, wenn man die Schülerinnen und Schüler auffordert, das, was sie zu einem neuen Lerninhalt schon wissen, in nicht-sprachlicher Form auf einem Flipchart oder einem Poster zusammenzutragen und im Plenum zu besprechen.

Während das Anknüpfen an didaktisches Vorwissen in der Regel mit zunehmender Unterrichtserfahrung leichter wird, ist es weitaus schwieriger, das sogenannte Weltwissen der Kinder und Jugendlichen einzubeziehen. Das gilt insbesondere in einer Zeit, in der die Schülerinnen und Schüler aufgrund der rasanten Entwicklung und Ausbreitung digitaler Medien in vielen „Lebenswelten" zuhause sind. Die meisten Lehrpersonen haben nur einen geringen Einblick in die Alltagswelt ihrer Schülerinnen und Schüler. Viele machen sich auch gar nicht die Mühe herauszufinden, wie die Lernenden „ticken". Entweder schieben sie Zeitmangel vor, oder sie halten die lebensweltlichen Interessen und Bedürfnisse ihrer Schülerinnen und Schüler für deren Privatsache.

Einen guten Zugang zum Weltwissen der Lernenden eröffnen Gespräche mit ihnen – in Pausen, bei gemeinsamen Unternehmungen außerhalb der Schule und/ oder bei schulischen Veranstaltungen. Auch eine „Schülersprechstunde" bietet Lehrpersonen Gelegenheit zu privaten Gesprächen mit den Lernenden.

Selbstverständlich sollten Lehrpersonen zumindest die wichtigsten Anwendungen digitaler Medien und sozialer Netzwerke kennen, schon allein, um Schülerinnen und Schüler zu kritischen Nutzern zu erziehen. Sich darauf herauszureden, man sei eben kein *digital native* wie die Schülerinnen und Schüler, sondern gehöre der „Wählscheibengeneration" an, kann dazu führen, dass Unterrichtsziele einen Teil ihrer Attraktivität für die Lernenden einbüßen. Übrigens sind nicht wenige Schülerinnen und Schüler gern bereit, einen in die „Geheimnisse" des Internet *and beyond* einzuführen. So gibt es beispielsweise Initiativen an Schulen, bei denen Kinder und Jugendliche *digital immigrants,* die sich für die Teilnahme an den Projekten anmelden, mit den digitalen Medien vertraut machen.

Wie wäre es denn mit Printmedien? Auch durch deren Lektüre können sich Lehrpersonen über die „Lebenswelten" und das daraus resultierende Weltwissen von Kindern und Jugendlichen informieren. Die gelegentliche Durchsicht von deutschsprachigen und internationalen Jugendzeitschriften ist sehr zu empfehlen. Exemplarisch verweise ich außerdem auf die Serie „Jugend" in der Zeitschrift *Pädagogik* (2013) und die entsprechenden Friedrich Jahreshefte. Eine Fundgrube sind auch die Shell-Jugendstudien.

6.4   Herausfordernde Ziele und transparente Erfolgskriterien

Generell gilt: Lehrpersonen sollten sicherstellen, dass die Lernenden den Sinn eines Lernziels erkennen können. Was werden wir lernen und warum ist es wichtig, dass wir uns damit beschäftigen? Ebenso bedeutsam ist es, die Schülerinnen und Schüler davon zu überzeugen, dass jeder Einzelne die gesetzten Ziele erreichen und seine Leistungen durch engagiertes Lernen verbessern kann. Auf die positive Einstellung der Lehrperson zu allen Lernenden ohne Ausnahme wurde bereits mehrfach hingewiesen. Die Verbreitung von Optimismus und Zuversicht sind wichtige

Grundvoraussetzungen für lernwirksamen Unterricht. Sie müssen den Lernenden angemessen kommuniziert werden.

Eine gute Möglichkeit, den Schülerinnen und Schülern die Ziele einer Unterrichtsstunde bzw. -einheit einsichtig zu machen, ist ein Überblick bzw. eine Gliederung des Lernstoffes. Ein *advance organizer* gibt die Struktur dessen wieder, was gelernt werden soll sowie die Verbindung zwischen einzelnen Elementen des Lernstoffs. Eine solche Übersicht ermöglicht den Lernenden eine leichtere Einordnung der „neuen" Lerninhalte. Marzano beziffert den generellen Nutzen von *advance organizers* mit 0.48, Hattie mit d = 0.44. Marzano nimmt eine interessante Spezifizierung vor: Für Oberflächenlernen beträgt die Effektstärke eines *advance organizer* 0.56, für vertieftes Lernen 0.78 (vgl. Petty [2]2009: 198). Höhere Lerneffekte erzielt man, wenn die Lernenden eigene Ergänzungen zum vorgegebenen *advance organizer* beisteuern (Effektstärke 1.2). Außerdem sollte während des Unterrichts an geeigneten Stellen immer wieder auf diesen Überblick Bezug genommen werden.

Dass es offensichtlich bisweilen sehr schwierig ist, angemessene Ziele für eine Lerngruppe auszuwählen und sie den Schülerinnen und Schülern transparent zu machen, zeigt der Beginn einer Deutschstunde:

Transkript Auszug Deutschunterricht Klasse 10 an einer Grund- und Hauptschule
Stundenthema: Gedichte (ApaeK Nr. 13)
1   Lw: So, einen wunderschönen Guten Morgen!
    S(alle): Guten Morgen
    Lw: SmD, ich wills nicht hundert mal sagen. Dreh dich um und schau zu mir. Sonst setz ich dich wieder hier her (zeigt auf leeren Stuhl)
5   SmD: (nickt zustimmend)
    Lw: So, Thema(.)unser Thema ist: SwA
    SwA: Ähm, ähm Gedichte
    Lw: Gedichte! Was ist ein Gedicht? SmB
    SmB: Das sind Kurztexte
10 (10 sec Pause)
    Lw: Hhmhm(..) Wir haben ja gesagt es gibt sehr unterschiedliche Formen von Gedichten, und wir werden einige, und ihr werdet einige kennen lernen, die euch wahrscheinlich noch nicht unter gekommen sind oder aber ihr habt schon mal davon gehört. SwA (3 sec) hat jemand schon mal was von einem Limerick gehört?
15 SwF: Von einem was?
    SwD: Schon mal gehört!
    Lw: Schon mal gehört. (geht an Tafel und schreibt „Limerick" an)
    SmA: Ein Name?
    Lw: Ein Name? Nein!
20 SmD: Ein spezielles Gedicht!
    Lw: hmhm
    SmA: Ja, dann erklär mal SwD
    Lw: Das sagt euch jetzt erst mal nichts? Oder wie?
    SmE: Spezielle Art?

25   Lw: Ja, eine ganz spezielle Art. Ich habe jetzt ein Arbeitsblatt dazu,
      das lass ich einmal rumgehen.
      (SmC hält alle Zettel in der Hand und weiß nicht was er damit
      machen soll)
      Lw: Du nimmst dir ein Blatt und gibst den Rest weiter
      SmB: SwH kommt schon wieder zu spät!
30   SmC: Hock dich hin
      (7:54Uhr)
      Lw: Haben die Kopien gereicht? Denke schon, oder? Habt ihr
      alle etwas? (5 sec Pause)
      Lw: OK! Wenn wir das gelesen haben wissen wir was ein Limerick ist! SwH, es ist
      ok,
35   wenn du zu spät kommst, aber wir müssen jetzt nicht...
      SwH: Nein, ich muss aber...
      Lw: Ja, du hast das Blatt vor dir liegen, mehr ist noch nicht.
      Wer möchte vorlesen? SmC lies mal (SmC meldet sich)
      SmC: Themen, oder? *Der Limerick stammt angeblich aus Irland, mindestens trägt* er
40   *den Namen einer südirischen Stadt. Sicher hat er etwas vom liebevollen, leicht*
      verschrobenen Humor der Iren mitbekommen.
      Lw: OK die Aufgabe. Ziele können wir weglassen. SmA lies mal ...

Es geht an dieser Stelle nicht darum, dass die Lehrerin die Schülerinnen und Schü-
ler herumraten lässt, die Erläuterungen auf dem Arbeitsblatt an die Stelle eigener
Erklärungen setzt und auch nicht darum, dass sie behauptet, Limerick sei kein
Name, hier geht es einzig um um die Auswahl des Unterrichtsinhalts. Die Ziele
sollen für die Lernenden bedeutsam sein, sie sollen ihnen einen Wert beimessen.
Um einschätzen zu können, ob ein Ziel einen Lebensbezug für die Schülerinnen
und Schüler hat, muss man deren Situation bzw. den Lernkontext genau bedenken.
Am Ende des Transkripts findet man unter „Sonstige Auffälligkeiten" folgende
Erläuterungen der Person, die das Transkript angefertigt hat:

Ein ständiger Geräuschpegel
Zu dem Transkript muss ich sagen, dass es sich bei dieser 10. Klasse um eine
Hauptschule handelt. Die Schüler haben alle keine Lehrstelle erhalten und
sind wild durcheinander gewürfelt. Einen Abschluss haben sie auch nicht gemacht. Sie sind nur an der Schule weil sie sonst 1 Jahr gar nix machen würden.
Dementsprechend war auch das Verhalten im Unterricht. Auch die Lehrer
sind in dieser Klasse verzweifelt. Daher verwundert das Ergebnis auch nicht!

Mit dem „Ergebnis" sind die Limericks gemeint, welche die Schülerinnen und
Schüler als Aufgabe verfasst haben. Sie zeigen, dass viele Lernende in der Klasse –
die Schülerzahl beträgt (nur) 16 – eine Migrationsgeschichte haben: Die teilweise
pornographischen Inhalte mehrerer Limericks beziehen sich auf einen Imam, der

pädophilen Neigungen nachgeht. Ein Ergebnis (Beispiel 3 in den Anlagen zum Stundenprotokoll, unkorrigiert) sollte der Lehrerin (15 Dienstjahre) zu denken geben:

> Frau P die will uns zu viel fragen
> weis aber selbst nicht von den fragen
> sie denkt wir bekommen hier was mit
> dabei ist das alles der größte shit
> dabei dreht sich der Magen.

Wenn die Lehrerin meint, mit diesen Jugendlichen den Lehrplan „abarbeiten" zu müssen, hätte sie zumindest mögliche Inhalte für die Limericks vorgeben können, die sich mit der Situation der Schülerinnen und Schüler auseinandersetzen. Außerdem hätte die Lehrerin den Lernenden durch ein selbsterstelltes Beispiel deutlich machen können, dass ihr die Lage der Schülerinnen und Schüler bewusst ist. Auf alle Fälle wäre ein Gespräch mit der Klasse, die sich im Wesentlichen trotz allem kooperativ zeigt, darüber sinnvoll gewesen, wie man mit dem Ziel „Formen von Gedichten" umgehen könnte. So war das Ziel zwar „herausfordernd", aber in anderem Sinn als von der Lehrerin beabsichtigt.

Was ist ein herausforderndes Ziel (*challenging goal*)? Hattie misst den Zielen große Bedeutung bei (d = 0.56): Sie regulieren das Handeln im Unterricht und stellen eine Verbindung zwischen Vergangenheit und Zukunft her (vgl. auch zum Folgenden HATTIE 2009). Er unterstreicht mehrmals, dass es sich nicht um Ziele handeln sollte nach dem Motto „Gib dein Bestes" („*do-your-best*" *goals*), sondern die Zielvorgaben müssen eine Herausforderung beinhalten, immer mit Blick auf das bereits vorhandene Kompetenzniveau der einzelnen Lernenden. Die Schwierigkeit ist entscheidend für den Erfolg (ibid.: 164):

> A major reason difficult goals are more effective is that they lead to a clearer notion of success and direct the student's attention to relevant behaviors or outcomes, whereas "doing your best" can fit with a very wide range of goals. It is not the specificity of the goals but the difficulty that is crucial to success.

Herausfordernde Ziele mit einem angemessenen Schwierigkeitsgrad gestatten es, die Kriterien für den Lernerfolg deutlicher zu benennen. Die Schülerinnen und Schüler können ihre Aufmerksamkeit gezielt auf die Lernresultate richten und sich nicht darauf zurückziehen, sie hätten doch ihr Bestes gegeben. Das kann nämlich je nach Lernbereitschaft der Schülerin oder des Schülers ein weites Spektrum an Zielen abdecken. So ziemlich alles kann das „Beste" des jeweiligen Lernenden sein. Dabei braucht ein herausforderndes Ziel – so Hattie – keinen besonderen Grad an Spezifität, d.h. Bestimmtheit, aufzuweisen, ausschlaggebend ist der Schwierigkeitsgrad. Hattie führt für diese Forderungen zahlreiche empirische Studien an, die belegen, dass der Aspekt „Schwierigkeit" im Vergleich zu „Gib-dein Bestes"-Zielen eine höhere Effektstärke, nämlich d = 0.66, aufweist (vgl. ibid.: 165: Table 9.3).

Bei der Festlegung von herausfordernden Zielen sind – so die Ergebnisse aus Hatties Studien – weitere Faktoren von Bedeutung: Es gibt einen Zusammenhang zwischen der Schwierigkeit des Ziels und der Leistung der Lernenden, nämlich d = 0.67 (vgl. ibid.: 165: Table 9.2). Letztlich tragen die Ziele, sofern sie für die Lernenden einen angemessenen Grad an Herausforderung darstellen, zur Entwicklung von Selbstwirksamkeit (*self-efficacy*) und Vertrauen (*confidence*) bei.

Was heißt das, „ein angemessener Grad an Herausforderung"? Auch hierzu führt Hattie empirische Belege sowie Plausibilitätsannahmen an (ibid.: 166f.):

> the optimal rate seems to be to include at least 90 percent known to unknown items in the tasks (d = 1.19) and certainly not less than 50 percent known to unknown (d = 0.49). [...] While not explored, there are suggestions that the ratios may need to be higher when deeper learning is desired rather than surface knowledge.

Die große Bandbreite zwischen 10 und 50 Prozent Unbekanntem lässt uns als Lehrpersonen viel Spielraum, zeigt aber m.E., dass wir Ziele häufig zu hoch ansetzen. Das gilt insbesondere dann, wenn wir konzeptuelles Lernen anstreben. Häufig muss ein höherrangiges Ziel in einzelne Aspekte unterteilt werden, die die Lernenden leichter aufnehmen können, um sie nach und nach zum übergeordneten Ziel zusammenzufassen.

Wie können wir die Schülerinnen und Schüler über die Ziele informieren bzw. sie ihnen, abgesehen von *advance organizers*, transparent machen? Wichtige Möglichkeiten sind:

- Beispiele: Lernende, die eine Homepage ihrer Schule erstellen sollen, betrachten Websites anderer Schulen im In- und Ausland.
- Aufzeigen eines Widerspruchs: Bei der Lektüre eines literarischen Textes bilden die Lernenden Hypothesen über den Fortgang, während der Autor eine den meisten Erwartungen widersprechende Lösung gewählt hat.
- Visuelle Darstellungen: Die Lernenden stellen am Ende der Unterrichtseinheit die wichtigsten Punkte des Lernstoffs graphisch dar (Effektstärke 1.2).
- Beteiligung der Lernenden: Die Lehrperson handelt die Ziele mit den Lernenden aus (Effektstärke 1.2).
- Selbstbestimmtes Lernen: Die Lernenden kennen einige Lernstrategien und möchten sie individuell auf einen neuen Lerninhalt anwenden bzw. neue Strategien kennenlernen.

Abschließend sei darauf hingewiesen, dass Ziele möglichst nicht bzw. nicht nur durch sogenannte *behavioral objectives* umschrieben werden sollen. Für Hattie weist der Lerneffekt eine Stärke von d = 0.24 auf, während Marzano den *highly specific behavioral objectives*, welche die Lehrperson vorgibt, nur eine Effektstärke von 0.12 zuschreibt. Petty ([2]2009: 203) gibt dazu eine Erläuterung: "It is one thing to tell students that they ‚*should* be able to' do something – quite another to say they *will* be doing something. That is much more challenging and motivating." (Hervorhebungen des Autors)

Eine Zielvorgabe in Form von: „Am Ende der Unterrichtsstunde oder -einheit solltet ihr fähig sein, dieses oder jenes zu tun" ist weniger herausfordernd und motivierend als die Ankündigung, dass die Lernenden dieses oder jenes tun werden.

Wie mehrfach dargelegt, muss zur Information über die Ziele die Transparenz der Erfolgskriterien hinzukommen. Es ist immer wieder darauf hingewiesen worden – so auch in den obigen Ausführungen zu den Zielen – dass Lernende von Anfang an wissen müssen, woran sie erkennen können, dass ihre Beschäftigung mit dem Lerninhalt erfolgreich ist.

> A basis of many claims about the value of student self-assessment, self-evaluation, self-monitoring, and self-learning is that students have a reasonable understanding of where they are at, where they are going, what it will look like when they get there, and where they will go to next: that is, they have clear goals, learning intentions, and success criteria (HATTIE 2009: 165).

Zu Beginn der Unterrichts- bzw. der Lerneinheit müssen die Lernenden über die Erfolgskriterien informiert werden. Damit Selbst-Kontrolle, Selbst-Evaluation und die eigenständige Überwachung des Lernens, die entscheidend zu selbstständigem Lernen beitragen, die gewünschte Wirkung haben, brauchen die Lernenden ein sinnvolles Verständnis davon, wo sie in Bezug auf ihr Lernen stehen, wohin sie sich bewegen, wie es sein wird, wenn sie dort angekommen sind und wohin sie sich als Nächstes begeben werden, d.h. welche weiteren (Teil-)Ziele sie anstreben wollen. Die Grundvoraussetzung dafür sind klare Ziele, eindeutige Lernintentionen und transparente Erfolgskriterien.

Es müssen Indikatoren für den Kompetenzerwerb genannt werden. Woran können Schülerinnen und Schüler, aber auch Lehrpersonen erkennen, dass sie auf einem guten Weg zum angestrebten Wissen und Können sind bzw. dass sie auch die Haltungen oder Einstellungen verinnerlicht haben, die neben Wissen und Können eine Kompetenz ausmachen? Es bietet sich an, über konkrete Kann-Beschreibungen nachzudenken und die Nutzung geeigneter Portfolios zu erproben.

6.5   Leistungsbereitschaft und Selbstverpflichtung

Hattie, Marzano, Wellenreuther und viele andere Experten – gleichgültig ob sie sich auf empirische Nachweise berufen oder nicht – weisen immer wieder darauf hin, dass die Lehrperson die Verantwortung für das Lernen ihrer Schülerinnen und Schüler trägt und ausbleibende Lernerfolge nicht den Lernenden angelastet werden dürfen. Trotzdem sind selbstverständlich auch die Lernenden gefordert.

Es kommt entscheidend auf ihre Leistungsbereitschaft und ihr Engagement bei der Bewältigung der herausfordernden Ziele an. Hattie spricht von *commitment and engagement* (vgl. oben Kap. 5: 10f.). Bereits im 2. Punkt seiner Auflistung der grundlegenden Schritte bei der *Direct Instruction* weist er darauf hin, dass die Lernenden zu festgelegten Zeitpunkten und in vorgegebener Form über die Ergebnisse der Unterrichtsstunde/Lernaktivität Rechenschaft ablegen sollen (Hattie 2009: 205).

Aber auch in diesem Zusammenhang kommt es auf bestimmte Lehrpersonen an, nämlich diejenigen, denen es gelingt, Leistungsbereitschaft und Selbstverpflichtung im Rahmen einer Lernaktivität zu wecken (vgl. Hattie 2009: Punkt 3). So wie der Titel Leserinnen und Leser auf einen Roman aufmerksam macht und ihre Bereitschaft weckt, ihn zu lesen, so zielt der Aufhänger (*hook*: Haken) darauf ab, die Lernenden aufnahmebereit zu machen, ihre Aufmerksamkeit auf den Unterrichtsstoff zu lenken und dafür zu sorgen, dass sie sich mit den Lernabsichten identifizieren (vgl. Kap. 5).

Generell kann man davon ausgehen, dass Lehrpersonen mit ihren Bemühungen, die passenden Ziele für ihre Lernenden auszuwählen, sie ihnen zusammen mit den Lernintentionen und Erfolgskriterien transparent zu machen sowie ihre Anstrengungsbereitschaft und Ausdauer einzufordern, erfolgreich sind. Die meisten Schülerinnen und Schüler möchten etwas lernen, sie nehmen das Angebot der Lehrperson an.

An dieser Stelle ist man an das Angebot-Nutzungs-Modell erinnert, welches Helmke (zusammen mit Weinert und in Anlehnung an Fend; vgl. Helmke [4]2012: 69ff.) entwickelt hat. In einem Interview, in dem Meyer und Terhart ihren Kollegen zu diesem Modell befragen, möchte Terhart von Helmke wissen, ob das Angebot-Nutzungs-Modell es Lehrpersonen schon wegen der Wortwahl nicht zu einfach mache, sich aus ihrer Verantwortung zumindest teilweise zurückzuziehen. Helmke räumt ein, dass es durchaus lernunwillige Schülerinnen und Schüler geben könne, die das Lernangebot im ungünstigsten Fall nicht nutzen, aber:

Helmke: Der Denkfehler liegt woanders, nämlich in einer zu simplen Vorstellung eines „Angebots". Dieses umfasst ja auch empirisch fundierte Qualitätsmerkmale [...] und dazu zählen insbesondere Unterstützung und Förderung beim Lernen sowie Konsolidierung und Sicherung des Gelernten (Meyer & Terhart 2007: 62f.).

Mit anderen Worten: Wer die Angebote der evidenzbasierten Lehr- und Lernforschung in reflektierter Weise nutzt, wird in den meisten Fällen lernwirksam
unterrichten.

6.6   Hattie was here!

Während wir die Fundstücke aus der Schatztruhe sichteten, stieß Hector auf einen
Stein, den wir auf einer Insel im südlichen Pazifik entdeckt hatten. Es war ein Auge
auf der Steintafel eingeritzt und über und unter dem Auge waren Buchstaben zu
sehen. Es dauerte nicht lange, da wusste Hector, worum es ging. „Hattie was here!"
rief er aus. „Nicht ‚here', sondern ‚there'", korrigierte Helena und fügte mit einem
provozierenden Lächeln hinzu: „Na, dann übersetz' mal!" Sie wusste nämlich, dass
es um Hectors Englischkenntnisse nicht zum Besten bestellt war.

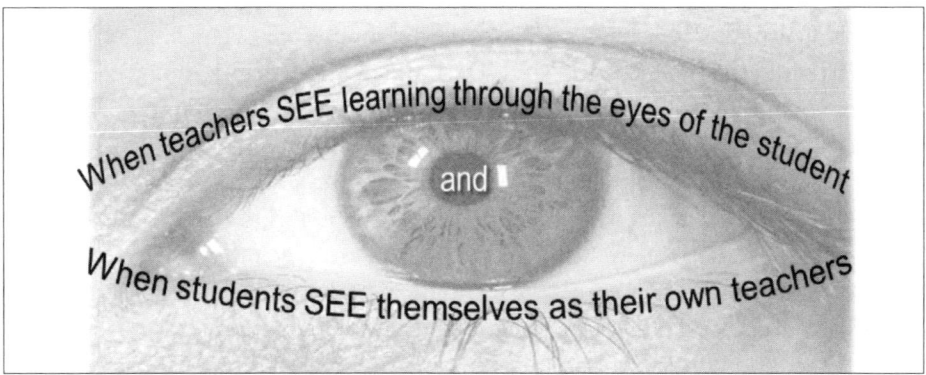

Abb. 7: Visible Learning (HATTIE 2009: 238)

Aber Hector kannte Hatties Mantra und legte los: „Wenn Lehrer das Lernen mit
den Augen der Schüler sehen und …" jetzt zögerte er und sagte dann unsicher:
„wenn die Schüler sich so sehen, wie ihre Lehrer sie sehen." „Ach, was", schaltete
sich Filomena ein, „das würde Hatties Absichten ja ganz und gar zuwider laufen.
Die obere Zeile ist klar, aber unter dem Auge heißt es: Wenn die Schüler sich selbst
als ihre Lehrer sehen". „Richtig", meinte da Leander, „auch bei Hattie ist nämlich
selbstständiges Lernen das übergeordnete Ziel."

7. Lernwirksame Unterrichtspraxis II: die Darbietung „neuer" Lerninhalte

Emine O., eine Haupt- und Realschullehrerin im Vorbereitungsdienst, hat während der ersten Phase der Ausbildung an der Universität von evidenzbasiertem Lehren und Lernen gehört. Danach belegen empirische Forschungsarbeiten, dass Schülerinnen und Schüler aus sogenannten bildungsfernen Schichten mit individualisiertem Lernen überfordert sind. Da Emine O. in einem Ballungsgebiet vornehmlich Schülerinnen und Schüler aus zugewanderten Familien unterrichtet und ihr Betätigungsfeld auch später in der Hauptschule liegen wird, versucht sie, mehr über entsprechende wissenschaftliche Ergebnisse zu erfahren.

Die bisherige Lektüre hat sie in ihrer Absicht bestärkt, Unterrichtskonzepte kennenzulernen, die größere Lerneffekte für Schülerinnen und Schüler mit Migrationsgeschichte haben können als die während ihrer Ausbildung propagierten individualisierenden Methoden. Ihrer Meinung nach stellen die Ergebnisse evidenzbasierter Lehr- und Lernforschung für Lehrpersonen eine wichtige Möglichkeit dar, die eigene Unterrichtspraxis zu überdenken und gegebenenfalls zu revidieren.

Trotz der Grenzen von Meta-Analysen ist sie davon überzeugt, dass von diesen zusammenfassenden Forschungsarbeiten wichtige Impulse für eine Verbesserung des Unterrichts ausgehen können. Auch wenn Effektstärken nur Mittelwerte angeben, hält Emine O. sie für einen Gewinn im Vergleich zu unreflektierter Praxis. Effektstärken zeigen Tendenzen auf, an denen Lehrpersonen sich orientieren können. Bei der Auswahl und Adaption von Unterrichtsstrategien ist dann selbstverständlich die Lehrperson gefragt.

Insgesamt hat sie bisher verstanden, dass immer erst Grundlagen des Wissens geschaffen werden müssen und dass dies am effektivsten durch die Lehrperson erfolgt, vor allem wenn man auch beim „Mittelfeld" und den lernschwächeren Schülerinnen und Schülern größere Lerneffekte erzielen will.

Viele wesentliche Fragen sind aber offen geblieben: Wie bietet man Lerninhalte dar, damit möglichst viele Schülerinnen und Schüler sie aufnehmen wollen und können? Wie erklärt man komplizierte Sachverhalte in lernwirksamer Weise? Wie strukturiert man Wissen, Fertigkeiten und Fähigkeiten so, dass die Lernenden sie sich zu eigen machen? Braucht man für die Konsolidierung und Sicherung des Gelernten nicht andere Methoden als bei der Einführung?

7.1 Hauptschritte zu einer lernwirksamen Unterrichtspraxis

In diesem Kapitel betrachten wir zunächst die wichtigsten Formen der Präsentation bzw. der Erarbeitung neuer Lerninhalte und beschäftigen uns anschließend mit den Feedback-Fragen der Lehrperson und der Lernenden, die zur Phase der (ersten) Anwendung des Gelernten überleiten. Diese *presentation phase* gilt zu Recht als der Schwerpunkt lernwirksamer Unterrichtspraxis. Daran schließen sich weitere Schritte an, nämlich während der *apply phase*. Nach Hattie, Marzano, Wellenreuther und anderen empirisch-experimentell arbeitenden Forschern kann die erste Anwendung aus angeleitetem und selbstständigem Üben bestehen (vgl. Kap. 8).

Zuvor stelle ich die Phasen lernwirksamer Unterrichtspraxis insgesamt dar. Dabei stütze ich mich auf eine Zusammenfassung von Liem & Martin (2013), in der die beiden Autoren die Aufgaben von Lehrpersonen Schritt für Schritt kurz erläutern. Diesen sechs Punkten ordne ich die Auflistung von Hatties Unterrichtsschritten in der Formulierung von Liem & Martin (2013: 366) zu:

- First, teachers ought to ensure that students see that the task to be learned is achievable and manageable. This can be done by stating the lesson goals explicitly, separating the task into smaller subtasks, and communicating optimism to the class.
  - (a) to communicate learning goals and orient students to learn [Hattie: Schritt 1]
- Second, teachers can carefully prepare, plan, and sequence lessons that comprise appropriately scripted/well-thought-through instruction.
  - (b) examine if students possess the knowledge and skills needed to understand the new lesson [Hattie: Schritt 2]
  - (c) present key principles of the new lesson through clear instruction [Hattie: Schritt 3]
- Third, teachers can look to better ensure student understanding of the lesson by posing questions and modeling the use of procedures and strategies effective to solve problems.
  - d) check student mastery and understanding by posing questions, providing examples, and correcting misconceptions [Hattie: Schritt 4]
- Fourth, teachers can provide students with opportunities to deliberately and purposefully practice the skills and knowledge they are to learn. This can be done by assigning students an adequate amount of assisted practice (e.g., worked examples) and then, allowing for appropriately monitored independent practice (e.g., homework).
  - (e) provide opportunities for guided practice [Hattie: Schritt 5]
  - (g) provide opportunities for independent practice through group or individual work in class or homework [Hattie: Schritt 7]

- Fifth, teachers should continually assess student mastery of lesson and subject matter by evaluating how they perform during practice and providing immediate feedback.

    Finally, direct and explicit remediation is needed when vital skills and knowledge have not been learned.

    (f) assess performance and provide feedback on the guided practice
        [Hattie: Schritt 6]

Alle Schülerinnen und Schüler erzielen größere Lernerfolge, wenn Lehrpersonen die Unterrichtsprozesse in der oben beschriebenen Form aktiv gestalten und die Lernenden in die Lage versetzen, das Angebot optimal zu nutzen.

30 SCHRITTE ZU EINER LERNWIRKSAMEN UNTERRICHTSPRAXIS
Planung und Vorbereitung (vgl. Kap. 6)
1. Auswahl von curricularen Kompetenzzielen, die an das bisher Gelernte anschließen, motivierend sind und einen Lebensbezug haben;
2. Anknüpfen an das didaktische und lebensweltliche Vorwissen der Lernenden;
3. gegebenenfalls Unterteilung der angestrebten Kompetenzen in Teilkompetenzen;
4. sorgfältige Planung von Darbietungs- und Übungsschritten;
5. Erarbeitung alternativer Präsentationsformen und Übungsformate.

Einstieg (vgl. Kap. 6)
6. Erläuterung der Ziele, der Lernintentionen und der Erfolgskriterien;
7. Darstellung des Werts der angestrebten Kompetenz bzw. der Teilkompetenzen;
8. Bestärkung der Schülerinnen und Schüler hinsichtlich der Erreichbarkeit der Ziele;
9. Förderung von Leistungsbereitschaft und Engagement durch einen motivierenden „Aufhänger" oder sonstige Hinweise.

Darbietung (vgl. Kap. 7)
10. Verständliche Erläuterung bzw. Demonstration der Lerninhalte;
11. redundante Erklärungen, d.h. mehrmalige Erklärung desselben Inhalts oder Sachverhalts mit Hilfe variierender Formulierungen;
12. erhellende, schülernahe Beispiele;
13. „Veranschaulichung" der Lerninhalte durch Bilder, Graphiken, Tabellen sowie digitale Medien;
14. Präsentation der einzelnen Lösungsschritte anhand ausgearbeiteter Beispiele.

Fragen und Antworten (vgl. Kap. 7)
15. Rückversichernde Fragen der Lehrperson zur Überprüfung, ob und was die Lernenden (bisher) verstanden haben;
16. Eingehen auf Fragen der Schülerinnen und Schüler;
17. positive Haltung gegenüber „Fehlern";
18. Fragen zum dargebotenen Lerninhalt, die allen Lernenden eine Beteiligung am Unterricht ermöglichen;
19. Wiederholung der Darbietung – ganz oder in Teilen – bei unzureichenden Lernergebnissen.

Angeleitetes Üben (vgl. Kap. 8)
20. Gestufte Übungsformate mit kurzen Selbsttests, die allen Lernenden eine Überprüfung der eigenen Lernergebnisse gestatten;
21. ausgearbeitete Beispiele mit Erläuterung der Lösungsschritte;
22. Festlegung der Sozialform (Einzelarbeit; Partnerarbeit; Kleingruppenarbeit);
23. gezieltes formatives Feedback für einzelne Schülerinnen und Schüler durch die Lehrperson;
24. kurze Erläuterungen für einzelne Lernende bei unzureichenden Lernergebnissen.

Selbstständiges Üben (vgl. Kap. 8)
25. Variationsreiche, wohldurchdachte Aufgabenformate für Vertiefung und Transfer;
27. Festlegung der Sozialform (Einzelarbeit; Partnerarbeit; Kleingruppenarbeit; gegebenenfalls als Hausaufgabe);
28. Feedback durch die Lehrperson oder durch Peers;
29. formative Evaluation durch Tests
30. **Überleitung bzw. Zusammenfassung**
    (an unterschiedlichen Stellen je nach Unterrichtsphase) (vgl. Kap. 8)

Diese evidenzbasierten Unterrichtsschritte sind vielen Lehrpersonen aus dem einen oder anderen Zusammenhang bekannt. Für die meisten mit Unterricht befassten Personen sind sie auch durchaus plausibel. Deshalb ist es umso verwunderlicher, dass die Unterrichtspraxis weit davon entfernt ist. Das kann man bei der Durchsicht von Unterrichtstranskripten des Archivs für pädagogische Kasuistik der Universität Frankfurt am Main feststellen (www.apaek.uni-frankfurt.de).

Das ApaeK hält eine „Sammlung von Fallmaterial aus der pädagogischen Praxis in Schule und Unterricht für rekonstruktionslogisch orientierte Forschungen" bereit (so der Einführungstext auf der Homepage). Das Archiv verfügt derzeit über ca. 775 Unterrichtstranskripte aus unterschiedlichen Schulformen, Schulstufen, Jahrgangsklassen und Schulfächern (vgl. Auszug Mathematik ‚Prozentrechnung' Kap. 3; Auszug Deutsch ‚Limerick' Kap. 6) sowie über 285 Unterrichtsbeschreibungen.

Außerdem gibt es eine Reihe weiterer Dokumente, z. B. die „Episoden", in denen Studierende und Praktikanten positiv wie negativ beeindruckende Erlebnisse aus dem Schul- und Unterrichtsalltag schildern (vgl. die beiden Episoden in Kap. 6).

Die Dokumente des ApaeK sind keineswegs Musterlösungen oder gar Rezepte. Die Sichtung von Fallstudien, d.h. die pädagogische Kasuistik, ist vielmehr eine Möglichkeit der Rekonstruktion, der Interpretation und der Analyse von Dokumenten aus der pädagogischen Praxis. Man wird mit mir darin übereinstimmen, dass die Analyse von Unterrichtstransskripten, auf die ich mich auch im Folgenden wiederholt stütze, in jedem Fall besser ist als die Betrachtung von fingierten Beispielen und/oder als allgemein gehaltene Empfehlungen. Die Dokumente erlauben „einen Einblick in die protokollierte Wirklichkeit der Schule" (www.apaek.uni-frankfurt.de/angebote/sps/einfuerung.html).

7.2 Darbietung „neuer" Lerninhalte

Mit den ersten beiden Schritten zu einem lernwirksamen Unterricht, nämlich der ‚Planung und Vorbereitung' sowie dem ‚Einstieg', haben wir uns bereits in den vorangegangenen Kapiteln, insbesondere in Kapitel 6, beschäftigt. Um (Teil-)Kompetenzen, d.h. Wissen, Fertigkeiten und Fähigkeiten, motivierend und verständlich zu präsentieren, sind überschaubare Einheiten und eine klare Strukturierung nötig. Ausgehend vom Vorwissen der Lernenden, welches zu Beginn der Darbietung kurz aktiviert werden kann, präsentiert die Lehrperson den Lerninhalt.

Diese Präsentation kann in kurzen Erläuterungen der Lehrperson bestehen, die immer wieder durch Rückfragen zum Verständnis der Lerninhalte unterbrochen werden. Es ist aber auch denkbar, dass die Lehrperson nicht auf eigene Erklärungen zurückgreift, sondern den Lernenden die Inhalte in einer Form vorgibt, so dass diese sie weitgehend selbst erarbeiten können. Es wäre ein Irrtum zu glauben, dass es sich dabei um individualisierende und/oder offene Lernformen im echten Wortsinn handelt (vgl. Kap. 3). Solche Vorgaben für eine Erarbeitung des „neuen" Lernstoffs durch die Schülerinnen und Schüler, bei denen die Lehrperson auf eigene Erläuterungen verzichtet, sind stark lehrergesteuert. Einerseits dienen sie vor allem der intensiveren Auseinandersetzung der Lernenden mit den Zielvorgaben, andererseits werden so die Sprechanteile der Lehrperson reduziert. Sie schaltet sich jedoch in kurzen Abständen in die Erarbeitung durch die Schülerinnen und Schüler ein, um u.a. sicherzustellen, dass sie keine unnötigen Umwege machen und es nicht zu falschen Vorstellungen bzw. Fehlinterpretationen kommt.

Eine weitere Möglichkeit besteht im *modeling*, dem Lernen am Modell. Modell-Lernen beruht auf der Beobachtung des Verhaltens eines Vorbilds, in diesem Fall der Lehrperson. *Modeling* wird auch als Beobachtungslernen, Nachahmungslernen bzw. Imitationslernen bezeichnet. Dabei geht es keineswegs nur um die Demonstration von praktischen Skills. Es kann sich auch um eine intellektuelle Fertigkeit handeln, z. B. das Vorführen, wie man eine bestimmte mathematische

Berechnung vornimmt. Sogar höherrangige Fähigkeiten können von der Lehrperson oder einem Experten Schritt für Schritt demonstriert werden, z. B. die Analyse der Bildersprache in einem Gedicht, das Verfassen eines Essays oder die Bewertung eines Vorschlags zur Familienpolitik.

Die Darbietung des neuen Lernstoffs stellt hohe Anforderungen an die Lehrperson. Offenbar sind sich viele Lehrpersonen der Tatsache bewusst, dass es äußerst schwierig ist, einen Lerninhalt oder einen Skill so zu erklären oder zu demonstrieren, dass die Schülerinnen und Schüler einer bestimmten Altersstufe mit bestimmten Lernvoraussetzungen sowie individuellen Bedürfnissen und Interessen der Präsentation gut folgen können, das Dargebotene im Wesentlichen verstehen und sich von den Erläuterungen angesprochen fühlen.

Bei der Durchsicht der Transkripte fällt auf, dass Lehrpersonen diese Erklärungen umgehen bzw. vermeiden und – dem pädagogischen Zeitgeist folgend? – zu einem Lehrbuchtext (vgl.dazu den Auszug aus der Deutschstunde vgl. Kap. 6: Erklärung von Limerick) und/oder zu einem Arbeitsblatt Zuflucht nehmen. Das kann man am folgenden Beispiel, einem Auszug aus einer Unterrichtsstunde im Fach Gesellschaftslehre zum Thema Karikatur, sehen.

Der Lehrer hat zunächst die Hausaufgabe überprüft und geht nun – an das in der Klasse behandelte Thema ‚Industrialisierung' anknüpfend – zu einem neuen Themenaspekt, nämlich der Darstellung der Industrialisierung in Karikaturen über.

Der Unterricht findet in einer 9. Klasse (Gymnasialzweig einer Integrierten Gesamtschule) statt; es handelt sich um eine relativ kleine Lerngruppe von insgesamt 18 Schülerinnen (6) und Schülern (12); es gibt so gut wie keine Disziplinprobleme.

Thema des Transkripts: Karikaturen zum Thema Industrialisierung
(ApaeK Nr. 1710)

53	Lm: O.k. Danke schön. Ich hab Euch ein bisschen was. Ich hab Euch was mitgebracht.
54	„[7 Sek.]"
55	*Hängt eine Karikatur an die Tafel. Anlage 1 [siehe unten]*
56	*Einige Schüler/Innen lachen.*
57	Lm: Was fällt Euch ein wenn Ihr das seht?
58	*Gemurmel „[4 Sek.]". Einige Schüler fangen an im GL-Buch durchzublättern.*
59	Lm: Ihr braucht kein Buch. Das Buch könnt Ihr zu machen!
60	*Sw4 ruft in die Klasse.*
61	Sw4: Das kann ich von hieraus gar nicht sehen!
62	Lm: Ihr könnt das nicht sehen?
63	*Lm geht in den hinteren Teil des Klassenraums und schaut sich aus dieser Perspektive die*
64	*Karikatur an.*
65	Lm: Kein Problem, bleibt sitzen ich hab das auch nochmals in kleiner Ausführung für Euch.
66	*Sw4: Ruft in den Raum. Ich bin auch kurzsichtig.*

67   *Lm gibt die Kopien allesamt an einen Schüler der die Kopien an die anderen Schüler/Innen*

68   *weitergibt."[36 Sek.]"*

69   Lm: Schaut es Euch ganz kurz an, was Ihr seht! Dann die erste Frage „Was seht Ihr?" „(7 sek.)"

70   *Sm5: Ruft in den Raum.* Ein Mensch!

71   *Einige SchülerInnen melden sich.*

72   Lm: Sm2

73   Sm2: Ähm, ich würd sagen ähm, ein Herr, der sich beim Chillen auf der Welt bequem macht. Ja.

74   *Weitere Meldungen.*

75   Lm: Sm10

76   Sm10: Ähm, ja. Auch ein Herr wie der Sw2 gesagt hat, alles was er macht wird fast nur mit Strom

77   betrieben. Also das heißt, die Lampe, der Ventilator, das Radio, der Kühlschrank. Alles mit

78   Strom.

79   Lm: O.k, ganz allgemein, was ist das, was Ihr da vor Euch habt?

80   *Einige Schüler/Innen melden sich.*

81   Lm: Sw2

82   Sw2: Eine Karikatur.

83   Lm: Eine Karikatur, o.k. Ich will das jetzt gar nicht weiter ausführen. Aufgabe an Euch: „Schaut

84   Euch die Karikatur kurz an und wenn Euch dann irgendwas einfällt, was Ihr seht, oder was

85   man bei Karikaturen beachten sollte, wo drauf man achten solltet, einfach nach vorne

86   kommen, kurzes Stichwort an die Tafel schreiben und wieder hinsetzen!"

Quelle: APAEK Nr. 1710

Zunächst versichert sich ein Schüler rück, ob es da richtig oder falsch gibt, wenn man etwas anschreibt. Ein anderer möchte wissen, ob er auch schreiben kann, was er denkt, und nicht nur, was er sieht. Nachdem der Lehrer die Schülerinnen und Schüler beruhigt hat, dass ihre Tafelanschriebe nicht bewertet werden, stehen nach und nach immer mehr Lernende auf und schreiben Wörter an die Tafel wie z. B. Klimawandel, Egoismus usw. Schließlich lenkt der Lehrer sie durch den Hinweis auf eine der vorangegangenen Unterrichtsstunden auf das Thema ‚Industrialisierung' hin. In dieser und in weiteren Karikaturen, die der Lehrer mitgebracht hat, geht es um „Folgen der Industrialisierung".

Fortsetzung: Auszug Unterrichtstranskript Karikaturen (ApaeK Nr. 1710)

153 *Lm schreibt an die Tafel: „Karikatur"*
154 Lm: Und wenn ich mir so ne Karikaturen anschaue und die Aussage der Karikatur versuche
155 herauszulesen, dann nennt man das wie? Dann mach ich was mit der Karikatur, ich.... Sw2?
156 Sw2: Interpretieren.
157 Lm: O.k genau, ich interpretiere die Karikatur. Also Karikatur interpretieren.
158 *Lm: Schreibt als Überschrift an die Tafel: „Karikatur interpretieren"*
159 Lm: Und zu was für ein Thema?
160 Klasse: Thema Industrialisierung.
161 Lm: Genau, zum Thema Industrialisierung.
162 *Lm vervollständigt die Überschrift: „Karikatur interpretieren*
     (zum Thema
163 *Industrialisierung)"*
164 Lm: Ihr habt jetzt schon ein paar Sachen aufgeschrieben, die so ein bisschen was mit
165 Interpretation zu tun haben. Bzw. Deutung von solchen Bildern von solchen Zeichnungen.
166 Ich habe ein Übersichtsblatt mitgebracht, dass sie aber jetzt gleich in der Gruppen-arbeit
167 bearbeiten werdet. Ihr bekommt von mir eine Karikatur. Das war nur eine Karikatur zum
168 Einstieg. Ihr bekommt von mir eine Karikatur, die sich mit der Industrialisierung im 19.
169 Jahrhundert beschäftigt. Die sieht so aus.

Zu dieser zweiten Karikatur verteilt der Lehrer ein Arbeitsblatt mit dem Titel: ‚Karikaturen interpretieren'. Der Lehrer hat einen Übergang signalisiert: vom Klassengespräch zur Anwendung. Ganz offensichtlich geht er unter Auslassung rückversichernder Fragen und der Phase des angeleiteten Übens zum selbstständigen Üben in Kleingruppen über. Das Arbeitsblatt sowie die Aufgabenstellung sehen wir uns in Kap. 8 genauer an.

In Zeile 83 macht der Lehrer deutlich, dass er auf eine Definition von ‚Karikatur' zunächst (?) verzichten möchte: „Eine Karikatur, o.k. Ich will das jetzt gar nicht weiter ausführen". Zwar haben offensichtlich die meisten Schülerinnen und Schüler eine vage Vorstellung von ‚Karikatur', aber das Herausarbeiten ihrer Hauptmerkmale und insbesondere der Funktion von Karikaturen hätte die anschließende Interpretation von Karikaturen in Kleingruppen sicher erleichtert.

Da er seine Ziele beim Einführen der Karikatur(en) nicht transparent macht, sind wir auf Vermutungen angewiesen: Es geht ihm in erster Linie um eine Kritik an den Auswüchsen der Industrialisierung. Die überspitzte Darstellung von Menschen oder gesellschaftlichen Zuständen in Karikaturen soll den Betrachter zum Nachdenken anregen. Wie hätte der Lehrer die Bedeutung von ‚Karikatur' präsentieren können, wenn er sie nicht selbst vorgeben, sondern von den Lernenden erarbeiten lassen will?

- Jede/r einzelne Schülerin oder Schüler schreibt in Einzelarbeit auf, was sie/er über Karikaturen weiß. Die Ergebnisse werden anschießend in Tandems und größeren Teams untereinander ausgetauscht und im Plenum unter Rückfragen der Lehrperson zu einer Definition zusammengetragen.
- Instruktionsmaterial kann von einer Gegenüberstellung von Cartoons, die den Schülerinnen und Schülern durch Comics geläufig sind, und Karikaturen ausgehen. Lernerteams gehen auf Fragen von Peers und der Lehrperson ein.
- Die Lehrperson kann den Lernenden eine schriftliche Erläuterung zu ‚Karikaturen' und eine oder mehrere Karikaturen vorgeben, um sie die wesentlichen Charakteristika von Karikaturen an den Beispielen zeigen zu lassen.
- Die Schülerinnen und Schüler finden Unterschriften zu vorgegebenen Karikaturen, die zeigen, dass und wie sie die Überspitzung des Sachverhalts im Vergleich zur Realität verstehen.

Die (bisherigen) Auszüge aus dem Unterrichtstranskript und die Beispiele für eine Erarbeitung des grundlegenden Wissens zu Karikaturen verdeutlichen noch einmal, dass – so auch Emine O. in der Einleitung zu diesem Kapitel – Basiswissen eine unabdingbare Voraussetzung für weiterführende Lernprozesse darstellt.

Wie weiter oben angedeutet, ist eine vertretbare Reduzierung von Sprechanteilen der Lehrperson selbstverständlich wünschenswert. Es wird immer wieder beklagt, dass Lehrpersonen den Unterricht sprachlich dominieren. Das kann man in der folgenden Deutschstunde zum Thema Satzglieder sehen. Der Unterricht findet in einer 7. Klasse (A-Kurs, Integrierte Gesamtschule) statt; man könnte meinen, dass es sich um ideale Ausgangsbedingungen handelt, denn die Lerngruppe umfasst nur 10 Schülerinnen (6) und Schüler (4).

Die Lehrerin behandelt in der Stunde das Thema ‚Satzglieder', ohne freilich anzugeben, warum sie diesen Lerninhalt gewählt hat und welchen Wert die Fertigkeit, die wichtigsten Satzglieder bestimmen zu können, für die Lernenden hat. In der vorangegangenen Stunde haben mehrere Lernende gefehlt; nun sollen diejenigen, die anwesend waren, den anderen erläutern, was in der letzten Stunde behandelt wurde.

Das klappt aus verschiedenen Gründen nicht: Die Schülerinnen und Schüler haben den Stoff im Buch nicht wiederholt; zudem fehlt es ihnen an der Fachsprache, die nötig ist, um grammatische Sachverhalte auszudrücken. Also lässt die Lehrerin selbst Erklärungen einfließen. Sie definiert ‚Grammatik' als Schrank, neben dem es u.a. den Schrank der Rechtschreibung (Z. 181/182) gibt. Die teilweise langatmigen Erklärungen werden von den Schülerinnen und Schülern vermutlich auch deshalb nicht in wünschenswerter Weise aufgenommen, weil die Lehrerin sie immer wieder mit Appellen an die Leistungsbereitschaft der Lernenden vermischt.

Thema des Transkripts: Satzglieder
(ApaeK Nr. 49)

59 Lehrerin: Ja, aber ich denke man muss es bei einem A-Kurs so formulieren können.
60 SwC versuch´s doch ma! Mit den neuen Bausteinen und ( ). Was
61 haben wir gemacht? Es muss nicht kurz sein, Du darfst viele Worte und
62 viele Sätze verwenden.
63 SwC: Ähe, wir haben die einzelnen Bausteine aufgeschrieben und dazu noch mal
64 ähe die, ich weiß es nicht.
65 Lehrerin: So pass auf, jetzt versuche ich's mal. Ich versuch´s mal.
    Und jetzt probiert
66 Ihr mal Eure Schwierigkeit zu analysieren, warum kann ich es nicht
67 ausdrücken?
68 SwH: Ich weiß nicht.
69 Lehrerin: Hast Du wieder mal Angst, es könnte falsch sein?
70 SwH: Nein.
71 Lehrerin: Guck mal. Da hinten ist ein Mülleimer, da kannst Du die Angst grad
72 hineinschmeißen. Ja? Also ich probier´s noch mal. Und Ihr guckt ob ich es
73 rüberbringen kann, wenn ich es auch nicht kann (.). Ja, dann hören wir
74 auf, dann gehen wir wirklich in die Küche. Ja? Und kochen.
75 Schüler: Ja/Nee.
76 (Schüler flüstert Lehrerin etwas zu)
77 Lehrerin: Aha, Bestechung ist verboten! Unser neues Thema heißt Satzglieder. Und
78 Satzglieder, das ist ein Teil innerhalb des ganzen Gebietes Grammatik.
79 Und ich habe gemerkt, es ist klug, doch erst noch mal zu gucken, aus
80 welchen Teilbereichen besteht denn überhaupt dieses ganze Feld
81 Grammatik? Und so haben wir erst ma alle Teilbereiche, die die
82 Grammatik umfasst, an die Tafel geschrieben und haben dann bemerkt,
83 dass Satzglieder ein Teil davon ist. (.) Und wir wollen dann auch nur
84 mit diesem einen Teil arbeiten, wir haben aber vorher gesehen, welche
85 Teile von Grammatik haben wir eigentlich schon bearbeitet, welche
86 kennen wir schon und welche müssen wir vielleicht noch erarbeiten.
87 Oder was wollen wir noch wiederholen! SwK, kannste damit was
88 anfangen?

89   SwK: Mm, ja schon.
90   Lehrerin: SmE?
91   SmE: Ja, kann was mit anfangen.
92   Lehrerin: Ja! Schön. SmD?
93   SmD: Ja.
94   Lehrerin: So, jetzt seid Ihr drei mal dran. Was glaubt Ihr denn, welche Teilbereiche
95   Grammatik, ich sag ja immer ein großer Schrank. So, großer Schrank,
96   Überschrift Grammatik. Einige Schubladen. Was glaubt Ihr denn wie
97   viele Schubladen, wie viele Teilbereiche in dem Schrank Grammatik
98   überhaupt drin sind? Wie viele sind'n das?
99   SwK: Viele.
100 Lehrerin: Viele. Sag mal ne Zahl! Was schätzt du?
101 SwK: Fünf oder Sechs oder so.
102 Lehrerin: Aha, das ist ja doch, wenn Du sagst viele, hätt ich gedacht, Du sagst jetzt
103 zwanzig. Ganz viele, so viele sind's gar nicht. Okay, so, jetzt kommt
104 einer dran und zwar die SwH, aus dem Kopf. Wie viele Teilbereiche
105 haben wir angeschrieben?
106 SwH: Fünf.
107 Lehrerin: Ne, Ihr liegt ganz gut. Und jetzt nenne die mal. Es geht los mit?
108 SwF: Buchstaben.
109 Lehrerin:Ja! Die Grammatik fängt an mit Buchstaben. Aber da müsstest Du denen
110 erst mal sagen, was ist denn überhaupt Grammatik? SwL, was sagt Dir
111 das Wort? Was isn das?
112 SwL: Mhm. Das was das sein soll?!
113 Lehrerin: Ja, ich hatte was an die Tafel geschrieben und das hast Du auch
114 aufgeschrieben. Das war eigentlich so ne Definition. So, jetzt seht Ihr was ganz, ganz
115 interessantes. Ja? Das war das Ziel der letzten Stunde und eigentlich möchte ich
116 jetzt hier anfangen und mit euch weiter machen, weil auch diese Stunde hätte ein
117 Ziel. Das war das Ziel 1 und heute wäre das Ziel 2. Wer nicht da war, müsste jetzt in
118 Stand gesetzt werden, ja, von jedem, damit er dahin kann,
     damit er einsteigen kann.
119 Die Leute, die da waren, haben das nicht gelernt. Ihr habt nicht begriffen und nicht
120 gelernt, was Ziel der ersten Stunde war. Und das ist symptomatisch und deswegen
121 schneiden deutsche Schüler in PISA schlecht ab. Sie lernen nicht! Ihr habt zwar
122 mitgemacht, ich hatte auch das Gefühl, Ihr hab's verstanden am Ende der Stunde.
123 Es steht auch etwas Schlaues in Eurem Heft, aber es steht nicht in Eurem Kopf. Ihr
124 habt es nicht in Euren Kopf gebracht!

Nicht ohne Grund sind in 7.1 alle 30 Schritte zu einer lernwirksamen Unterricht-spraxis noch einmal zusammengefasst, obgleich wir uns mit wichtigen Teilaspekten schon in den vorausgegangenen Kapiteln beschäftigt haben. Am Auszug aus der Deutschstunde zum Thema Satzglieder kann man u.a. sehen, dass das reale Geschehen keineswegs immer aus einer Abfolge sorgfältig geplanter Schritte besteht. Vielmehr fehlt es häufig an einer klaren Strukturierung: Übergänge zwischen einzelnen Phasen werden nicht deutlich gemacht, es gibt unangemessene Überlappungen sowie Sprünge vor und zurück.

Wie lernwirksam sind die Unterrichtsstrategien der Lehrerin in obigem Ausschnitt?

- Zunächst stellt sich die Frage nach den Erläuterungen: Es ist sicher nicht sehr lernförderlich, Grammatik mit einem Schrank zu vergleichen und die Bausteine der Grammatik in Schubladen zu verorten. Grammatik kann mehreres sein: ein Buch zum Lernen und Nachschlagen, ein System, welches der Sprache zugrunde liegt und schließlich das, was Sprachbenutzer davon verinnerlicht haben. Die Schubladen sind irreführend, denn sie suggerieren, dass die einzelnen Bausteine separat aufbewahrt werden, während bei der Grammatik das Zusammenspiel von entscheidender Bedeutung ist.
- Die Lehrerin strebt hauptsächlich Faktenwissen an, das die Lernenden in ihre Köpfe bringen sollen. „Auswendig lernen, so dass Du's im Kopf hast", sagt sie an anderer Stelle (Z. 137/138) und später: „Da hilft nur auswendig lernen! Wie Vokabel! Du musst einfach üben. Ne? Und da kann ich Euch eigentlich nicht helfen" (Z. 316-318).
- Das Klima ist an vielen Stellen nicht lernförderlich: Ob es ängstliche Schülerinnen und Schüler motiviert, sich häufiger am Unterricht zu beteiligen, wenn man sie auffordert, die Angst in den Mülleimer zu werfen, sei dahingestellt. Aber Aussagen wie z. B.: „Ähm, wir wiederholen jetzt die einzelnen Punkte von dem Grammatikschrank, ja, welche Teilbereiche. Und ihr lasst Euch eins geben, einen Zettel und schreibt das zur nächsten Stunde ab. Und guckt, ob ihr das kapiert" (Z. 161-164), zeigen den Lernenden, dass sie von der Lehrperson nicht die nötige Förderung erfahren.

7.3   Fragen und Lernschleifen

In allen vorangegangenen Phasen des Unterrichts, vor allem aber bei der Darbietung bzw. Präsentation des neuen Lernstoffs, kann die Lehrperson immer nur die vermutete Zone der nächsten Entwicklung (ZNE; auch ZPE, Zone der proximalen Entwicklung) der gesamten Lerngruppe berücksichtigen. Die Vorstellung einer ZNE geht auf Vygotskys (1962) *Zone of proximal development* (ZPD) zurück, die bekanntlich die Differenz zwischen dem bezeichnet, was ein Lernender ohne

Hilfe und mit der Hilfe durch einen ‚Experten' – beispielsweise einen Peer und/ oder einen Erwachsenen – tun kann. Die Lehrperson stellt ein Lerngerüst zur Verfügung, welches eine Gratwanderung zwischen den Lernmöglichkeiten der besseren und der lernschwächeren Schülerinnen und Schüler darstellt. Man spricht von *mediated scaffolding* oder klassenbezogenem Scaffolding (vgl. WELLENREUTHER 2004, ²2010: 299).

Dieses Scaffolding stellt eine Art Notlösung dar, da es unmöglich ist, in allen Phasen des Unterrichts angemessen auf individuelle Lernende einzugehen. Folglich sind schon aus diesem Grund rückversichernde Fragen seitens der Lehrperson, aber auch eigene Rückversicherungen der Schülerinnen und Schüler, ob und inwieweit sie dem bisherigen Unterrichtsgeschehen folgen konnten, von herausragender Bedeutung. Die Verständnisüberprüfung in Form des *assertive questioning* (vgl. Kap. 5.1) spielt in lernwirksamen Unterrichtskonzepten schon lange eine besondere Rolle.

Es geht beim *checking for understanding* aber nicht nur um Fragen, sondern auch um andere Formen des Feedbacks. Dazu führt Petty (²2009: 207) aus: "During this [the presentation of new material], there is interactive dialogue so that you and your learners get feedback in ‚real time', to gauge understanding and correct errors and omissions in learning."

Die Interaktivität in Form von Dialogen zur Überprüfung des Verständnisses kann nicht genug betont werden. Durch diese Form des Feedbacks (vgl. ausführlich Kap. 10) können Lernprozesse frühzeitig in eine wünschenswerte Richtung gelenkt werden. Der interaktive Dialog gibt der Lehrperson und den Lernenden gleichermaßen Rückmeldung über das bisher erfolgte Lernen. Das setzt selbstverständlich voraus, dass „Fehler" nicht angeprangert, sondern als Lerngelegenheit begrüßt werden. Es ist, wie wir auch anhand der Unterrichtstranskripte feststellen konnten, nicht leicht, die Schülerinnen und Schüler davon zu überzeugen, dass Fehler nicht sanktioniert, sondern als Voraussetzung für das Weiterlernen betrachtet werden.

Was geschieht nun, wenn die Lehrperson feststellt, dass sich irrige Vorstellungen herausgebildet haben oder die wichtigsten Schritte zur Lösung eines Problems nicht oder zumindest teilweise nicht verstanden wurden? Dann ist der Wiedereintritt in die vorangegangenen Phasen, insbesondere diejenige der Darbietung der Lerninhalte, an geeigneter Stelle nötig. Ich bezeichne eine Wiederaufnahme bereits erfolgter Unterrichtsschritte in ähnlicher oder veränderter Form als Lernschleife (*learning loop*). Wie sie gestaltet werden können, haben wir im Unterrichtstranskript zu Beginn von Kapitel 3 gesehen. Der Lehrer versichert sich ohne Unterlass rück, ob alle Lernenden die Aufgaben zur Prozentrechnung lösen können und „bessert" in den Fällen „nach", wo dies nicht der Fall ist. Wellenreuther (2004, ²2010: 335) macht klar, dass es mit dem Verstehen noch nicht getan ist, sondern dass die Verfügbarkeit durch verschiedene Formen des Übens (vgl. Kap. 8 und 9) hinzukommen muss: „Es macht keinen Sinn, mit neuen Inhalten oder Lektionen zu beginnen, bevor nicht die zentralen Inhalte von den Schülern verstanden wurden und verfügbar sind." Schüler sollen den vermittelten Inhalt beherrschen, bevor neue Inhalte behandelt werden.

7.4   Nur wer Fehler macht, kann aus ihnen lernen

Wer nie einen Fehler gemacht hat, hat auch noch nie etwas entdeckt.

Samuel Smiles (1812 – 1904),
englischer Arzt, Biograph und Sozialreformer

8. Lernwirksame Unterrichtspraxis III: Anwendung des Gelernten: angeleitetes und selbstständiges Üben

Katharina S., eine Anglistikstudentin, gibt Nachhilfeunterricht. Sie tut das nicht nur, um etwas zu verdienen, sondern vor allem, um sich auf ihre spätere Tätigkeit als Englischlehrerin an einer Haupt- und Realschule vorzubereiten. An diesem Nachmittag erwartet sie Ahmet, einen türkischstämmigen Jungen, der die 6. Klasse einer Kooperativen Gesamtschule besucht. Ahmet versteht Zusammenhänge ziemlich schnell, aber es fehlt ihm an Ausdauer. Dass er mit Englisch Probleme hat, führt Katharina auch darauf zurück, dass seine Eltern es lieber sehen würden, wenn Ahmet Französisch lernt. Das möchten viele Eltern mit türkischen Wurzeln, denn Atatürk, der Begründer der modernen Türkei, hatte eine besondere Beziehung zu Frankreich und vor allem zur französischen Sprache.

Zunächst erzählt Ahmet Katharina, was aus seiner Sicht an diesem Tag im Englischunterricht behandelt wurde: Die Lehrerin hat eine neu eingeführte Zeit, nämlich das *present perfect*, mit den Schülerinnen und Schülern geübt. Katharina hat Ahmet eingeschärft, er solle sich – wenn er die inhaltlichen Zusammenhänge nicht versteht – wenigstens die Begriffe aufschreiben und aufpassen, welche Schritte aufeinander folgen. Das hat er auch gut hinbekommen: Zunächst gab es eine Hörverstehens-Übung zum Gebrauch der „neuen" Zeit, nämlich ein Telefongespräch, und dann hat die Lehrerin ein Arbeitsblatt verteilt. Die Kinder haben deutsche Beispielsätze ins Englische übersetzt und dabei Zeitbegriffe wie ‚gerade', ‚schon' und ‚noch nicht' verwendet, die als Hilfe unten auf dem Arbeitsblatt in Englisch angegeben sind.

Katharina sieht sich die Sätze an und wundert sich:
Satz 1 lautet: Sally ist gerade in die Schule gegangen.
(Lösung im Unterricht: Sally has just gone to school.)
Satz 3: Meine Freundin ist schon nach New York geflogen.
(Lösung im Unterricht: My friend has already flown to New York.)

Katharina fragt sich, ob das wirklich idiomatisches Englisch ist und vor allem, warum die Schülerinnen und Schüler aus dem Deutschen übersetzt haben, obwohl sich andere Übungsformate angeboten hätten. Aber Katharina hat noch weitere

Fragen: Wieso hat die Lehrerin keine Beziehung zu anderen, den Lernenden bereits bekannten Zeitformen, dem *past perfect*, hergestellt? Hat sie den Kindern überhaupt erklärt, was das *present perfect* ausdrückt, warum es wichtig ist und in welchen Situationen die Schülerinnen und Schüler es für eigene Sprechabsichten verwenden können?

Dass Ahmet vom Unterricht, insbesondere der Übungsphase, nicht profitiert hat, sieht Katharina auch daran, dass er in Beispielsätzen nicht imstande ist, die korrekte Form des *present perfect* zu bilden. Statt ‚he has gone' verwendet er ‚he has went' und erklärt zu seiner Entschuldigung, dass diesen Fehler auch viele Mitschülerinnen und Mitschüler im Unterricht gemacht haben. Katharina und Ahmet haben viel tun. (orientiert an ApaeK Nr. 22)

8.1 Weitere Schritte zu einer lernwirksamen Unterrichtspraxis

Angeleitetes Üben
20. Gestufte Übungsformate mit kurzen Selbsttests, die allen Lernenden eine Überprüfung der eigenen Lernergebnisse gestatten;
21. ausgearbeitete Beispiele mit Erläuterung der Lösungsschritte;
22. Festlegung der Sozialform (Einzelarbeit; Partnerarbeit; Kleingruppenarbeit);
23. gezieltes formatives Feedback für einzelne Schülerinnen und Schüler durch die Lehrperson;
24. kurze Erläuterungen für einzelne Lernende bei unzureichenden Lernergebnissen.

Selbstständiges Üben
25. Variationsreiche, wohldurchdachte Aufgabenformate für Vertiefung und Transfer;
27. Festlegung der Sozialform (Einzelarbeit; Partnerarbeit; Kleingruppenarbeit; gegebenenfalls als Hausaufgabe);
28. Feedback durch die Lehrperson oder durch Peers;
29. formative Evaluation durch Tests.
30. **Überleitung bzw. Zusammenfassung**
(an unterschiedlichen Stellen je nach Unterrichtsphase)

Zunächst rekapitulieren wir die bisherigen Schritte (Kap. 6 und 7): Eine Orientierung der Schülerinnen und Schüler ist erfolgt: Ihnen sind Zweck und Wert dessen, was gelernt werden soll, erläutert worden. Sie haben selbst noch einmal zusammengefasst, aus welchen Gründen es sinnvoll ist, die „neuen" Lerninhalte zu erarbeiten, Ziele sind abgesprochen bzw. festgelegt worden, und sie haben mit Hilfe der Lehrperson ihr Vorwissen und frühere Lernerfahrungen reaktiviert.

Das neue Material ist präsentiert, Skills sind demonstriert und Basiskonzepte sind entwickelt worden. Die Darbietung bzw. Erarbeitung hat im Gedächtnis zu einem Konstrukt geführt, welches noch unvollständig ist, möglicherweise Irrtümer enthält und eher oberflächlich als tief verankert ist. Dieses Konstrukt ist also nicht hinreichend integriert und mit anderen Lerninhalten vernetzt. Es hat noch keine Funktion, so dass die Lernenden oft nicht imstande sind, das Gelernte auf echte Probleme anzuwenden.

Bei der nun folgenden Anwendung geht es um vertieftes Lernen, bei dem die Schülerinnen und Schüler aus dem jeweiligen Konstrukt Konzepte bilden und sie, wenn möglich, miteinander verbinden. Dazu benötigen sie Feedback bezüglich ihres bisherigen Verständnisses. In erster Linie kommt es jedoch darauf an, dass beim Üben aktivierende Methoden zum Einsatz kommen.

Petty ([2]2009: 234) verdeutlicht diese weiterführenden Schritte eines lernwirksamen Unterrichts wie folgt:

> Students work on tasks that require them to apply the learning, so that they familiarize themselves with it, and so come to understand it.

> Knowledge is usually a means to an end. It is the ability to use it that gives it value. So tasks should be vocationally and/or academically realistic and relevant. Tasks build vocational and academic skills which are *transferable*. Knowledge can date, and isn't transferable.

> Working on tasks gives the learner, their peers and the teacher *feedback* on the leaner's understanding and skills, enabling these to be improved. (Hervorhebungen des Autors)

> Die Lernenden bearbeiten Aufgaben, bei denen sie das Gelernte anwenden müssen, so dass sie sich damit vertraut machen und zu einem besseren Verständnis gelangen.

> Wissen ist ein Mittel zum Zweck. Sein Wert besteht darin, dass man es anwenden kann. Deshalb sollten Aufgaben mit Blick auf das Berufsleben und/oder Fachinhalte wirklichkeitsnah und relevant sein. Aufgaben führen zu beruflichen und fachlichen Fähigkeiten, die *übertragbar* sind. Wissen kann veralten und ist dann nicht übertragbar.

> Die Bearbeitung von Aufgaben gibt dem Lernenden, seinen Peers und der Lehrperson ein *Feedback* über das Verständnis und die Fähigkeiten des Lernenden, so dass diese verbessert werden können.

Mit den Schritten ‚angeleitetes Üben' und ‚selbstständiges Üben' folge ich im Wesentlichen dem Unterrichtsmodell von Hattie, der eine solche Unterteilung vornimmt und sie durch die Ergebnisse seiner empirischen Studien belegt. Dabei handelt es sich um die klassische Abfolge der Schritte bei Direkter Instruktion, wie sie schon von Rosenshine (1985) und Engelmann (Adams & Engelmann 1996) propagiert wurde (vgl. Kap. 5). Verfechtern eines auf Lehrersteuerung basierenden interaktiven Unterrichtsmodells ging und geht es darum aufzuzeigen, dass – im Gegensatz zu vielen Behauptungen – die Aktivierung und Selbststeuerung der Lernenden das übergeordnete Ziel dieses Konzepts lernwirksamen Unterrichts ist. Aus meiner Sicht ist es durchaus sinnvoll, zwischen einer stärkeren Steuerung durch die Lehrperson und einer Rücknahme der „Supervision" bis hin zum selbstständigen Üben zu unterscheiden, auch wenn die Übergänge fließend sind.

Was im Zusammenhang mit dem Üben zusätzlich zu bedenken ist, ist die weiter oben angesprochene Überführung des zunächst vagen Konstrukts in ein Konzept und die Vernetzung dieses Konzepts mit bereits vorhandenen Konzepten. Dabei spielt die Sozialform, in der die Anwendung erfolgt, ohne Zweifel eine wichtige Rolle. Von besonderer Bedeutung ist aber auch die Stufung der einzelnen Aufgaben. Sie werden zusehends herausfordernder und freier. Am Anfang stehen geschlossene Aufgaben (*reproduction tasks*), bei denen es nur eine richtige Antwort gibt, die für alle Lernenden dieselbe ist. Es folgen weiterführende Aufgaben auf einer Skala von oberflächlichem Wissen zu vertieftem und vernetztem Lernen (vgl. unten 8.3)

8.2 Angeleitetes Üben

Betrachten wir mit Blick auf diese Vorgaben die Übungsphase der Deutschstunde zum Thema „Satzglieder" (7. Klasse, A-Kurs; insgesamt 10 Lernende; vgl. Kap. 7, ApaeK Nr. 49). Nachdem über verschiedene Satzglieder, ihre Benennung und weitere Begriffe der Grammatik gesprochen wurde, möchte die Lehrerin „nochmal einen Satz bauen" (Z. 347): „Weil mir kommt's jetzt mal drauf an, dass Ihr äh den Aufbau versteht. Ja? Wir machen mal ein Beispielsatz" (Z. 348-350). Bevor es dazu kommt, gibt es Diskussionen mit einzelnen Schülerinnen und Schülern, die ihre Arbeitsmaterialien nicht dabei haben. Dann geht es weiter:

367 Lehrerin: Hast Du auch nicht dabei? Nee, nee. Nicht gut strukturiert SmE. Nicht gut
368 organisiert. So, mein Lieblingssatz heißt wie, SwG? SwG, wie heißt mein
369 Lieblingssatz, wenn ich nen Hauptsatz, den kleinsten Hauptsatz habe?
370 SwG: Ähm, der Hund bellt.
371 Lehrerin: Hm, der Hund bellt. Wäre auch einer. Aber mein Lieblingssatz ist
372 komischerweise?
373 SmJ: Frösche quaken.
374 Lehrerin: (Lacht) Das ist er auch nicht.
375 SwL: Oma schläft.
376 Lehrerin: Oma schläft. Ich weiß nicht warum, aber die Oma hat so was
377 Beruhigendes. Und wenn sie schläft ist immer gut.

378   SmJ: Was für ein Satz!
379   Lehrerin: Oma schläft. (Schreibt den Satz an die Tafel) Ja? Der kleinste deutsche
380   Hauptsatz. Ein HS. Und
381   SmD: Was ist denn die Überschrift?
382   Lehrerin: Äh, frag Dich mal selber! Was machen wir gerad?
383   SmD: Satzglieder.
384   Lehrerin: Aha, also die Hauptüberschrift Grammatik und die Teilüberschrift
385   Satzglieder (.) In das Feld Grammatik, da drunter Satzglieder und dann geht's los.
386   (.) SmD, der Sml hat gesagt, es gibt drei Arten von Hauptsätzen, nämlich?
387   SmD: Aussagesatz, Ausrufesatz und Fragesatz.
388   Lehrerin: Genau! Was istn das jetzt für einer?
389   SmD: Aussagesatz.
390   Lehrerin: Genau. Punkt einfach. Oma schläft. Tatsache. Ja? Das ist der kleinste
391   mögliche deutsche Hauptsatz. Er besteht nämlich aus zwei Satzgliedern nur. Und
392   das müssen nämlich genau die richtigen sein. SwG? Was für Satzglieder sind das
393   hier?
394   SwG: Subjekt und Prädikat.
395   Lehrerin: Frag mal schön sauber.
396   SwG: Wer schläft? Oma.
397   Lehrerin: Und dann hast Du was?
398   SwG: Ehm, Subjekt. Und was tut Oma? Schlafen.
399   Lehrerin: Genau.
400   SwG: Prädikat.
401   Lehrerin: Prädikat. Also, wir machen's verabredet so, Ihr trennt die Satzglieder mit
402   nem senkrechten Strich und jetzt ist es mir egal, ob Du unterstreichst in den Farben
403   wie es hier ist, ja? Da wäre das Subjekt blau und das Prädikat rot. Ne? So. Ja, ne?
404   Da brauchst Du gar nicht mehr schreiben bei Subjekt und Prädikat, weil da gibt's
405   keine weiteren Unterschiede. Bei den adverbialen Bestimmungen musst Dus dann
406   schreiben. Jetzt erweitern wir den Satz. Erweitert ihn mal! Macht mal was dazu!
407   Sml: Im Bett.

Die Bestimmung der Satzglieder mit den zugehörigen Fragen geht weiter. Am Ende
haben die Schülerinnen und Schüler den Satz wie folgt erweitert und ohne besondere
Schwierigkeiten die Satzglieder bestimmt:

Meine liebe Oma | schläft | heute | gemütlich | mit Opa | im kleinen Bett.

Jede/r von uns kann sich leicht Alternativen zum Vorgehen der Lehrerin denken,
insbesondere nach den in 8.1 ausgeführten Prinzipien. Wahrscheinlich hätten die
Schülerinnen und Schüler in Tandems oder Kleingruppen zu dritt oder viert mit
Hilfe der vorhandenen Tabelle eigene Sätze erfolgreich bearbeiten können, vorausgesetzt sie hätten kontinuierlich Rückmeldungen von Peers und insbesondere
der Lehrerin erhalten. Worauf ich an dieser Stelle aufmerksam machen möchte,
ist jedoch etwas anderes.

In allen Phasen eines lernwirksamen Unterrichts kommt es darauf an, alle Lernenden zu aktivieren und ein Feedback gerade von denjenigen Schülerinnen und

Schülern zu erhalten, die mit dem Lernen Schwierigkeiten haben. Welche Strategien bieten sich an?

- Freiwillige antworten: Meist rufen Lehrpersonen diejenigen Schülerinnen und Schüler auf, die sich melden. Dadurch geht es im Unterricht zwar zügiger voran, das „Mittelfeld" und die Lernschwächeren bleiben aber auf der Strecke.
- Die Lehrkraft nimmt von sich aus eine Schülerin oder einen Schüler dran. Dabei ist zu beachten, dass es auch für die Lernschwächeren genügend Zeit zum Überlegen geben muss.
- Freiwillige aus einer *buzz group* (oft „Bienenkorb" genannt), einer kleinen Diskussionsrunde zur Lösung einer bestimmten Aufgabe, antworten.
- Die Lehrkraft ruft von sich aus eine Schülerin oder einen Schüler aus der *buzz group* auf.

Beim *assertive questioning* (vgl. Kap. 5) werden häufig diese kleinen Diskussionsrunden gebildet, die mögliche Lösungen für ein Problem erarbeiten und anschließend präsentieren. Nach der Diskussion im Plenum einigt sich die gesamte Lerngruppe auf eine für alle akzeptable Antwort.

8.3   Die Planung von Übungsaktivitäten

Bevor wir uns ein Beispiel für selbstständiges Üben ansehen (vgl. 8.4), beschreibe ich die fünf wichtigsten Planungsschritte für das Erstellen von Übungsaktivitäten. Sie gelten sowohl für das angeleitete als auch für das selbstständige Üben (vgl. auch zum Folgenden PETTY [2]2009: 244). Lehrpersonen legen sich folgende Fragen vor:

1. **Welche Aufgabe(n) stelle ich bzw. welche Aktivitäten wähle ich aus?**
   Eine Steigerung von eher geschlossenen zu eher offenen Aufgaben bietet sich an. Das sind, in der Reihenfolge zunehmender Schwierigkeit, vor allem:
   - Reproduktionsaufgaben: Faktenwissen wird ohne besondere Veränderungen wiedergegeben.
   - Vorgabe von Musterlösungen (*worked examples*; d = 0.59): Die erläuterten Lösungsschritte werden nachvollzogen und auf eine ähnliche Aufgabe übertragen.
   - Analyse-Aufgaben: Die Lernenden beantworten Fragen nach dem ‚Was' und dem ‚Warum'.
   - Aufgaben, die eine Synthese, Kreativität und/oder eine Evaluation beinhalten: Hierbei geht es um Fragen nach dem ‚Wie'.
   - Aufgaben, bei deren Lösung es auf strategisches Denken und die Reflexion der (eigenen) Lernprozesse ankommt.
   - Die Anwendung affektiver und sozialer Fähigkeiten muss (mit)berücksichtigt werden, z. B. in einem Rollenspiel.

2. **In welcher Sozialform sollen die Schülerinnen und Schüler die Aufgabe bearbeiten?**
   - in Einzelarbeit/Stillarbeit
   - in Partnerarbeit/im Tandem
   - in Gruppen mit selbstgewählten/befreundeten Mitlernenden
   - in nach dem Zufallsprinzip zusammengestellten Gruppen

   Damit es möglichst keine „Trittbrettfahrer" gibt, sollten Gruppen nicht mehr als vier Lernende umfassen.

3. **In welcher Form werden die Lernenden die Lösung der Aufgabe vortragen?**
   - durch praktische Vorführung
   - mündlich
   - schriftlich
   - durch eine Graphik
   - als Rollenspiel

4. **Welches Medium bzw. welche Form werden sie bei der Darstellung ihrer Lösung verwenden?**
   - Zeigen einer praktischen Arbeit
   - Papier: A4, A3, Flipchart
   - Präsentation
   - elektronische Medien
   - Kombination verschiedener Medien bzw. Formen

5. **Welchem Publikum werden die Schülerinnen und Schüler ihre Lösung präsentieren?**
   - ihrer/ihrem Tischnachbarin/-nachbarn
   - einem anderen Peer
   - einer anderen (Klein-)Gruppe
   - der ganzen Klasse
   - einer anderen Klasse

Genannt werden bei allen fünf Punkten nur die wichtigsten Lösungsmöglichkeiten, um Denkanstöße zu geben. Selbstverständlich gibt es – je nach Lernkontext, Lerninhalt und Übungszusammenhang – eine Reihe sinnvoller Alternativen.

8.4 Selbstständiges Üben

In Kapitel 6 haben wir einen Ausschnitt aus einer Unterrichtsstunde im Fach Gesellschaftslehre gesichtet, in der der Lehrer bewusst auf Erläuterungen zu Merkmalen von Karikaturen verzichtet. Er fordert die Schülerinnen und Schüler (9. Klasse, Gymnasium) auf, Karikaturen mit Hilfe des folgenden Arbeitsblatts zu interpretieren. Die Quelle des Arbeitsblatts wird im Transkript nicht angegeben; möglicherweise hat der Lehrer es selbst erstellt (ApaeK Nr. 1710).

Karikaturen interpretieren

Arbeitsschritte	Hilfen	
1. Ersten Eindruck festhalten	Was fällt dir zuerst auf? Wie ist deine Reaktion?	
2. Ideen sammeln	Welche Ideen und Gedanken fallen dir bei der Betrachtung der Karikatur ein?	
3. Einzelheiten beschreiben	Personen, Gegenstände, Text, Situationen und Ereignisse beschreiben. Unwichtige Details, die die Aussage nicht beeinflussen weglassen!	**Wie sind die Personen dargestellt?** • Kleidung • Mimik, Gestik **Dargestellte Gegenstände deuten** • Wo sind sie abgebildet? • Wie sind sie gezeichnet? • Verbirgt sich hinter ihnen eine Symbolik? **Textaussagen** • Bedeutung • Zusammenhänge
4. Erklären	• Beschreibe die politisch soziale Situation, in der die Karikatur entstanden bzw. erschienen ist (unter Einbeziehung von Zusatzinformationen zum Zeichner, zum Ort und Zeitpunkt des Erscheinens). • Evtl. Parteilichkeit des Zeichners aufdecken. • Widersprüche und Ungereimtheiten, die zum „kritischen Lachen" führen, bestimmen. • **Die Kernaussagen bzw. Botschaft benennen.** • Die Aussagen anhand von weiteren Materialien belegen oder kritisieren.	
5. Stellungnahme	Die eigene Meinung zur Aussage der Karikatur äußern und begründen. • Emotionen • Wirkung auf den Betrachter • **Begründet** für oder gegen die Aussage der Karikatur sein!	

Die Aufgabe soll in Kleingruppen bearbeitet werden. Die Schülerinnen und Schüler beginnen damit, Tische und Stühle zu rücken, aber der Lehrer verzichtet dann doch auf eine Einteilung der Gruppen: „Ähm, normalerweise wollte ich die Gruppen jetzt nach einem bestimmten System neu ordnen aber da wir ja ein bisschen zu spät angefangen haben, bleibt Ihr einfach so sitzen, wo Ihr jetzt seid" (Z. 181–183).

Es bleibt auch im Folgenden unklar, wie die Lernenden genau kooperieren sollen, da jeder die gleiche Aufgabe sowie das gleiche Material (Arbeitsblatt + Kopie der Karikatur) erhält. Außerdem soll jeder – so die Lehrperson – seine Ergebnisse vorstellen können. Auf die Frage eines Schülers, ob jeder das Gleiche machen soll, antwortet der Lehrer: „Ja, jeder das Gleiche. Und gegenseitig helfen, bitte. Ich werde rumgehen und euch natürlich auch helfen" (Z. 196–198). Dass die Anweisungen ganz anders lauten müssten, wenn tatsächlich eine Zusammenarbeit der Schülerinnen und Schüler intendiert ist und was man beim kooperativen Lernen beachten sollte, wird ausführlich in Kapitel 9 behandelt.

Die Lernenden sollen, wie gesagt, eine Karikatur interpretieren, die der Lehrer in Kopie zusammen mit dem obigen Arbeitsblatt „Karikaturen interpretieren" an jeden Lernenden verteilt. Auf der Grundlage der fünf Punkte des Arbeitsblatts (von 1. Ersten Eindruck festhalten bis 5. Stellungnahme) werden sie fünf Zettel ausfüllen:

„Da sind fünf Oberpunkte, also fünf Schritte. Und für jeden Schritt bekommt Ihr jetzt ein DIN A4 Blatt, Sw1, Sm10. Und dieses DIN A4 Blatt darf beschriftet werden [...] Wie viel jetzt auf diesem Zettel draufsteht, das ist Euch überlassen. Wie Ihr diesen Zettel beschriftet, gestaltet ist auch letztendlich Euch überlassen" (Z. 201–206).

Es stellt sich dann heraus, dass jede Gruppe insgesamt fünf DIN A4 Zettel bekommt. Es bleibt offen, ob jedes Gruppenmitglied eines der Blätter bearbeiten soll oder ob alle auf jedes Blatt etwas schreiben. Im Verlauf der Gruppenarbeit stellt sich dann heraus, dass jede Kleingruppe einen „Experten" benennen wird, der die Gruppenergebnisse vorträgt.

Liest man solche Arbeitsanweisungen, stellt man fest, wie viel wertvolle Unterrichtzeit mit umständlichen und unzureichenden Hinweisen vertan wird, ohne dass die Schülerinnen und Schüler letztlich so von der Zusammenarbeit profitieren können, wie man es sich wünscht. Es sei daran erinnert, dass Hattie die Klarheit der Lehrperson (*Teacher clarity*) unter Rang 8 (von 138 Faktoren) mit einer Effektstärke von d = 0.75 aufführt und auch die Lehrstrategien (*Teaching strategies*) hohe Effekte erzielen (d = 0.60, Rang 23). Außerdem nimmt die Strukturierung des Unterrichts bei allen Experten einen der ersten Plätze ein.

Wenn ich den (anonymen) Lehrpersonen der Transkripte gleichsam den Spiegel vorhalte, dann tue ich das, damit wir aus Fehlern, die wir mit Sicherheit bisweilen auch selbst machen, lernen. Wie wir an diesem Beispiel sehen, genügt es nicht, eine ungefähre Vorstellung davon zu haben, womit man die Lernenden beschäftigen kann. Vielmehr geht es darum sich zu fragen, was die Schülerinnen und Schüler bei einer Übungsaktivität lernen. Sind die Grundlagen gelegt, damit sie selbstständig üben können? Welches Wissen und welche Fähigkeiten sollen sie in diesem besonderen Fall überhaupt anwenden?

Die Hauptschwierigkeit besteht meiner Ansicht nach bei der Interpretation der vom Lehrer vorgegebenen Karikaturen darin, dass die Lernenden kein Konstrukt, geschweige denn ein Konzept von ‚Karikatur‘ entwickeln und mit anderen Konzepten, wie z. B. Cartoons, vernetzen können. Selbstverständlich konstruiert jeder einzelne Lernende aufgrund einer Vielzahl individueller Faktoren seine eigene Vorstellung von ‚Karikatur'. Es sollte aber ein Konzept in seinen Anfängen entwickelt worden sein, bevor man es beim Üben anwenden und dadurch ausbauen kann. Zum Vergleich führe ich ein Methodenblatt an, welches die Bundeszentrale für politische Bildung veröffentlicht hat. Wie bei den meisten Vorschlägen, die man im Internet findet, geht auch hier eine Definition des Begriffs ‚Karikatur' voraus:

Karikaturen interpretieren

> Karikaturen (ital. caricare = überladen) begegnen uns als visuelle Satire tagtäglich in den Medien. Es sind klar erkennbare Zeichnungen, die zu Personen und politischen Sachverhalten in parteilicher Weise zugespitzte Aussagen machen. Sie fordern zum Lachen auf und sind spöttischer Kommentar zu einem aktuellen gesellschaftlich-politischen Problem. Ihr Ziel ist es Kritik zu üben an Repräsentanten der Politik, politischen Programmen und Entscheidungen. Karikaturen sind immer aktuell und meist nur vor dem Hintergrund des momentanen politischen Geschehens verständlich.

Wie wertest Du eine Karikatur aus? Wichtig sind drei Schritte:
1. Beschreibe möglichst genau, was dargestellt ist!
   (Die Szenerie, die Personen, die Handlung sowie den Stil der Zeichnung).
2. Deute nun die Karikatur, indem du die Aussage der Karikatur erläuterst!
   (Auf welches aktuelle Problem nimmt der Zeichner Bezug, was genau kritisiert er? Für welche Position ergreift er Partei?)
3. Beurteile: Teilst du die Sichtweise des Karikaturisten oder bist du anderer Meinung?

Arbeitsauftrag:
1. Werte die Karikatur nach der obigen Vorgehensweise aus.
   FORSCHEN MIT GRAFSTAT *www.forschen-mit-grafstat.de*
   Methoden/Arbeitsblätter
   © *Bundeszentrale für politische Bildung*

Fazit: Üben, und das gilt für eine selbstständige Übungsaktivität in besonderem Maß, dient dazu, Wissen, Fertigkeiten und Fähigkeiten für Anwendung und Transfer verfügbar zu machen. Also bitte nicht stricken ohne Wolle (vgl. WELLENREUTHER 2004, ²2010), oder englisch ausgedrückt: "If we may, the horse must be well and truly before the cart when it comes to effective instruction and learning." (LIEM & MARTIN 2013: 368). Selbstverständlich wollen wir die logische und empirisch belegte Abfolge beim Lehren und Lernen doch gar nicht umkehren. Wieso sollten wir das Pferd hinter den Karren spannen wollen?, fragen jetzt manche von Ihnen.

Natürlich wollen wir das nicht, aber es passiert uns manchmal doch, weil wir den Unterricht nicht hinreichend durchdacht und geplant haben.

8.5   Die Zusammenfassung des Gelernten

Hattie weist besonders nachdrücklich daraufhin, dass jede Lernaktivität mit zusammenfassenden Überlegungen abgeschlossen werden muss. Ein solcher Schlussteil ist nicht nur für das Ende jeder Unterrichtseinheit und jeder Unterrichtsstunde vorzusehen. Auch bei Einschnitten innerhalb der Unterrichtsstunde selbst kann man zusammen mit den Schülerinnen und Schülern darüber reflektieren, was sie bisher erreicht haben, wie sie diese Stufe der Lernleiter erklommen haben und was noch zu tun bleibt, bis sie oben angekommen sind.

Der Schlussteil, so Hattie (vgl. Kap. 5), soll den Lernenden helfen, die Dinge in ihren Köpfen zusammenzuführen und dem soeben Gelernten einen Sinn zu geben. Er soll sie unterstützen, ihr Lernen zu organisieren und zu festigen sowie Zusammenhänge herzustellen. Verwirrung und Frustration sollen abgebaut werden, insgesamt sollen die wichtigsten Punkte des Gelernten verstärkt werden. Im Schlussteil werden die Kernpunkte der Unterrichtsstunde erneut betrachtet und gegebenenfalls geklärt, damit sie zu einem zusammenhängenden Ganzen geformt werden können. Dadurch soll sichergestellt werden, dass die Schülerinnen und Schüler das Gelernte tatsächlich anwenden, sobald sie Gelegenheit dazu haben.

Der Schlussteil einer Lern- und Übungsaktivität gibt der Lehrperson und den Lernenden die Möglichkeit zu überprüfen, ob das Gelernte Teil ihres konzeptuellen Netzwerks geworden ist, ob es bei ihnen „angekommen ist". Stellt sich heraus, dass bei einzelnen Schülerinnen oder Schülern noch Unklarheiten bzw. irrige Vorstellungen bestehen, kann versucht werden, sie im Gespräch mit Peers und/oder der Lehrperson zu klären. Ist aber Grundlegendes nicht verstanden worden, dann muss bei einem geeigneten Schritt der in den letzten Kapiteln beschriebenen Phasen lernwirksamen Unterrichts erneut eingesetzt werden, bevor das Gelernte als einigermaßen gesichert gelten kann.

Solche Lernschleifen haben nichts mit unzureichender Professionalität von Lehrpersonen zu tun. Sie sind vielmehr ein Zeichen dafür, dass die Lehrperson sich nach Kräften bemüht, größere Lernerfolge für alle Schülerinnen und Schüler zu erzielen.

8.6   Es geht noch weiter: Die Fortsetzung der Reise

„Wir müssen noch mal los!", rief Filomena. „Unsere Reise geht weiter." „Aber wieso denn?" Wir haben doch durch die Zusammenfassung des Gelernten einen Abschluss erreicht." „Und wonach sollen wir jetzt konkret suchen?" „Was brauchen wir denn jetzt noch?", fragen alle durcheinander. Aber Filomena hat klare Vorstellungen: „Das, was wir bisher erreicht haben, muss immer aufs Neue wiederholt werden, bis wir wirklich am Ende des *mastery learning* angekommen sind.

Wir müssen bei möglichst vielen Schülerinnen und Schülern die Automatisierung des Gelernten erreichen. Ich sage nur: *spaced vs. massed practice*". Wir waren beeindruckt. Aber Filomena war noch nicht fertig: „Wir wissen bisher viel zu wenig über kooperatives Lernen, z. B. *reciprocal teaching*, und klare Vorstellungen vom Feedback in den verschiedenen Phasen des Unterrichts haben wir auch noch nicht. Und dann ist da noch etwas, aber regt euch nur nicht auf: Im Rahmen von Feedback muss es sehr häufig kleine mündliche und/oder schriftliche Überprüfungen geben." „Meinst Du Tests?" Hectors Miene verdüsterte sich. „Ja, aber nicht wie Du sie kennst, sondern in anderer Form. Du wirst schon sehen!" Also packten wir unsere Sachen, trugen die inzwischen leere Schatztruhe aufs Schiff und segelten los.

9. Lernwirksame Unterrichtspraxis IV: Vertiefung durch kooperative und handlungsorientierte Lernformen

David C., den Lehrer an der reformpädagogisch ausgerichteten Ganztagsschule (vgl. Kap. 2), hat es nach anfänglicher Skepsis regelgerecht gepackt. Er hat die zwei Bücher von Hattie, die Studie von 2009 und das Lehrerhandbuch von 2012, ganz durchgelesen und an vielen Stellen sogar regelrecht durchgearbeitet. Dabei ist er zu folgenden Einsichten gelangt:

Das, was seine Kolleginnen und Kollegen sowie er selbst als individualisiertes Lernen bezeichnen, ist stark lehrergesteuert. Dadurch, dass er und die Kollegen die Lehrperson in den Vorgaben „unsichtbar" machen, ist der Spielraum für die Lernenden sogar eingeschränkt. In den Lehrerteams versuchen sie nämlich, Missverständnisse und Fehleinschätzungen in den Materialvorgaben von vornherein auf ein Minimum zu beschränken. Hingegen wären laut geäußerte „Fehler" und deren Aufarbeitung im Plenum ohne Zweifel ein Gewinn.

Inzwischen ist David sich sicher, dass die die Schülerinnen und Schüler von den Interaktionen im sogenannten Klassenunterricht zusätzlich profitieren könnten. Zwar gibt es zahlreiche Feedback-Kontakte zwischen den Lernenden und der Lehrperson, während die Schülerinnen und Schüler sich das Material allein, in Tandems oder Kleingruppen erarbeiten. Häufigere „Lehrkontakte" mit den Peers über die eigenen Gruppierungen hinaus könnten zusätzliche Lerneffekte bewirken.

Außerdem ist David davon überzeugt, dass die bei Hattie (2009: 204) angedeutete Dichotomie "constructivism good, direct instruction bad" falsch ist. Auch interaktiver Klassenunterricht basiert auf Prinzipien des Konstruktivismus. Deshalb stören David Begriffe wie beispielsweise ,Direkte Instruktion' oder ,Offener Unterricht' inzwischen beträchtlich. Nur zu leicht wird in einen Begriff etwas hineingelegt, was zu unproduktiven Konfrontationen führen kann. Ist Lernen nicht stets ein individueller Vorgang? Konstruieren die Lernenden nicht immer ganz eigene Vorstellungen von einem Lerninhalt?

Noch etwas ist ihm durch die Lektüre oder besser das Nachdenken über das, was Hattie schreibt, klargeworden. Dass die Schülerinnen und Schüler seiner Schule bei Vergleichsarbeiten und den internationalen Studien gut abschneiden, liegt vermutlich daran, dass sie in der überwiegenden Mehrzahl aus der Mittel- oder der

Oberschicht stammen. Die meisten Eltern sind engagiert und verfolgen die Schritte ihrer Kinder kontinuierlich mit. Auch bei kleineren Lernrückständen erhalten die Kinder sofort Nachhilfeunterricht. Zudem erfahren sie im Elternhaus zahlreiche lernförderliche Anregungen.

David hat einen Traum, weiß aber, dass er nur sehr schwer zu verwirklichen sein wird: Er möchte gern bei der jährlichen Auswahl der Schülerinnen und Schüler – die Schule hat weit mehr Anmeldungen, als sie berücksichtigen kann – einen Anteil von ca. 25 Prozent für Kinder aus sogenannten bildungsfernen Schichten vorsehen. Die Schulleitung könnte er von einer solchen „Quote" vermutlich überzeugen. Bei den meisten Kolleginnen und Kollegen hingegen würde er auf erbitterten Widerstand stoßen.

Er stellt seinen „Traum" erst einmal zurück und bereitet sich auf die nächste Sitzung des Lehrerteams vor: Er wird einige Formen der Gruppenarbeit und des Lernens in Projekten, für die hohe Effektstärken nachgewiesen sind, vorstellen. Vor allem aber wird er den Kolleginnen und Kollegen klarzumachen versuchen, dass kooperatives und handlungsorientiertes Lernen der Vertiefung des Gelernten dienen, wenn der „Lernzyklus" einmal durchlaufen ist. Dann sind sie unerlässlich. Zur Erarbeitung „neuer" Lerninhalte ist kooperatives und handlungsorientiertes Lernen einfach zu zeitaufwendig, auch wenn lernstarke Schülerinnen und Schüler damit zurechtkommen.

9.1 Vertiefung und Konsolidierung

Das im letzten Kapitel beschriebene Üben darf keineswegs als Abschluss der Beschäftigung mit dem neuen Lernstoff angesehen werden. Angeleitetes und selbstständiges Üben stellen vielmehr das Ende dessen dar, was als erstes Durchlaufen des Lernzyklus – gegebenenfalls mit einer oder mehreren Lernschleifen – betrachtet werden kann. Das auf die Darbietung bzw. Präsentation folgende angeleitete Üben dient der Überprüfung des Verständnisses durch kontinuierliches Feedback und der Vorbereitung der Überführung des neuen Lernstoffs ins Langzeitgedächtnis. Um das Arbeitsgedächtnis nicht zu überlasten, erfolgt das Üben unter Anleitung der Lehrperson relativ gezielt und kleinschrittig. Erst dann schließt sich sinnvollerweise das selbstständige Üben an, welches unauffälliger von der Lehrperson „überwacht" wird und hauptsächlich in der Auseinandersetzung mit den Peers erfolgt. Den meisten Schülerinnen und Schülern eröffnet dieses vertiefende Üben die Möglichkeit, den „neuen" Lerninhalt ansatzweise in ihr Langzeitgedächtnis zu überführen.

Um die Lerninhalte und -erfahrungen zu sichern und zu vertiefen, muss auf den ersten Lernzyklus in den folgenden Unterrichtsstunden und -wochen das sogenannte Überlernen folgen. „Nur ein Lernen und Üben, das noch durchgeführt wird, obwohl die Inhalte schon reproduziert werden können, also scheinbar schon sicher beherrscht werden, stellt sicher, dass die Inhalte fest in der kognitiven Struktur verankert werden" (WELLENREUTHER 2004, ^{2}2010: 335).

Für das Überlernen, bei dem der Lernstoff in variationsreichen, motivierenden und zunehmend „realistischeren" Kontexten geübt wird, sehen die meisten Experten mindestens vier Wiederholungen vor. Der zeitliche Rahmen, in dem die Wiederaufnahme des Lernstoffs erfolgen soll, wird auf die Formel „verteiltes vs. massiertes Üben" (*spaced vs. massed practice*) gebracht. Die Effektstärke von zeitlich verteilten Übungen ist nach Hattie (2009: 185) sehr hoch, nämlich d = 0.71. Auch er weist darauf hin, dass es nicht darum geht, mehr Zeit mit dem Lernstoff zu verbringen (HATTIE 2009: 185):

> It is not over learning for the sake of it. Deliberate practice increases opportunities to not only enhance mastery but also fluency [...]. This is not "drill and practice", which so often can be: dull and repetitive; involve minimal feedback; not extend or provide multiple different experiences; not provide sufficient contextual variability to facilitate transfer of learning; and not be embedded in the context of the deeper and conceptual understandings that are part of the more total learning experience, and which so often aims at the surface knowledge.

Überlernen nach Hattie beinhaltet folglich:
- Variation und Ideenreichtum
- hinreichendes Feedback
- unterschiedliche multiple Erfahrungen
- kontextuelle Abwechslung zur Erleichterung des Transfers
- Einbettung in tieferes und konzeptuelles Verstehen

Für ein solches Überlernen in zeitlichem Abstand eignen sich insbesondere kooperative und bei entsprechender Planung auch handlungsorientierte Lernformen, wie z. B. das Lernen in Projekten.

9.2   Grundlagen kooperativen Lernens

Kooperatives Lernen hat wenig mit Gruppenarbeit nach dem Motto: „Ja, jeder das gleiche. Und gegenseitig helfen, bitte. Ich werde rumgehen und euch natürlich auch helfen" (vgl. Kap. 8) zu tun. Im Lehr- und Lernzusammenhang bedeutet Kooperation die Zusammenarbeit der Schülerinnen und Schüler in kleinen Gruppen, so dass jedes Gruppenmitglied für sich und für alle (!) anderen Gruppenmitglieder maximale Lerneffekte erzielt. Mit anderen Worten: Eine Gruppenarbeit im Sinne des kooperativen Lernens muss von der Lehrperson so geplant sein, dass dies auch möglich ist. "Within cooperative situations, individuals seek outcomes that are beneficial to themselves and beneficial to all other group members" (JOHNSON & JOHNSON 2013: 372).

Untersucht man eine Reihe von Transkripten des Archivs für pädagogische Kasuistik (APAEK; vgl. Kap. 7) in Bezug auf die Gestaltung von Gruppenarbeit, so stellt man fest, dass häufig individualistisches oder auch konkurrierendes Arbeiten initiiert wird. Möglicherweise sind sich die Lehrpersonen dieser Ausrichtung gar nicht bewusst bzw. intendieren eigentlich eine echte Zusammenarbeit. Beim *individualistic learning* arbeiten die Lernenden mit dem Ziel, für sich selbst gute Lerneffekte zu erzielen, ohne die Ergebnisse anderer Gruppenmitglieder in ihre Arbeit einzubeziehen. Sie halten sie für irrelevant. *Competitive learning* hingegen besagt: Jedes Gruppenmitglied tritt zu den anderen in Wettbewerb, um für sich selbst maximale Wirkungen zu erzielen, gegebenenfalls auf Kosten der anderen.

Hattie (2009: 212ff.) stellt die Ergebnisse der einzelnen Formen von Gruppenarbeit vor:

- *cooperative learning versus heterogeneous classes (d = 0.41)*
- *cooperative versus individualistic learning (d = 0.59)*
- *cooperative versus competitive learning (d = 0.54)*
- *competitive versus individualistic learning (d = 0.24)*

Marzano et al. (2001) geben die Effektstärke von kooperativem Lernen insgesamt mit 0.73 an. Die Unterschiede in den Effektgrößen zwischen den beiden Forschern ergeben sich mit großer Wahrscheinlichkeit dadurch, dass Marzano den Lerneffekt hinsichtlich anderer Kriterien misst als Hattie, der bekanntlich auf kognitive Leistung fokussiert. Zudem geht Marzano bei der Auswahl der Primäranalysen anders vor als Hattie; der amerikanische Forscher gründet seine Ergebnisse größtenteils auf empirisch-experimentelle Studien, teilweise auch auf eigene Untersuchungen (vgl. Kap. 2).

Johnson & Johnson (vgl. Cooperative Learning Institute www.co-operation. org), die als weltweit führende Experten für kooperatives Lernen gelten, auf die sich auch Hattie stützt, haben mehrfach detaillierte Übersichten über die Auswirkungen des kooperativen Lernens auf verschiedene Bereiche, nämlich fachliches und soziales Lernen sowie die Selbsteinschätzung, in Form von Effektstärken vorgelegt. Sie fassen die Ergebnisse ihrer Forschungen folgendermaßen zusammen (JOHNSON & JOHNSON 2013: 372): "Cooperative Learning has powerful effects on academic achievement. It is directly based on social interdependence theory, there are hundreds of research studies validating its effectiveness, and there are clear operational procedures for educators to use."

Johnson & Johnson, wie auch Hattie, Marzano, Wellenreuther und viele andere Wissenschaftler, räumen kooperativem Lernen höchste Priorität ein. Sie schließen aber auch andere Formen nicht gänzlich aus. Johnson & Johnson (2013: 374) nennen sieben Voraussetzungen, unter denen auch der Wettbewerb der Schülerinnen und Schüler untereinander lernförderlich sein kann, nämlich u.a. dann, wenn konkurrierendes Vorgehen in einem kooperativen Kontext erfolgt und die Ergebnisse des Wettbewerbs nicht überbewertet werden. Ähnliches gilt für individualistisches Lernen in einem Kontext der Kooperation. "Appropriate competitive and individualistic lessons may be used for fun changes of pace and to provide some variety in instructional situations" (ibid.: 374). Also: Spaß muss sein, Abwechslung erfreut.

9.3 Formen kooperativen Lernens

Über das oben genannte Hauptmerkmal des kooperativen Lernens hinaus, nämlich größere Lerneffekte für alle Gruppenmitglieder bei wechselseitiger Verantwortung der Lernenden füreinander, gibt es weitere Aspekte, die bei allen Formen des *cooperative learning* zu berücksichtigen sind (vgl. WELLENREUTHER 2011a, 2011b; JOHNSON & JOHNSON 2013: 373):

- Es muss ein positiver Zusammenhalt unter den Gruppenmitgliedern bestehen, d.h. die Lernenden wissen, dass kein Mitglied ohne die anderen erfolgreich sein kann.
- Jedes Gruppenmitglied fühlt sich dafür verantwortlich, seinen individuellen Teil zur Gruppenarbeit beizusteuern, damit das gemeinsame Ziel erreicht wird.
- Die Gruppenmitglieder unterstützen sich durch geeignete Interaktion und den Austausch von Ressourcen fachlich und sozial-affektiv.
- Vor der Gruppenarbeit müssen sich die Schülerinnen und Schüler mit dem Verhalten beim kooperativen Lernen vertraut machen, d.h. sie müssen unter Anleitung der Lehrperson *interpersonal* und *small-group skills* einüben.
- In zeitlichen Abständen sind meta-kognitive Strategien hilfreich: Die Gruppenmitglieder tauschen sich darüber aus, wie gut sie die gesetzten Ziele erreicht haben, welches Verhalten in der Gruppe mehr oder weniger produktiv war und wie mögliche Veränderungen und Verbesserungen erzielt werden können.
- Am Ende (bisweilen auch am Anfang und am Ende) einer kooperativen Lernphase steht ein formativer (Selbst-)Test mit dem Ziel, den Lernschwächeren zusätzliche Hilfen zu geben.

Im Folgenden betrachten wir vier gängige Formen der Gruppenarbeit auf ihre Lernwirksamkeit:
1. das Gruppenpuzzle (*jigsaw*)
2. das Gruppenturnier (*TGT, Teams-Games Tournament*)
3. die Gruppenrallye (*STAD, Student Teams-Achievement Divisions*)
4. das Individualisierte Lernen mit Teamunterstützung (*TAI, Team Assisted Individualization*)

▶ 1. Beim Gruppenpuzzle, auch *Jigsaw-Method* genannt, unterteilt die Lehrperson den neuen (!) Lernstoff beispielsweise in vier Bereiche. Dann werden Gruppen à vier Schülerinnen und Schüler gebildet. Jedes Gruppenmitglied ist als „Experte" für jeweils einen Teilbereich zuständig. Zunächst bearbeiten die Lernenden das Thema arbeitsteilig in ihrer Vierer-Gruppe. Dann treffen sich die jeweiligen „Experten" des gleichen Teilbereichs und tauschen sich untereinander aus. Anschließend kehren sie in ihre Stammgruppen zurück. Jedes Gruppenmitglied berichtet den anderen über die Ergebnisse seiner Recherchen. Auf diese Weise sollen alle in die Lage versetzt werden, die gesamte Aufgabe zu bewältigen. Am Ende steht ein Test, in dem alle Schülerinnen und Schüler zum gesamten Thema geprüft werden.

Man mag mir entgegenhalten, dass es in diesem Kapitel und insbesondere in diesem Abschnitt um Formen kooperativen Lernens gehen soll, die der Konsolidierung und Vertiefung bereits erarbeiteten Lernstoffs dienen. Beim Gruppenpuzzle hingegen wird nicht auf vorhandenem Wissen oder verfügbaren Fertigkeiten bzw. Fähigkeiten aufgebaut, sondern die Gruppen bearbeiten ein Thema selbstständig, d.h. ohne dass die Lehrperson zuvor durch Darbietung oder Präsentation sowie angeleitetes und selbstständiges Üben entscheidende Grundlagen gelegt hätte. Das ist auch der Grund dafür, dass Wellenreuther (2011a) bei seinen Ausführungen zu den Möglichkeiten effektiver Gruppenarbeit das Gruppenpuzzle hinsichtlich der Verbesserung kognitiver Leistungen eher negativ bewertet; es sei in dieser Hinsicht kaum lernwirksamer als „normaler" Klassenunterricht.

Wellenreuther (2011b) räumt jedoch ein, dass die Stärken des Gruppenpuzzles vornehmlich im Bereich der Motivation und des sozialen Lernens liegen. Das sieht man an der Effektstärke, die Petty (^{2}2009: 145) für das *Jigsaw* angibt, nämlich 0.75.

Petty befürwortet das Gruppenpuzzle vor allem aus folgendem Grund: Er sieht darin die Möglichkeit, in multiethnisch zusammengesetzten Klassen die Separierung der Ethnien gezielt aufzubrechen:

> Such thoughts are often criticised as ‚social engineering', or as patronizing, or even racist, but I am unrepentant. It is not disrespectful of a student, or of an ethnic group, to want to include them, and to want them both to understand others and to be understood by others. It is not patronizing or racist to want everyone in our society to flourish.
>
> I believe we must have it all, multiculturalism and a less divided society. The identity that comes from difference and a shared set of values worked out in real-world encounters with each other. Classrooms may be the very best place to do this (PETTY ^{2}2009: 144) (Hervorhebungen des Autors).

Auch wir sollten darauf beharren, im Sinne der *inclusion of cultural diversity* (vgl. DE FLORIO-HANSEN 2011), Gruppenarbeit unter diesem Blickwinkel zu betrachten und einzusetzen.

Die folgenden drei Formen kooperativen Lernens (2–4) bauen auf Wissen, Fertigkeiten und Fähigkeiten auf und sind bei der Konsolidierung und Vertiefung des Lernstoffs hilfreich.

▶ 2. Das Gruppenturnier (TGT, *Teams-Games Tournament*) geht, ebenso wie die beiden folgenden Formen des *cooperative learning* auf den US-amerikanischen Forscher Slavin ([2]1995) zurück. Es ist eine Form des Wettbewerbs, bei dem Schülerinnen und Schüler mit etwa gleichem Leistungsvermögen miteinander konkurrieren. Die Lehrperson gruppiert die einzelnen Leistungsgruppen an je einem Gruppentisch. Sie erhalten Aufgabenkarten, die auf das jeweilige Niveau abgestimmt sind. Schüler 1 nimmt eine Karte vom Stapel und liest die Aufgabe vor. Die anderen Lernenden schreiben die Lösung auf, die dann abgeglichen wird. Für jede richtige Antwort dürfen sich die Schülerinnen und Schüler einen Punkt gutschreiben. Dann nimmt Schüler 2 eine Karte auf, liest die Aufgabe vor usw. Beim Gruppenturnier können Tests entfallen.

▶ 3. Bei der Gruppenrallye, STAD (*Student Teams-Achievement Divisions*) erhalten die Lernenden nach der Erarbeitung „neuer" Lerninhalte pro Tandem zwei unterschiedliche Arbeitsbögen. Während Tandempartner 1 die Aufgaben des einen Arbeitsblatts unter Einsatz des Lauten Denkens löst, unterstützt ihn Tandempartner 2 dabei. Dann bearbeitet Tandempartner 2 die Aufgaben des zweiten Arbeitsblatts, wiederum laut denkend, und wird dabei von Tandempartner 1 unterstützt. Finden die beiden Lernenden keine einvernehmlichen Lösungen, können sie andere Tandemgruppen um Rat bitten. Kommen sie auch dann nicht weiter, steht die Lehrperson als Ansprechpartner/in zur Verfügung. Am Schluss findet ein individueller Test für jeden Lernenden statt. Der Erfolg der Tandemgruppe wird auf der Grundlage der Testergebnisse der beiden Partner festgestellt. Selbstverständlich kann die Gruppenrallye auch in Vierergruppen stattfinden. Slavin weist ausdrücklich darauf hin, dass dann jede Vierer-Gruppe aus einem leistungsstarken Lernenden, zwei aus dem Mittelfeld und einem lernschwächeren Lernenden bestehen sollte und jeder jeden so unterstützt, dass alle größere Lerneffekte erzielen und beim individuellen Abschlusstest ein gutes Gruppenergebnis erreichen.

▶ 4. TAI (*Team Assisted Individualization*) wird im Deutschen meist mit dem Begriff ‚Individualisiertes Lernen mit Teamunterstützung' wiedergegeben. Das könnte leicht zu der irrigen Annahme führen, diese Variante der Gruppenarbeit habe etwas mit individualisiertem Lernen im Sinne der im deutschsprachigen Raum propagierten offenen Unterrichtsformen zu tun. Ebenso wie die Gruppenrallye ist TAI für Slavin jedoch ein lernförderlicher Bestandteil von Direkter Instruktion, denn bei beiden Formen geht die Darbietung des neuen Lernstoffs voraus. Wellenreuther (2011a: 294) beschreibt das Vorgehen beim Individualisierten Lernen mit Teamunterstützung in den wesentlichen Einzelheiten:

1. und 2. Stunde: Der Lehrer führt in den neuen Gegenstand ein.

3. Stunde: Schüler bearbeiten zunächst individuell ein Arbeitsblatt (z. B. 5 Aufgaben). Die Lösungen werden untereinander sowie mit dem Lösungsbogen verglichen. Wenn die Aufgaben einer von zwei bis drei Aufgabenboxen mit je vier bis fünf Aufgaben alle richtig gelöst sind, ist der Schüler zu den Check-out-Tests zugelassen. Bei Verfehlen dieses Kriteriums sollten zunächst die Gruppenmitglieder, und falls notwendig der Lehrer um Hilfe gebeten werden, um zu gewährleisten, dass der zweite Test bestanden wird.

4. Stunde: Wenn er den ersten Check-out-Test wiederum besteht (80 % korrekt), ist er zum Endtest zugelassen. Besteht er den ersten Check-out-Test nicht, kann er individuelle Hilfen vom Lehrer erhalten, um dann den zweiten Check-out-Test zu erhalten.

5. Stunde: Individueller Endtest. Der Erfolg der Gruppe wird auf der Basis dieser individuellen Testergebnisse ermittelt.

Empirische Studien belegen, dass die bisher genannten Formen kooperativen Lernens für alle Leistungsniveaus, alle Altersstufen und alle Fächer gleichermaßen geeignet sind. In jedem Fall müssen die Lernenden auf die Gruppenphase, wie oben kurz erwähnt, vorbereitet werden. Das kann je nach Alter der Schülerinnen und Schüler mehr oder weniger Zeit in Anspruch nehmen. Im englischsprachigen Raum stehen Videos zur Verfügung, die den Lernenden die einzelnen Schritte anhand von motivierenden Beispielen vorführen.

9.4   Reziprokes Lernen

Während die zuvor beschriebenen Formen der Gruppenarbeit für alle und alles eingesetzt werden können, ist das reziproke Lernen bei der Verbesserung von Lesekompetenz besonders effektiv. Die englische Bezeichnung *Reciprocal Teaching* ist insofern treffender, als die Schülerinnen und Schüler bei dieser Form des kooperativen Lernens abwechselnd in die Lehrerrolle schlüpfen.

Die Methode geht auf Palincsars Dissertation an der *University of Illinois, Urbana-Champaign,* USA aus dem Jahr 1982 zurück (vgl. Palincsar & Brown 1984). Sie ist von der Wissenschaftlerin und ihren Mitarbeitern durch die verschiedensten empirischen Studien immer wieder überprüft worden. Aber auch andere Forscher haben sich intensiv mit dem *Reciprocal Teaching* auseinandergesetzt:

> Rosenshine and Meister (1994) completed a meta-analysis of 16 studies of RT [Reciprocal Teaching], conducted with students from age 7 to adulthood, in which RT was compared with: traditional basal reading instruction, explicit instruction in reading comprehension, and reading and answering questions.

They determined that when standardized measures were used to assess comprehension, the median effect size, favoring RT, was .32. When experimenter-developed comprehension tests were used, the median effect size was 88 (PALINCSAR 2013: 369).

In der genannten Meta-Analyse wurde das Reziproke Lernen mit anderen, auch bei uns üblichen Verfahren zur Verbesserung der Lesekompetenz, z. B. der Beantwortung von Fragen zum Text, verglichen. Die von Palincsar eingeführte Form der kooperativen Verbesserung des Leseverständnisses hat immer wieder ihre Überlegenheit im Vergleich zu anderen Lehr- und Lernstrategien bewiesen, z. B. auch bei Englisch lernenden Schülerinnen und Schülern in Ländern außerhalb der USA (FUNG et al. 2002).

Es ist daher nicht verwunderlich, dass hohe Effektstärken für das Reziproke Lernen angegeben werden: In der Hattie-Studie (2009: 204) nimmt es Rang 9 mit d = 0.74 ein; Petty (^{2}2009: 154) gibt, gestützt auf Marzano, 0.86 an.

Worin besteht nun das Reziproke Lernen? Wie läuft es ab? Am besten arbeiten die Lernenden in Vierergruppen zusammen, weil das Verfahren aus vier Schritten besteht. Die Schülerinnen und Schüler erhalten einen Sachtext bzw. den Auszug aus einem Sachtext, der den zuvor erarbeiteten Lernstoff vertieft. Es sollte sich um einen Text handeln, der an ihr Leseverstehen gewisse Anforderung stellt, die Herausforderung muss aber zu bewältigen sein.

Zunächst lesen die Lernenden den Text bzw. den angegebenen Textabschnitt jeder für sich in Stillarbeit durch.

1. Schritt: Fragen (*Questioning*)
Der ‚Lehrer' – das sollte zunächst die Lehrperson und, wenn die Schritte des Reziproken Lernens eingeübt sind, eine Schülerin oder ein Schüler sein – stellt den anderen Gruppenmitgliedern Fragen. Zunächst kann es sich um eine relativ allgemein gehaltene Frage zum Inhalt des Textes handeln. Die Gruppenmitglieder stimmen sich bezüglich der Antwort ab. Diese wird vom ‚Lehrer' evaluiert und gegebenenfalls erläutert oder korrigiert. Es schließen sich weitere, speziellere bzw. komplexere Fragen an.

2. Schritt: Zusammenfassung (*Summarizing*)
Ein ausgewähltes Gruppenmitglied fasst den Text zusammen. Die anderen prüfen die Zusammenfassung und korrigieren sie gegebenenfalls.

3. Schritt: Klärung (*Clarifying*)
Ein anderes Mitglied der Gruppe ist dafür zuständig, schwierige Textstellen zu erläutern und auftretende Fragen einer Klärung näher zu bringen. Auch hier erfolgt die Evaluation durch die Gesamtgruppe. (Dieser Schritt entfällt, wenn es keinen Klärungsbedarf gibt. Vermutlich war der Text dann zu leicht.)

4. Schritt: Vorhersage (*Predicting*)

Der vierte Lernende in der Gruppe ist dafür zuständig vorherzusagen, was im nächsten Abschnitt bzw. im folgenden Teil des Textes behandelt wird. Diese Hypothesen werden durch diejenigen der anderen Gruppenmitglieder ergänzt und später am Text überprüft. (Die Bildung von Hypothesen kann entfallen, wenn Vorhersagen über den Fortgang des Textes nicht sinnvoll erscheinen.)

Bisweilen lesen sich die Lernenden einer Gruppe den Text nach dem „stillen" Lesen auch wechselseitig (noch einmal) laut vor. Jede/r Lernende sollte nach und nach in jeder Rolle tätig werden. In allen Phasen verfolgt die Lehrperson die Fragen und Antworten, die Zusammenfassung und das Verständnis mit und gibt gezielt Rückmeldung hinsichtlich der Qualität des erreichten Lernstands.

Reziprokes Lernen ist aus einer Reihe von Gründen nicht einfach. Man sollte aber – auch bei anfänglichen Schwierigkeiten – nicht auf diese hochwirksame und abwechslungsreiche Form kooperativen Lernens verzichten. In aller Regel sind zunächst nicht alle Schülerinnen und Schüler den verschiedenen Rollen in gleicher Weise gewachsen. Auch die Evaluation der einzelnen Darbietungen beim Fragen und Antworten, bei der Zusammenfassung, beim Erklären und beim Vorhersagen stellt hohe Anforderungen an die Lernenden. Deshalb sollte das Verfahren nach und nach eingeführt und eingeübt werden. Zunächst übernimmt die Lehrperson die entscheidende Rolle. Dann können die Lernenden sich abwechselnd an einem Schritt, z. B. dem Stellen von Fragen, „erproben". Sind alle Schülerinnen und Schüler mit diesem ersten Schritt weitgehend vertraut, werden mit der Zeit die folgenden Schritte geübt. So sieht es auch Hattie (2009: 204). Es kommt auf Passung und Adaption an: "Expert scaffolding is essential for cognitive development as students move from spectator to performer after repeated modeling by adults. The aim, therefore, is to help students actively bring meaning to the written word, and assist them to learn to monitor their own learning and thinking."

9.5 Vertiefung und Vernetzung durch handlungsorientiertes Lernen

Auch handlungsorientiertes Lernen, besonders der Projektunterricht, trägt zu einer Vertiefung und Vernetzung bereits verfügbarer Lerninhalte bei. Es gelten, mit geringfügigen Veränderungen, die gleichen Prinzipien wie bei jeder Form kooperativen Lernens (vgl. 9.3). Insbesondere ist beim Lernen in Projekten darauf zu achten, dass das Hauptgewicht auf den Lernprozessen und weniger auf dem Produkt liegt. Steht letzteres im Vordergrund, so ist meistens nicht gewährleistet, dass alle Schülerinnen und Schüler sich gleichermaßen an seiner Erstellung beteiligen.

Auch handlungsorientierter Unterricht sollte den gesamten Lernprozess im Blick behalten, angefangen von der ersten Einführung in einen Gegenstand bis hin zur Festigung, Konsolidierung und Differenzierung von anderen, ähnlichen Gegenständen. Wie bei der direkten Instruktion und den Methoden der Gruppenarbeit geht es auch beim handlungsorientierten Unterricht um die Klärung der Bedingungen, unter denen dieser Unterricht für möglichst viele Schüler wirksam ist (WELLENREUTHER 2004, ²2010: 401).

Es ist zu vermuten, dass Projekte den Lernenden soziale Erfahrungen eröffnen und einen Lebensbezug herstellen, der im Klassenunterricht bzw. im Klassenzimmer nicht ohne Weiteres hergestellt werden kann. Außerdem wird handlungsorientiertes Lernen oft mit *learning by doing* sowie einem Lernen mit möglichst vielen Sinnen in Verbindung gebracht. Ob handlungsorientiertes Lernen diesem Anspruch tatsächlich gerecht wird, müsste im Einzelnen nachgeprüft werden. Bisher gibt es nur wenige empirische Forschungsarbeiten zum handlungs- bzw. projektorientierten Lernen im schulischen Unterricht.

Wellenreuther (2004, ²2010) analysiert eine quasi-experimentelle Untersuchung von MacKenzie & White (1982), bei der es um eine Feldexkursion im Geographieunterricht geht. Das wenig überraschende Ergebnis zeigt, dass die Schülerinnen und Schüler, welche selbst im Mangrovensumpf gewatet sind, nachhaltigere Lernergebnisse erzielen konnten als solche, die ihrem Lehrer beim Waten im Sumpf zugeschaut haben. Beide Experimentalgruppen zeigten gegenüber dem Klassenunterricht (= Kontrollgruppe) größere Lernerfolge.

Die Projektmethode, die im deutschsprachigen Raum seit den 1970er Jahren hohes Ansehen genießt, wird John Dewey (1934) zugeschrieben. Markham (2011: 38) definiert sie so: "PBL integrates knowing and doing. Students learn knowledge and elements of the core curriculum, but also apply what they know to solve authentic problems and produce results that matter." Der letzte Teil der Definition spricht für unser Anliegen, projektorientierte Lernformen zur Vertiefung und Vernetzung von Gelerntem zu nutzen.

Welche Effektstärken gibt Hattie für das *project-based learning* an? Dass dieser Begriff bei Hattie nicht vorkommt, mag daran liegen, dass *project-based learning* häufig mit *problem-based learning* (PBL) gleichgesetzt wird. Für *problem-based learning* wird d = 0.15 genannt (Rang 118). In den von Hattie kurz skizzierten Untersuchungsergebnissen erweist sich problembasiertes Lernen in den meisten Fällen als weniger effektiv im Vergleich zum Klassenunterricht. (Das *inquiry-based teaching – inquiry-based learning* kommt unter den Faktoren von Hattie nicht vor – erreicht eine Effektstärke von d = 0.32). Trotz des niedrigen Werts räumt Hattie (2009: 211) positive Effekte des *problem-based learning* bei vertieftem, konzeptuellem Lernen ein:

> For surface knowledge, problem-based learning can have limited and even nega-
> tive effects, whereas for deeper learning, when students already have the surface
> level knowledge, problem-based learning can have positive effects. That should
> not be surprising, as problem-based learning places more emphasis on meaning
> and understanding than on reproduction, acquisition, or surface level knowledge.

Die letzte empirische Untersuchung, auf die Hattie sich beruft, stammt aus dem Jahr
2005 (GIJBELS et al. 2005). Inzwischen hat es aber entscheidende Entwicklungen im
Bereich des PBL gegeben. Die *Purdue University, School of Education at Indiana
University,* USA arbeitet an einem Projekt, welches Forschungen zum PBL aus
vier Jahrzehnten sichtet, synthetisiert und weiterentwickelt. Dabei geht es in erster
Linie darum, an die Erfolge des PBL im medizinischen Bereich anzuknüpfen und
die verstreuten Arbeiten aus anderen Disziplinen zusammenzuführen, um die For-
schungspraxis zu vereinheitlichen. Das *Interdisciplinary Journal of Problem-based Learning* hat ein Sonderheft zur Wirksamkeit des problemorientierten Lernens
veröffentlicht (Vol. 3, Issue 1, 2009). Die Beiträge zeigen, dass – im Gegensatz zur
Medizinischen Ausbildung, in der PBL für das selbstständige Erarbeiten der Inhalte
eingesetzt wird – im pädagogischen Bereich größeres Gewicht auf Vertiefung und
Vernetzung vorhandenen Wissens und Könnens gelegt wird (vgl. *Ravitz* 2009).

Warum ich von diesem Projekt berichtete? Es eröffnet uns neue Methoden für
das evidenzbasierte Lehren und Lernen. Ein wichtiger Beitrag im soeben genannten Sonderheft der Zeitschrift trägt den Titel: "When is PBL More Effective? A
Meta-synthesis of Meta-analyses Comparing PBL to Conventional Classrooms"
(STROBEL & VAN BARNEVELD 2009). Noch eine Meta-Meta-Analyse à la Hattie?
Nein, denn eine Meta-Synthese (*meta-synthesis*) ist eine qualitative Forschungsme-
thode, die sowohl qualitative als auch quantitative Untersuchungen als Daten bzw.
Analyseeinheiten nutzt. Es werden also sowohl systematische Übersichtsarbeiten
(*systematic reviews*) als auch Meta-Analysen (*meta-analyses*) in die Synthese einbezogen (vgl. Kap. 1 und Kap. 2). Da es den beiden Autoren in erster Linie darum
geht, Daten zu interpretieren und die Konzepte herauszuarbeiten, mit denen die
Wirksamkeit von PBL belegt werden soll, haben sie sich gegen eine Meta-Meta-Analyse entschieden, "which would have meant quantitatively synthesizing all
effect sizes into a single one" (ibid.: 46). Eine solche Erweiterung des Forschungs-
spektrums ist meiner Meinung nach zu begrüßen, auch wenn die Ergebnisse vielleicht nicht ganz so „griffig" sind, wie bei der Angabe von Effektstärken.

Auch Hattie selbst scheint sich der Einschränkungen seines Forschungsdesigns
bewusst zu sein. Im Schlusskapitel der Studie (2009: 227) legt er dar, dass seine
umfangreiche Analyse vorhandener Untersuchungen im Wesentlichen auf einen
Literaturbericht (*literature review*) hinausläuft, es ihm aber letztlich darum geht
"to generate a model of successful teaching and learning". Seine Synthese soll eine
neue Perspektive auf die vorhandene Literatur eröffnen: "My task is to present a

series of claims that have high explanatory value, with many (refutable) conjectures" (ibid.). Sein Ziel besteht also darin, Forderungen mit hohem Erklärungswert aufzustellen, die auch viele (widerlegbare) Vermutungen enthalten. Mit anderen Worten: Sein Modell hat ganz bzw. in Teilen so lange Gültigkeit, bis es widerlegt und durch bessere Plausibilitätsannahmen ersetzt wird.

9.6   Aufwand und Voraussetzungen

Es ist es nicht zu leugnen: Kooperatives Lernen und handlungsorientierter Unterricht stellen in der beschriebenen Form für Lehrpersonen einen hohen Arbeitsaufwand dar. Deutsche Lehrkräfte mit voller Stelle unterrichten im Jahr ca. 850 Stunden, während japanische Lehrpersonen nur ca. 500 Stunden vor bzw. in der Klasse verbringen. Zudem stehen in Deutschland keine Lehrmittel oder Datenbanken zur Verfügung, auf die Lehrpersonen bei Bedarf gezielt zurückgreifen könnten wie z. B. in Neuseeland und auch in den USA.

Höfer & Steffens (2013: 3) bezeichnen eine wirksame Unterrichtsentwicklung als „voraussetzungsreich" und verweisen ebenfalls auf die Dienstpflichten der Lehrkräfte in Deutschland, die ihrer Ansicht nach auch die Kooperation von Lehrpersonen untereinander erschweren. Aufgrund der fehlenden Lehr- und Lernmaterialien sehen sie vor allem Hatties Forderung nach Überprüfung, „ob und in welchem Umfang die geplanten Zielsetzungen auch wirklich erreicht worden sind" (ibid.: 4), als nicht realisierbar an. Dennoch sind sie davon überzeugt, dass Teile von Hatties Vorstellungen auch bei uns Eingang in den Unterricht finden können.

Verschiedentlich habe ich im vorliegenden Buch darauf hingewiesen, dass ich mich auf Konzepte evidenzbasierten lernwirksamen Unterrichts beschränke, die ohne zusätzliche Ressourcen umsetzbar sind. In den vorausgegangenen Kapiteln wurden in erster Linie nachvollziehbare Ergebnisse aus empirischer Forschung, vor allem aus Meta-Analysen, vorgestellt, die ein Umdenken erforderlich machen. Gefordert wird ein veränderter Blick auf Unterricht und auf die Rolle der Lehrperson.

Ohne Zweifel ist der Verzicht auf verfestigte Gewohnheiten nicht leicht. Wenn es Lehrpersonen jedoch gelingt, das Lernen tatsächlich mit den Augen der Schülerinnen und Schüler zu sehen, und sich die Überzeugung durchsetzt, dass durch empirisch belegte Unterrichtsstrategien bessere Lerneffekte für alle Schülerinnen und Schüler zu erreichen sind, können weitreichende Veränderungen gelingen. Sie beginnen bei der Einstellung der einzelnen Lehrperson. Durch von oben verordnete Reformen ist eine Verbesserung des Unterrichts m.E. nicht zu erreichen. Vielmehr sollten wir uns fragen, was wir tagtäglich auf der Grundlage eines unvoreingenommenen Blicks auf die Ergebnisse unserer Unterrichtspraxis verändern können. Für solche schrittweisen Veränderungen bietet das vorliegende Buch eine Reihe von Anregungen.

9.7 *„Wir liegen voll im Trend"*

„Wir liegen voll im Trend!", rief Hector aus. Er war wirklich ein belebendes Element in unserer Reisegruppe. Was er damit meine, wollten wir wissen. „Ich denke, wir sind jetzt einmal mit allem durch", antwortete er. „Ja, und?", fragte Leander, „drück' dich bitte deutlicher aus." „Ich meine, wir haben gut kooperiert, und ihr habt immer aufgepasst, dass ich auch am Ball bleibe. Ihr habt mich alle abwechselnd ins Bild gesetzt, um nicht zu sagen belehrt." Da war uns klar, dass er das Prinzip des reziproken Lehrens noch nicht ganz verstanden hatte. Aber das war jetzt nicht so wichtig. „Und", fuhr er fort, „handlungsorientiert war unsere Schatzsuche auf jeden Fall, ein wirklich schönes Projekt." „Ja", sagte Helena begütigend, „du hast schon recht, wir liegen im Trend." Hector freute sich sehr über seinen Lernerfolg!

10. Lernwirksame Unterrichtspraxis V: Feedback für Lernende – Feedback für Lehrpersonen

An dieser Stelle schließt sich der Kreis: Wir kommen auf Alice W., die Realschullehrerin vom Anfang zurück. Sie hat eine Reihe von Anregungen aus den vorangegangenen Kapiteln aufgegriffen und mit recht gutem Erfolg erprobt. Inzwischen tauscht sie sich häufig mit einem jüngeren Kollegen aus, der in „ihrer" siebten Klasse Geographie unterrichtet. Erik hat ähnliche Vorstellungen von Unterricht wie sie und steht evidenzbasiertem Lehren und Lernen aufgeschlossen gegenüber. Bisweilen hospitieren sie wechselseitig im jeweiligen Unterricht – vom Rest des Kollegiums argwöhnisch beäugt.

Bei ihrem letzten Gespräch haben sie Bilanz gezogen: Irgendetwas Wichtiges hat bisher bei ihren Bemühungen, ihren Unterricht grundlegend zu verbessern, gefehlt. Woher wissen sie überhaupt, dass bestimmte Unterrichtsstrategien, wie z. B. der Einsatz von *advance organizers*, wirklich möglichst viele ihrer Schülerinnen und Schüler erreichen und lernwirksam für sie sind? Nach und nach ist ihnen klar geworden, dass sie mehr über die Lernenden wissen müssten.

Die Ermutigung einzelner Lernender ist nur möglich, wenn die Lehrperson weiß, wo die Schülerin oder der Schüler steht und wo die Stärken und Schwächen der Einzelnen liegen. Zudem ist es, findet Alice, mit einer punktuellen Rückmeldung nicht getan. Die Hinwendung zum Lernenden muss kontinuierlich über einen langen Zeitraum erfolgen. Nur so erlangen die Schülerinnen und Schüler nach und nach die Gewissheit, dass sie Schwierigkeiten aus eigener Kraft meistern können. Es geht nicht um Spaß, sondern um anspornende Erfolgserlebnisse. Alice und ihr Kollege sind zu dem Ergebnis gekommen, dass die Beziehung zwischen der Lehrperson und den Lernenden der entscheidende Faktor ist.

Wodurch aber wird eine positive Lehrer-Schüler-Beziehung sichtbar? Am ehesten, so Erik, durch Feedback, d.h. durch vertrauensvolle Gespräche zwischen einzelnen Lernenden und der Lehrperson. Wie viele Lehrpersonen verbinden Alice und Erik mit Feedback in erster Linie Lob und seltener Tadel. Und mit Lob haben sie bisher nicht gespart. Nun ist ihnen aufgrund der Untersuchungen von Dweck (vgl. Kap. 4) klargeworden, dass häufige Belobigungen kontraproduktiv sind. Rückmeldungen sollen konkrete Informationen dazu enthalten, wie einzelne Schülerinnen und Schüler besser mit der Aufgabe zurechtkommen, ob sie auf einem guten Weg in Richtung Ziel sind und wie sie gegebenenfalls noch effektiver vorankommen können.

„Das heißt", stellt Erik fest, „wir müssten schon während der Orientierung und der Darbietung im Klassenverband in kurzen Abständen überprüfen, ob unsere Hinführung und die eigentliche Präsentation angemessen aufgenommen werden."

„Ja", antwortet Alice, „und während des Übens müssen wir anhand von Rückmeldungen herausfinden, wo einzelne Lernende stehen. Wenn wir wüssten, wer an welcher Stelle nicht mehr richtig mitgekommen ist, könnten wir Rückschlüsse darauf ziehen, was wir selbst unter Umständen falsch gemacht haben und was wir verbessern könnten."

„Jetzt verstehe ich, was dieser Hattie mit Feedback der Lernenden für die Lehrperson meint", sagte Erik. „Ich hatte immer an so etwas wie ein Lehrerzeugnis gedacht. Das haben wir unseren Paukern bei der Abi-Feier überreicht; da haben manche nicht schlecht gestaunt, wie sie bei uns angekommen sind."

„Du hast schon Recht", meinte Alice nachdenklich, „auch Lehrer brauchen Rückmeldung hinsichtlich ihres Unterrichts. Aber insgesamt ist die konkrete Umsetzung von Feedback in meinen Augen unheimlich schwierig. Wir müssten jeden einzelnen Lernenden in der für ihn passenden Form ansprechen und ihm hilfreiche Informationen, Ermutigungen und auch Korrekturen für seinen Lernweg geben. Irgendwie habe ich den Eindruck, Feedback ist eine Kunst."

10.1 Erweiterungen von Feedback

Im Allgemeinen besteht Feedback aus einer Information, die ein Lernender von einem Handlungsträger (*agent*) über Aspekte seiner Leistung oder sein Verständnis eines Lerninhalts erhält (vgl. auch zum Folgenden *Timperley* 2013). Für gewöhnlich erfolgt das Feedback am Ende einer Instruktionsphase. Eine Schülerin oder ein Schüler hat beispielsweise eine neue Rechenart kennengelernt und einige Aufgaben zu lösen versucht. Dabei zeigt sich, dass sie/er etwas falsch oder nicht hinreichend verstanden hat. Dann können Peers, die Lehrperson oder die Eltern zusätzliche Informationen geben und so die irrigen Vorstellungen korrigieren. Es besteht jedoch auch die Möglichkeit, dass die Schülerin oder der Schüler sich selbst kontrolliert und irgendwo, z. B. in einem Lehrbuch, nachschaut. In diesem Fall geben sich die Lernenden selbst Rückmeldung und korrigieren ihre Fehler selbstständig.

Diese bekannte Form des Feedbacks hat in jüngerer Zeit eine Veränderung bzw. Ausweitung erfahren. "More recently, feedback has become integrated into formative assessment processes [...], so some forms of feedback could more accurately be seen as new instruction" (Timperley 2013.: 402). Wie wir in den vorausgegangenen Kapiteln gesehen haben, gehen die Forderungen dahin, in allen Phasen des Unterrichts – von der Orientierung über die Darbietung bzw. Präsentation und die Formen des Übens bis hin zur späteren Vertiefung durch kooperative und handlungsorientierte Lernformen – kontinuierlich zu überprüfen, ob die Lernenden mit dem Lernstoff bzw. den verschiedenen Aufgaben zurechtkommen. Diese

Überprüfung dient keinesfalls der Beurteilung oder Bewertung, sondern soll die einzelnen Lernenden so gut wie möglich fördern. Mit anderen Worten: Die formative Evaluation ist stets mit einer Form des Feedbacks für die Gesamtgruppe sowie für einzelne Lernende verbunden.

Zu diesen Formen des Feedbacks gibt Timperley (ibid.: 402) folgende Erläuterungen:

> In these situations, feedback takes the form of extending students' understandings and fill gaps between what is understood and what is aimed to be understood. Whichever way it is thought about, it is most powerful when it addresses faulty interpretations, not a lack of understanding [...]. Feedback must have something on which to build.

Dass Feedback, wie andere Unterrichtsstrategien auch, auf etwas aufbauen muss, leuchtet ein. Die Schwierigkeit für Lehrpersonen besteht vor allem darin, die geeignete Form der Rückmeldung zu finden. Sie muss genau zum Lernkontext, dem Lernarrangement und der Lernaufgabe passen. Das Wichtigste aber ist, dass individuelle Lernende die Rückmeldung überhaupt wahrnehmen und sie ihren Bedürfnissen in der aktuellen Lernsituation entspricht (vgl. 10.3).

Das Interesse an den verschiedenen Formen des Feedbacks hat in letzter Zeit zugenommen, auch im deutschsprachigen Raum. Bei den Auflistungen der Merkmale ‚guten‘ Unterrichts spielte Feedback kaum eine Rolle. Weder bei Meyer noch bei Helmke ist es unter den Top-Ten zu finden (vgl. Kap. 4). Helmke hat aber mit dem Projekt EMU zahlreiche evidenzbasierte Möglichkeiten (vgl. HELMKE ⁴2012) zur Überprüfung der Unterrichtsqualität vorgelegt. Auch das Institut für Qualitätsentwicklung des Hessischen Kultusministeriums (seit 2012: Landesschulamt und Lehrkräfteakademie) hat Feedback-Fragebögen für Schülerinnen und Schüler entwickelt (vgl. 10.6).

Feedback nimmt in Hatties Studie von 2009 mit d = 0.73 den 10. Rang unter den Faktoren ein, welche die kognitive Leistung der Lernenden beeinflussen. In früheren Veröffentlichungen hat Hattie eine Effektstärke von d = 0.81 angegeben, während Marzano von 0.74 ausgeht (vgl. PETTY ⁷2009: 87). Die großen Lerneffekte von Feedback kommen u.a. dadurch zustande, dass die erweiterte Form der Rückmeldung mit anderen Strategien in Wechselwirkung steht. Eine dieser Strategien ist die formative Evaluation (*formative assessment*; vgl. oben TIMPERLEY).

Schaut man sich die Effektstärken für den Einfluss von verschiedenen Formen des Feedbacks an, fallen große Unterschiede auf. Die Effektstärken reichen von 1.24 bis zu 0.12 (vgl. TIMPERLEY 2013: 402). Das ist u.a. darauf zurückzuführen, dass manche Formen der Rückmeldung lernwirksamer sind als andere. Bei genauer Durchsicht einzelner Primärstudien stellt man sogar fest, dass einige Feedback-Formen häufig negative Auswirkungen haben. Dazu schreibt Timperley (ibid.: 402): "Those forms of feedback with positive effects provide information to the learner about the task, the processes needed to understand or perform the tasks, and self-regulation of learning. Those much less effective are focused on forms of feedback that do not provide task-related information."

Bereits im Abschnitt über Motivation (vgl. Kap. 4) haben wir erfahren, dass Belobigungen in der Regel vermieden werden sollen. Außerdem haben Deci et al. (1999) eine negative Korrelation zwischen materiellen Belohnungen (*extrinsic rewards, tangible rewards*) und der Leistung festgestellt, weil sie die intrinsische Motivation (*intrinsic motivation*) untergraben. Alles in allem handelt es sich beim Feedback um eine Gratwanderung: Von der rechten Form und der Dosierung hängt es ab, wie es sich auf einzelne Lernende auswirkt.

10.2 Ein Feedback-Modell

Kaum einen der 138 Faktoren der Studie von 2009 behandelt Hattie so ausführlich wie das Feedback (2009: 173–178), und auch in dem für Lehrerpersonen bestimmten Ratgeber von 2012 ist dem Feedback, außer zahlreichen Nennungen an anderen Stellen, ein ganzes Kapitel gewidmet, nämlich Kapitel 7: *The flow of the lesson: the place of feedback* (2012: 115–137). Verschiedentlich spricht Hattie von "the art of feedback" (z. B. 2009: 177; 2012: 129).

Zusammen mit Helen Timperley hat er ein Feedback-Modell auf der Grundlage der Zusammenfassung von Meta-Analysen, also einer Meta-Meta-Analyse, erarbeitet (HATTIE & TIMPERLEY 2007). Dieses Modell beruht auf der Annahme, dass der Zweck von Feedback darin besteht, die Diskrepanz zwischen dem aktuellen Verständnis bzw. der gegenwärtigen Leistung und dem zu erreichenden Ziel zu verringern (HATTIE 2009: 176).

Im folgenden Zitat von Locke & Latham (1990: 197; vgl. auch HATTIE 2009), wird die Verbindung zwischen dem Feedback und den herausfordernden Zielen ebenso deutlich wie die Wechselwirkung zwischen dem Feedback und gesteigerter Anstrengung sowie dem Einsatz effektiverer Strategien seitens der Lernenden:

> Feedback tells people what is; goals tell them what is desirable. Feedback involves information; goals involve evaluation. Goals inform individuals as to what type or level of performance is to be attained so that they can direct and evaluate their actions and efforts accordingly. Feedback allows them to set reasonable goals and to track their performance in relating to their goals, so that adjustments in effort, direction, and even strategy can be made as needed. Goals and feedback can be considered a paradigm of the joint effect of motivation and cognition controlling action.

Die beiden Autoren sehen Ziele und Feedback als ein Paradigma an. Bei diesem Ordnungsschema verbindet sich der Effekt der Motivation mit dem Handeln, durch das die Lernenden ihre Kognitionen überprüfen. Bevor wir die im Modell angegebenen drei Leitfragen – sie stellen ein weiteres Mantra von Hattie dar – und die einzelnen Niveaus, auf denen sie unterschiedlich wirksam werden, betrachten

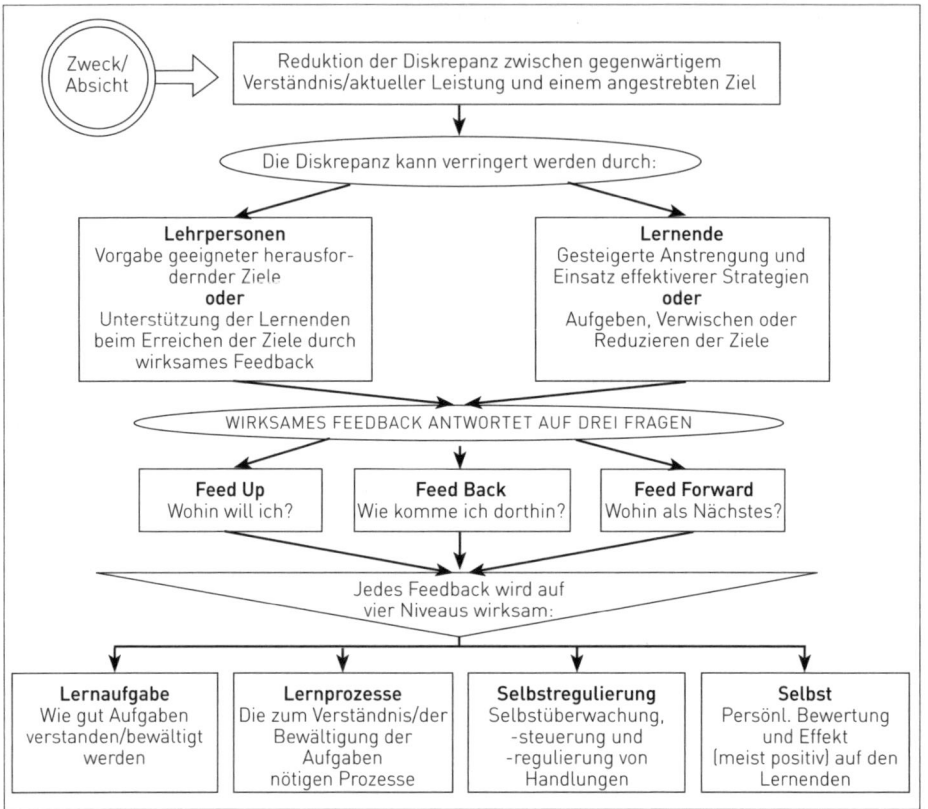

Abb.8: Feedback-Modell

(vgl. 10.3), gehe ich noch einmal auf eine wichtige Grundvoraussetzung von Feedback ein.

Bereits in obigem Zitat hat Timperley (vgl. 10.1) herausgestellt, dass Feedback sich auf etwas beziehen muss, wenn es lernwirksam sein soll. Hattie (2009: 177) formuliert dies deutlicher. Er mahnt generell zur Vorsicht: Feedback komme nur dann zum Tragen, wenn Lernende sich nicht mehr im Stadium des Wissenserwerbs (*acquisition*) befänden, sondern auf dem Niveau einer (ersten) Befähigung angekommen seien. Und er empfiehlt mehr Instruktion, wenn die Schülerinnen und Schüler vom *proficiency*-Niveau noch weit entfernt sind:

> We need to be somewhat cautious, however. Feedback is not "the answer" to effective teaching and learning; rather it is but one powerful answer. With inefficient learners or learners at the acquisition (not proficiency) phase, it is better for a teacher to provide elaboration through instruction than to provide feedback on poorly understood concepts.

10.3 Fokus und Effekt von Feedback

Aus dem in 10.2 abgebildeten Feedback-Modell geht hervor, dass die Lernenden (und die Lehrperson) imstande sein müssen, drei Fragen zu beantworten. Im Rahmen der Multidimensionalität von Feedback stellen diese drei Fragen nach Hattie (HATTIE 2012: 134) den Fokus (*focus*) dar:

1. Wohin will ich? (Where am I going?)
2. Wie komme ich dorthin? (How am I going?)
3. Wohin als Nächstes? (Where to next?)

Die erste Frage nach den zu erreichenden Zielen kann man als *feed up*, auf Deutsch im Sinne von Beschicken, Einfüllen, bezeichnen. Es geht letztlich darum, dass der Lernende weiß, welches Ziel er aufgrund seines Lernstands, seiner bisherigen Lernerfahrungen und seines Vorwissens anstreben kann. Dabei hat die Zone der nächsten Entwicklung (ZNE; *Zone of proximal development, ZPD*) eine entscheidende Bedeutung. Die Kunst der Lehrperson besteht darin, das Ziel, gegebenenfalls zusammen mit den Lernenden, so auszuwählen, dass es für die Lernenden zwar eine Herausforderung darstellt, aber dennoch erreichbar ist, unter Umständen in unterschiedlichen Ausprägungen der Performanz. Damit nicht genug: Die Lehrperson muss außerdem ein auf die gesamte Lerngruppe bezogenes Gerüst (*scaffolding*) bereitstellen, aber auch individuelle Lösungen für das Mittelfeld und die lernschwächeren Schülerinnen und Schüler bedacht haben. Diese und weitere Fragen haben viel mit diagnostischer Kompetenz zu tun, ein Begriff den Hattie übrigens nicht gebraucht.

Die Antwort auf die zweite Frage kommt dem traditionellen Feedback (*feed back*), dem Rückkoppeln, am nächsten. Sie soll den Lernenden helfen, sich über ihre Fortschritte Rechenschaft abzulegen und ihnen Wege aufzeigen, wie sie weiterkommen können. Wenn die Antwort auf diese zweite Frage lediglich aus der Note in einem Test oder einer Klassenarbeit besteht, ist sie wenig hilfreich. Denn durch eine Benotung erhält die Schülerin oder der Schüler in der Regel keine Information darüber, was sie/er tun kann, um die Lücke zwischen der derzeitigen Leistung und dem Ziel zu schließen.

Diese Antwort leitet zur dritten Frage über, dem *feed forward*: Der Vorwärtsschub richtet den Blick in die (nahe) Zukunft und gibt vielfältige Gelegenheiten zum Weiterlernen. Hattie formuliert es mit der Frage (2012: 116): "What activities need to be undertaken next to make better progress?"

Generell halten wir fest, dass das Feedback bzw. die Beantwortung der drei Leitfragen eine Progression aufweist: Die Rückkoppelung schreitet von der Aufgabe (Wie gut ist die Aufgabe bewältigt worden?) über die Lernprozesse (Welche Strategien werden benötigt, um die Aufgabe zu bewältigen? Gibt es alternative Strategien?) zur Selbstregulierung fort (Welche Wissensvoraussetzungen muss man haben, um sich über das eigene Lernen Rechenschaft abzulegen?).

Nach Hattie und Timperley haben die Antworten auf die genannten drei Fragen Auswirkungen auf vier verschiedene Niveaus beim Lernen. Hattie (2012: 134) bezeichnet diesen Aspekt von Feedback als Wirkung (*effect*). Diese vier Stufen sind: 1. das Niveau der Lernaufgabe (*task level*), 2. das Niveau der Lernprozesse (*process level*), 3. das Niveau der Selbstregulierung (*self-regulation level*) und 4. das Niveau des Selbst (*self level*).

Während Feedback sich auf die ersten drei Niveaus in der Regel positiv auswirkt, hat es auf das Selbst oft einen negativen Einfluss. Zu den negativen Auswirkungen auf das Selbst gibt uns Timperley (2013: 403) die Möglichkeit, das zu erweitern, was wir in Kapitel 4 erfahren haben. Sie schreibt:

> The final level of feedback to self as a person is only referred to here because of the high frequency of its use in classrooms, particularly in the form of personal praise. [...] The circumstances under which praise might be effective occur when it is directed to the effort, self-regulation, engagement, or processes relating to the task and its performance.

Ein Lob kann dennoch lernwirksam sein, nämlich dann, wenn es sich auf die Anstrengung bei der Lösung der Aufgabe, auf die eingesetzten Lernstrategien, das Engagement und/oder die Lernprozesse, und nicht nur auf die Person der/des Lernenden und das Fähigkeitsniveau („Du bist wirklich schlau!") bezieht.

Dass Hattie ein wirklicher Experte im Bereich des Feedbacks ist, sieht man meiner Meinung nach daran, dass er trotz oder gerade wegen seiner umfänglichen Recherchen und Studien auf folgende Einschränkungen hinweist (2009: 178): "In summary, feedback is what happens second, is one of the most powerful influences on learning, occurs too rarely, and needs to be more fully researched by **qualitatively and quantitatively investigating** how feedback works in the classroom and learning process." (Hervorhebung DF-H)

10.4 Feedback von Lehrpersonen für Lernende

Bisher haben wir verschiedene Formen und Ausprägungen von Feedback Revue passieren lassen und uns Gedanken darüber gemacht, welche Formen in welchem Lernkontext am ehesten angezeigt sind. Dabei haben wir etwas Grundlegendes noch nicht bedacht: Feedback ist nur dann lernwirksam, wenn es beim Adressaten überhaupt ankommt, d.h. wenn die Äußerung einer Person, sei es nun ein Peer, eine Lehrperson oder ein Experte, auch als Feedback wahrgenommen wird. Zu Recht hat Hattie oben darauf hingewiesen, dass Feedback zu selten erfolgt. Damit meint er zum einen, dass die ersten drei Niveaus zu selten berücksichtigt werden, während Feedback mit negativen Auswirkungen zu häufig erfolgt. Zum anderen möchte er damit andeuten, dass Äußerungen, die Lehrpersonen als Feedback intendieren, von den Schülerinnen und Schülern gar nicht als solches wahrgenommen werden (HATTIE 2009: 174).

Es ist daher bedauerlich, dass es nur wenige Untersuchungen zur Rezeption von Feedback durch die Lernenden gibt. Hattie führt eine Studie von Carless (2006; HATTIE ibid.) an, bei der Lernende und Lehrpersonen befragt wurden, ob die Lehrpersonen detailliertes Feedback zur besseren Bewältigung der als nächstes anstehenden Aufgabe geben. "About 70 percent of the teachers claimed they provided detailed feedback often or always, but only 45 percent of students agreed with their teachers' claims." (HATTIE 2009: 174)

Wie also können Lehrpersonen den Lernenden in den verschiedenen Phasen des Unterrichts wirksames Feedback geben? Hattie (2012: 115) nennt zahlreiche Möglichkeiten:

> Feedback can be provided in many ways: through affective processes, increased effort, motivation, or engagement; by providing students with different cognitive processes, restructuring understandings, confirming to the student that he or she is correct or incorrect, indicating that more information is available or needed, pointing to directions that the students might pursue, and indicating alternative strategies with which to understand particular information.

Ein Kommentar zu den einzelnen Punkten soll Hatties Anregungen verdeutlichen:

Affective processes: Damit ist in erster Linie die Lehrer-Schüler-Beziehung (*teacher-student relationships*) angesprochen (d = 0.72). Es geht darum, dass sich alle Lernenden von der Lehrperson angenommen und gefördert fühlen, dass die Lehrerin oder der Lehrer alle Schülerinnen und Schüler ungeachtet ihrer Begabung, ihrer sozialen Herkunft und ethnischen Zugehörigkeit gleichermaßen und unvoreingenommen akzeptiert.

Increased effort, motivation, or engagement: Lehrpersonen können, wenn sie einen Mangel an Anstrengungsbereitschaft, Motivation oder Engagement bei den Lernenden feststellen, durch gezielte Impulse auf eine Verbesserung der Ausdauer und der Motivation sowie dss Engagements hinarbeiten. Das eigene Beispiel der Lehrperson wirkt besonders gut.

Providing different cognitive processes: Stellt eine Lehrperson fest, dass einzelne Lernende den Lerninhalt nicht oder nur teilweise aufnehmen konnten, führen redundante bzw. veränderte Formulierungen, neue Beispiele, erneutes Vorzeigen oder Vorführen, und vor allem Visualisierungen zum Erfolg.

Restructuring understandings: Die erneute Einordnung des Lernstoffs in bekannte Konzepte und Schemata ist oft ebenso hilfreich, wie ein explizites Voranschreiten vom Einfachen zum Besonderen und vom Konkreten zum Abstrakten. Eine gute Strukturierung von Lerninhalten zeigt sich auch daran, dass zunächst nur die Hauptaussagen vorgetragen bzw. erläutert werden und Einzelheiten später folgen.

Correct or incorrect: Es muss möglich sein, individuellen Lernenden oder kleinen Gruppen von Schülerinnen und Schülern ohne Scheu deutlich zu sagen, dass sich irgendwo ein Fehler eingeschlichen hat. Nach und nach müssen die Lernenden durch die Form des Feedbacks die Sicherheit erlangen, dass Fehler nicht sanktioniert werden, sondern geradezu willkommen sind. Ein Fehler oder ein Irrtum ist insofern eine sehr gute Gelegenheit, etwas durch eine Rückmeldung richtigzustellen, weil irrige Vorstellungen gute Einblicke in die Denkstrukturen der Lernenden erlauben.

More information: Die Lehrperson steht immer als Ansprechpartner zur Verfügung, besonders dann, wenn die Lernenden zusätzliche Informationen brauchen, um eine Aufgabe angemessen zu bewältigen. Oft kann das Feedback auch darin bestehen, dass die Lehrperson eine Schülerin oder einen Schüler darauf aufmerksam macht, dass sie/er seine Leistungen noch weiter verbessern kann, wenn zusätzliche Informationen genutzt werden.

New directions: Aufgrund vorgefasster (meist unbewusster) Meinungen oder Gewohnheiten versperren sich Lernende selbst den Zugang zu weiterführenden Wegen. Es gehört zur Förderung von Kreativität, den Schülerinnen und Schülern durch entsprechendes Feedback zu zeigen, dass man sich alles auch anders vorstellen kann und sich dadurch neue Wege eröffnen.

Alternative strategies: Ähnliches gilt für einen Wechsel oder eine Erweiterung der (Lern-)Strategien. Lehrpersonen haben an vielen Stellen im Unterricht die Aufgabe, die Lernenden durch Rückmeldungen zu ermutigen, nicht in festgefahrenen Strategien zu verharren, sondern neue bzw. bisher noch nicht selbst erprobte Verfahren zu nutzen. Wenn sich die Gelegenheit ergibt, kann die Lehrperson auch vor der Bearbeitung einer Aufgabe mit den Schülerinnen und Schülern mögliche Lösungsstrategien besprechen und sie darauf aufmerksam machen, dass man auch im Leben möglichst viele unterschiedliche Herangehensweisen an die Herausforderungen des Alltags und des Berufs braucht (vgl. Kap. 3).

Es ist schwierig, verbindliche Aussagen hinsichtlich der Häufigkeit von Feedback zu machen. Hattie berichtet, dass er seine Söhne beim Abendessen früher immer gefragt hat, wie es denn in der Schule war, wie sie zurechtgekommen sind, was es Neues gab. Inzwischen ist er dazu übergegangen, die Jungen zu fragen, ob sie an diesem Tag irgendein Feedback erhalten haben und wie hilfreich es war. Das Ergebnis war nicht ermutigend (Hattie 2012: 134).

Feedback sollte ca. alle 25 Minuten erfolgen, wobei Hattie (2012: 122f.) offen lässt, ob er sich mit dieser Angabe auf die gesamte Lerngruppe oder einzelne Lernende bezieht. An anderer Stelle führt er aus, dass formative Evaluationen (*short-cycle formative assessments*) in kurzen Abständen erfolgen sollten, nämlich zwei- bis fünfmal pro Woche (vgl. Hattie 2012: 127). Immer wieder weist Hattie darauf hin, dass er nicht von Benotung (*marking and grading*) spricht, wenn er – wie übrigens viele andere Experten auch – häufige kurze Tests im Rahmen von Feedback empfiehlt.

Die Untersuchungen verschiedener Forscher haben ergeben, dass sich das Feed-back zu häufig auf die Aufgabe bezieht. Vielmehr müsste es stärker an die Lernprozesse der Schülerinnen und Schüler anknüpfen und vor allem an die Selbstregulierung der Lernenden. Folglich konzentriert sich Hattie bei den Fragen, die er für die einzelnen Niveaus des Feedbacks – *nämlich task, process, self-regulation* – für die Unterrichtspraxis empfiehlt, auf die Selbstregulierung (HATTIE 2012: 129):

Aufgabe:
- Ist seine/ihre Antwort in Einklang mit den Erfolgskriterien?
- Ist seine/ihre Antwort richtig/falsch?
- Kann er/sie ihre Antwort sorgfältiger ausarbeiten?
- An welcher Stelle ist etwas schiefgegangen?
- Wie lautet die korrekte Antwort?
- Welche zusätzlichen Informationen sind nötig, um die Erfolgskriterien zu erreichen?

Prozess:
- Was ist falsch und warum?
- Welche Strategien hat er/sie eingesetzt?
- Worin besteht die Erklärung für die richtige Antwort?
- Welche weiteren Fragen kann er/sie hinsichtlich der Aufgabe stellen?
- In welcher Beziehung stehen die Teile der Aufgabe zueinander?
- Welche zusätzlichen Informationen gibt es im Handout?
- Wie versteht er/sie die auf die Aufgabe bezogenen Konzepte bzw. das entsprechende Wissen?

Selbstregulierung:
- Wie kann er/sie die eigene Arbeit überwachen?
- Wie kann er/sie sich selbst überprüfen?
- Wie kann er/sie die zur Verfügung gestellte Information evaluieren?
- Wie kann er/sie das eigene Lernen reflektieren?
- Was hast du getan, um …?
- Was ist passiert, als du …?
- Wie kannst du Rechenschaft ablegen für …?
- Welche Rechtfertigung kann man geben für …?
- Welche weiteren Zweifel hast du hinsichtlich der Aufgabe?
- In welcher Hinsicht kann man das vergleichen mit …?
- Was haben alle diese Informationen gemeinsam?
- Welche Lernziele hast du erreicht?
- Inwieweit haben sich deine Vorstellungen verändert?

• Was kannst du selbst jetzt jemanden lehren?
• Kannst du einem anderen Schüler jetzt erklären, wie man …?

Man kann kaum ein besseres Fazit ziehen als Hattie selbst (2012: 136): "No wonder giving feedback that is then appropriately received is so difficult." In der Tat ist es kein Wunder, dass es ausgesprochen schwierig ist, ein Feedback zu geben, das angemessen aufgenommen wird!

10.5 Ein Beispiel aus dem Geographieunterricht

Der Ausschnitt aus einer Geographiestunde, die ein Lehrer im Vorbereitungsdienst (Fächer: Geographie, Mathematik, Biologie) in einer fünften Klasse gehalten hat, zeigt, wie man die Lernenden am Feedback beteiligen kann.

Der Lehrer hat das Rollenspiel – eigentlich ist es eher eine Diskussion zum Thema Tourismus in den Alpen – in der Unterrichtsstunde vorbereitet. Im Groben geht es darum, sich als Vertreter einer Ortsgemeinde für oder gegen mehr Tourismus mit entsprechenden Argumenten in einer fingierten Versammlung mit Moderatoren zu äußern und so den Entscheidungsprozess im Dorf mitzugestalten. Vor einiger Zeit haben die Schülerinnen und Schüler bereits ein Rollenspiel zu einem ähnlichen Thema durchgeführt.

Die Sprechanteile der Schülerinnen und Schüler sind sehr hoch; es kommt in der gesamten Unterrichtsstunde zu keinerlei störendem Verhalten. Der Lehrer beteiligt die Schülerinnen und Schüler u.a. an der Zusammensetzung der Gruppen bzw. der Verteilung der Rollen. Er gibt anfangs kurze Hinweise und sorgt während des Rollenspiels lediglich dafür, dass die Diskussion nicht ins Stocken gerät. Am Schluss des Rollenspiels erfolgt, vom Lehrer angeregt und eingeleitet, die Reflexion. Zunächst geht es um die konkreten inhaltlichen Argumente (Schutzzäune, Ferienkolonie etc.). Auch hier greift der Lehrer nur selten ein; die Schülerinnen und Schüler tauschen sich weitgehend selbstständig aus. Dann beginnt ein weiterer Teil der Reflexion, bei dem die Lernenden sich dazu äußern, inwieweit sie ihrer jeweiligen Rolle gerecht geworden sind.

Unterrichtstranskript Geographie: Tourismus in den Alpen
(APAEK Nr. 1745)

430 Lm: Gut, vielen Dank erst Mal zu der inhaltlichen
431 Reflexion. Ich würde sagen das vertagen wir vielleicht
432 noch auf die nächste Stunde. Was meint ihr denn dies
433 Mal zu eurem Rollenspiel? {3 sec} Wie war das denn?
434 Eure Findung? Eure Annahme? Swl.
435 Swl: Also, ähm, es kamen auch gute Vorschläge, aber ich hab
436 jetzt nicht grad den Eindruck, dass wir was gefunden
437 haben, wo wir das gelöst haben das Problem mit den
438 Touristen.
439 Lm: Hmhm.

440 SwI: Also, ja. Soll ich jemand aufrufen?

441 Lm: Ja.

442 SwI: Äh, SmJ.

443 SmJ: Also, also jetzt die Rolle von den Einheimischen, wir

444 haben eigentlich ganz einfach reingefunden und das mit

445 den Zeigen da vorne und das war manchmal ganz schön

446 schwer, weil die Finger fast gleichzeitig hoch gegangen

447 sind.

448 Lm: Gut.

449 SmJ: Ähm, SwF.

450 SwF: Also ich fand meine Rolle gut, weil ei-, also bei

451 manchen anderen Rollen war man dann eigentlich dagegen

452 in Wirklichkeit und wenn wir uns wieder (x) waren und,

453 ähm, heute war, sollte ich dafür sein und war auch so,

454 ähm, in Wirklichkeit.

455 Lm: Dann hat der SmE aber gar nicht richtig verstanden wer

456 dafür und dagegen ist.

457 SwF: Äh..

458 Lm: Fandet ihr, dass ihr eure Rollen dann schlecht gespielt

459 habt oder (.) war das eher die Realität, dass man nicht

460 dafür und net dagegen sein kann. SmA.

461 SmA: Also, ich hab mich eigentlich ziemlich schnell in meine

462 Rolle reingefunden. Wir haben auch viele Argumente

463 gefunden und, ähm, wir haben, also, ich fand jetzt man

464 hat eigentlich ziemlich gut gesehen, wer dafür und

465 dagegen war und was ein bisschen schade war, ähm, wir

466 hatten auch ein bisschen zu wenig Zeit, ähm, für das

467 Rollenspiel, weil mir ist später dann noch was

468 eingefallen, äh, und dann konnte man halt nicht mehr

469 ausgerufen werden. {Im Hintergrund hört man Schüler

470 anderer Klassen in den Gängen, die ihre Pause schon

471 begonnen haben.}

472 Lm: Okay. SmE, du als letztes und dann machen wir Schluss.

473 SmE: Also ich fand ihr habt hier das schon gut gemacht, so

474 hab ich hier das nicht gemeint. Nur, also, z. B. der

475 SmI, der hat jetzt sehr wenig gesagt und er hat das

476 jetzt nur mit den Tieren gesagt und da hätte ich jetzt

477 gedacht, ähm, ja, das kann jetzt beides sein. Entweder

478 weil für uns, für die Ferienhausbesitzer, war das ja

479 auch ein bisschen schlecht mit den Tieren und der SmI

480 war jetzt auch ein bisschen hin- und hergerissen, ob er

481 jetzt dafür oder dagegen war. {zu SmI wendend} Das

482 betrifft jetzt eigentlich nicht nur dich. Ich will dir

483 jetzt nichts vorwerfen, aber, weil →{murmelnd} (xx)←

484 Lm: Also, ich fand auch wir hatten eine gute Gruppenarbeit

485 und hatten auch ein schönes Rollenspiel. Was mir

486 aufgefallen ist, ihr wart diesmal schneller zu

487 Kompromissen bereit als das letzte Mal und habt gleich
488 schon Vorschläge gemacht wie denn des ermöglicht werden
489 könnte und wie das vielleicht für alle Beteiligten okay
490 ist und das hat so die Rollen etwas (.) verschwommen.
491 (..) Aber trotzdem habt ihr eure Sache gut gemacht und
492 wir reden nächste Stunde nochmal über fragwürdiges.
493 (..) {Schüler fangen schon an einzupacken}
494 Lm: Also schönen Tag!
495 S: Danke.

Wie man sieht, trennt der Lehrer im Ansatz zwischen Feedback zum Inhaltlichen (*task*), dem Rollenverständnis (*process*) und den Befindlichkeiten der Lernenden (*self-regulation*).

10.6 Feedback der Lernenden untereinander

Es ist richtig, dass bei den Lernenden zu wenig Feedback der Lehrpersonen ankommt. Andererseits erhalten die Schülerinnen und Schüler häufig Rückmeldung von ihren Klassenkameradinnen und -kameraden sowie von Peers im Allgemeinen. Hattie (2012: 131) beziffert das Feedback durch Peers in Anlehnung an Nuthall (2007) mit 80 Prozent und fügt hinzu (ibid.): "… and most of this feedback is incorrect." Obgleich Hattie es nicht explizit sagt, kann man aus seinen Ausführungen schließen, dass das Peer-Feedback sehr oft inhaltlich nicht korrekt ist.

Das Feedback durch Peers ist aus mindestens zwei weiteren Gründen nicht leicht zu bewerkstelligen: Einerseits müssen Schülerinnen und Schüler einen kooperativen und respektvollen Umgang mit anderen Lernenden erst üben; andrerseits fehlt es ihnen an geeigneten Techniken und Strategien, durch die sie beispielsweise ihrem Tandem-Partner oder den Mitgliedern ihrer Kleingruppe weiterhelfen können. D.h. ihnen fehlen die Feedback- und Assessment-Skills, die auch Lehrpersonen oft erst erlernen müssen.

Zum Feedback der Lernenden untereinander hat Gan (2011) ein Kontrollgruppenexperiment durchgeführt. Dabei stützt er sich auf das Feedback-Modell von Hattie & Timperley (2007). Er hat die Fragen zur Aufgabe, zum Prozess und zur Selbstregulierung, die wir oben kennengelernt haben (vgl. 10.4), auf das Peer-Feedback übertragen. Mit anderen Worten: Die Fragen, die Lehrpersonen bei einem Feedback an sich bzw. ihre Schülerinnen und Schüler richten sollen, dienen nun den Lernenden als Vorlage für Rückmeldungen untereinander. Den Lernenden in den Versuchsgruppen wurden die obigen Fragen jedoch nicht einfach als Listen ausgehändigt. Vielmehr hat Gan sie in folgende übersichtliche Form gebracht (vgl. HATTIE 2012: 133):

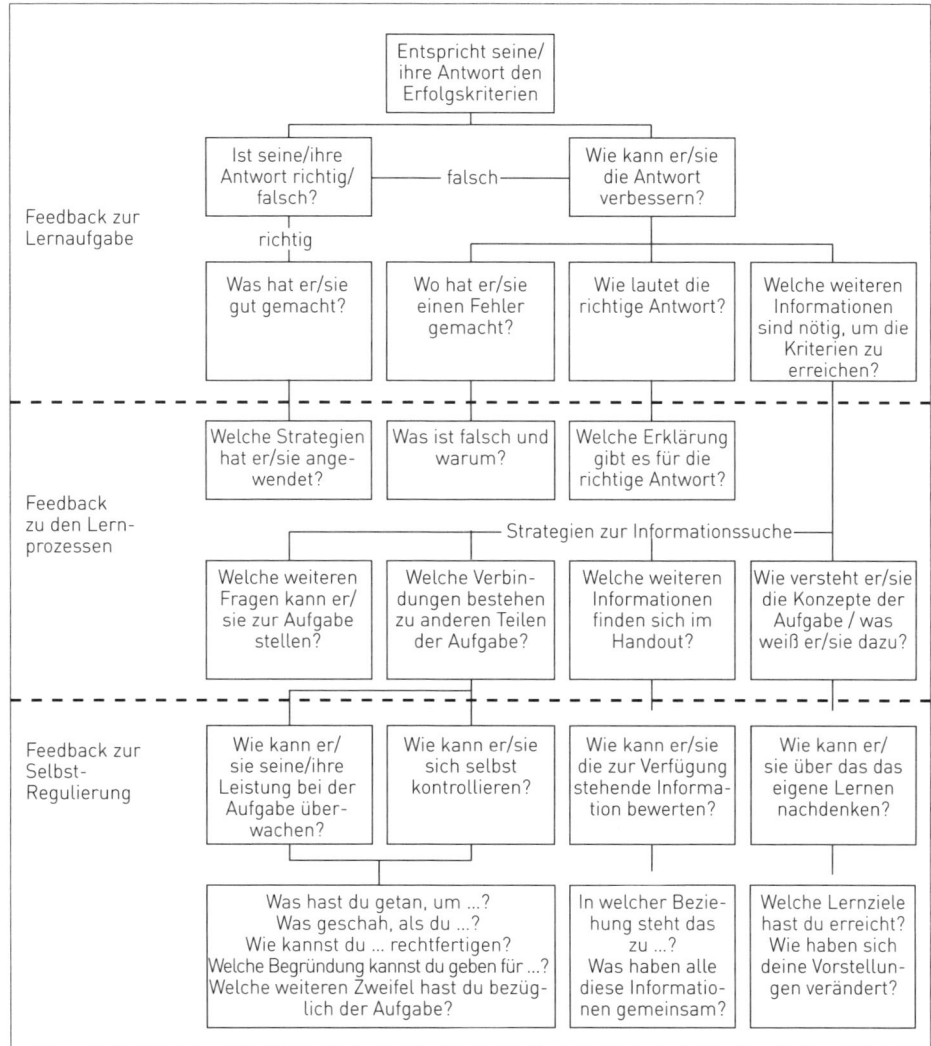

Abb. 9: Orientierungshilfe für Feedback von Lernenden untereinander

Hattie hält diesen Ansatz für gelungen, weil das Feedback in konkrete Schritte heruntergebrochen wird und die Lernenden sich auf ein Niveau, z. B. die Selbstregulierung, konzentrieren können. Die Ergebnisse von Gan zeigen, dass die Lernenden der Kontrollgruppen beim üblichen Feedback durch Bestätigung der richtigen Antwort und damit verbundenem Lob bleiben, während die Versuchsgruppen differenziertere Formen des Feedbacks anwenden. Gleichwohl empfiehlt Hattie (2012: 134) "deliberate instructional support", also eine wohldurchdachte unterrichtliche Unterstützung beim Feedback der Lernenden untereinander.

Sind die Schülerinnen und Schüler im Peer-Feedback geschult, werden große Lerneffekte durch das *Peer tutoring* sowohl für die, denen das *tutoring* zuteil wird, als auch für den „Tutor" selbst erreicht. *Peer tutoring*, das mit der Methode des Lernens durch Lehren verwandt ist, erreicht nach Hattie eine Effektstärke von d = 0.55 (Rang 36; vgl. HATTIE 2009).

10.7 Feedback von Lernenden für Lehrpersonen

In der Zeitschrift Pädagogik (6/2013: 48f.) war die bekannte Rubrik Pro und Contra dem Thema Schülerfeedback gewidmet. Es ging um die Frage, ob man ein Feedback der Schülerinnen und Schüler für ihre Lehrpersonen für alle verbindlich machen sollte. Beide, die Schulleiterin einer Hamburger Schule, und Johannes Bastian, einer der Herausgeber der Zeitschrift, sind dafür. Da sich kein „Kontrahent" gefunden hatte, ist Bastian in die Rolle des Nein-Sagers geschlüpft. Er führt als wichtigste Gründe für die Ablehnung von Schülerfeedback die möglicherweise opportunistische Haltung der Lernenden, die Verantwortung der Lehrperson für ihren Unterricht sowie die Gefahr, Lehrpersonen könnten unter Druck geraten, ins Feld. Der befürwortenden Schulleiterin geht es vor allem darum, dass Lehrpersonen sich auch als Lernende begreifen. Irgendwelche empirischen Nachweise für den Nutzen des Schülerfeedbacks bleiben beide schuldig.

Hattie (2009) weist immer wieder darauf hin, dass auch die Lehrpersonen auf eine Rückmeldung durch die Lernenden angewiesen sind, wenn sie ihren Unterricht und somit die Lernerfolge ihrer Schülerinnen und Schüler verbessern wollen. Hattie trennt das Feedback von einer speziellen Form des Assessment für Lehrpersonen, die er *Providing formative evaluation of programs* nennt (d = 0.90; Rang 3). Damit ist ein Feedback für Lehrpersonen gemeint, welches ihnen Rückmeldung bezüglich der Lernwirksamkeit ihres Unterrichts gibt und im Wesentlichen die gleichen Schritte umfasst wie das Feedback für Schülerinnen und Schüler (vgl. 10.6).

Wie weiter oben erwähnt, gibt es gerade in jüngerer Zeit zahlreiche Publikationen im deutschsprachigen Raum, die das Feedback von Lernenden für Lehrpersonen zum Thema haben bzw. Ratschläge (inklusive Beurteilungsbögen) für das Schülerfeedback geben.

Da ist zunächst das im Jahr 2013 erschienene Buch von Melda Akbaş, einer jungen Türkin, mit dem Titel: *Warum fragt uns denn keiner?: Schüler sagen, was in der Schule falsch läuft.* Ich erwähne es deshalb an dieser Stelle, weil es authentische Einblicke in die Erfahrungen von Schülerinnen und Schüler mit Migrationsgeschichte hätte bieten können. Es besteht jedoch fast ausschließlich darin, dass die Autorin Schüler zu Wort kommen lässt, die sich darüber „auskotzen", was sie Negatives erlebt haben, ohne dabei auch nur ansatzweise die Richtung für Verbesserungen aufzuzeigen.

Einen ähnlichen Titel trägt ein Buch von Regina Berger et al.: *Warum fragt ihr nicht einfach uns? Mit Schüler-Feedback lernwirksam unterrichten*, das ebenfalls 2013 erschienen ist. Die Autorinnen und Autoren haben sich auch über die Plattform www.visiblelearning.de die Aufmerksamkeit von Hattie gesichert und werben mit dem Aufdruck ‚Unterrichtsentwicklung nach Hattie' auf dem Cover des Buches. Mit Hatties Unterrichtsmodell, welches auf Direkter Instruktion basiert, hat der Ratgeber jedoch wenig zu tun. Zwar wird das Feedback-Modell von Hattie & Timperley (2007) vorgestellt; die Autorinnen und Autoren sind von evidenzbasiertem Lehren und Lernen allerdings noch weit entfernt.

Das kann man Helmke ([4]2012) nicht zur Last legen: Zu Recht bezeichnet er sein umfangreiches Projekt EMU als *Evidenzbasierte Methode zur Unterrichtsdiagnostik und -entwicklung.* Zudem schildert er ausführlich und differenziert in Kapitel 5 (ibid.: 272–306) *Diagnose und Evaluation von Unterricht* den Nutzen von Lehrerangaben und Schülerangaben zum Unterricht. Dabei stellt er die wichtigsten Instrumente vor und sichtet sie kritisch.

Man kann nicht leugnen, dass bestimmte Erhebungs- und Diagnosebögen Lehrpersonen Einblick in die Befindlichkeiten der Schülerinnen und Schüler hinsichtlich ihres Unterrichts vermitteln. Im günstigsten Fall können Lehrpersonen zusammen mit den Lernenden an einer generellen Verbesserung wichtiger Aspekte des Lehrens und Lernens arbeiten.

Die Auswirkungen solcher Aktivitäten haben m.E. aber nur wenig mit Hatties Vorstellungen von einem Feedback der Lernenden für Lehrpersonen zu tun. Hattie geht es darum, dass Lehrpersonen erfahren, warum individuelle Schülerinnen und Schüler an irgendeiner Stelle im Unterricht trotz Lernwillens und Engagements nicht mehr mitkommen. Anonyme Diagnosebögen geben in dieser Hinsicht wenig Auskunft. Hattie propagiert ein lernförderliches Verhältnis der Lernenden untereinander und vor allem eine vertrauensvolle Beziehung zur Lehrperson. Im häufigen Gespräch mit einzelnen Lernenden anlässlich bestimmter Unterrichtsaktivitäten können Lehrpersonen am ehesten erfahren, wie eine bestimmte Schülerin oder ein bestimmter Schüler den Unterricht wahrnimmt. Von Diagnose- oder Beobachtungsbögen für Lernende hat Hattie meines Wissens nichts gesagt.

10.8 Die Fahne hissen

Diesmal ergriff Leander die Initiative: „Jetzt hissen wir die Fahne." „Was für eine Fahne?" Unser Erstaunen war groß. „Na, die Fahne mit der Aufschrift: Größere Lernerfolge für alle!" Filomena war skeptisch wie immer: „Also, wenn das unsere

Absichtserklärung sein soll, ist es o.k. Was die Umsetzung angeht, kennen wir jetzt ungefähr die Richtung, haben aber noch einen langen Weg vor uns." In diesem Punkt waren wir uns alle einig.

Größere Lernerfolge für alle Fremdsprachen Lernenden:
De Florio-Hansen, Inez (erscheint Herbst 2014): Evidenzbasierter Fremdsprachen-unterricht. Eine Einführung mit Beispielen für Englisch, Französisch und Spanisch. Tübingen: Narr.

11. Lernwirksamer Unterricht im Rahmen von Standards und Kompetenzorientierung

11.1 Die Förderung aller Schülerinnen und Schüler

Der Untertitel des vorliegenden Buches hätte lauten können: *Größere Lernerfolge für alle Schülerinnen und Schüler*. Sein Hauptanliegen besteht darin, nicht einseitig Lernende der Mittel- und Oberschicht zu fördern. Vielmehr geht es bei evidenzbasiertem Lehren und Lernen darum, auch bei den Lernenden des Mittelfelds und vor allem bei lernschwächeren Schülern aus sogenannten bildungsfernen Schichten größere Lerneffekte zu erreichen.

Haben die Verfechter von individualisiertem Lernen – was auch immer man darunter verstehen mag – schon einmal in einer Hauptschulklasse mit einem Anteil von Lernenden mit Migrationsgeschichte von über 50 Prozent unterrichtet? Was haben sie bei Schülerinnen und Schülern ohne Anteile der Lehrersteuerung erreicht? Ein Schulsystem muss sich auch daran messen lassen, inwieweit es ihm gelingt, alle Kinder und Jugendlichen angemessen zu fördern. Mit Absichtserklärungen ist es nicht getan; es müssen empirische Nachweise erbracht werden, dass auch beim unteren Drittel der zu Unterrichtenden größere Lernerfolge zu verzeichnen sind.

Es ist einfach, sich mit reformpädagogischem Gedankengut zu schmücken, empirische, vor allem empirisch-experimentelle, Untersuchungen aber als technizistisch abzulehnen. Außerdem drängt sich der Verdacht auf, dass die unzureichende Förderung des unteren Drittels unserer Schülerinnen und Schüler politisch gewollt ist. Findet das, was man im angelsächsischen Raum *white flight* nennt, nämlich die Flucht weißer Eltern aus Schulbezirken mit einem hohen Anteil farbiger Schülerinnen und Schüler und solchen aus Stadtteilen mit ethnischen Minderheiten, nicht auch bei uns in irgendeiner Form statt?

Es wurde immer wieder betont, dass die wissenschaftlichen Belege empirisch arbeitender Forscherinnen und Forscher, die in den vorangegangenen Kapiteln vorgestellt und diskutiert werden, nur Tendenzen und keineswegs absolute Wahrheiten darstellen. Sie zeigen aber, dass lehrergesteuerter Unterricht erfolgreicher ist als offene Unterrichtsformen, insbesondere wenn man alle Lernenden im Blick hat.

Außerdem gibt es keinen empirischen Nachweis dafür, dass das obere Drittel einer Lerngruppe durch den ausführlich vorgestellten lernwirksamen Unterricht benachteiligt würde, im Gegenteil. Direkte Instruktion bzw. interaktiver Klassenunterricht bringt größere Lernerfolge für alle, vorausgesetzt es folgen auf die Darbietung des neuen Lernstoffs durch die Lehrperson alle weiteren Phasen, die das Konzept lernwirksamen Unterrichts vom herkömmlichen Frontalunterricht unterscheiden. Zudem ist lernwirksamer Unterricht in der vorgestellten Form kein Allheilmittel oder gar ein Rezept. Soll dieser Ansatz greifen, sind engagierte Lehrpersonen gefragt, die die notwendigen Adaptionen – am besten in Absprache mit den Lernenden – vornehmen.

11.2 Die Rolle von Bildungsstandards und Kompetenzen

Viele von Ihnen werden fragen: Ja, und wie steht es mit den Bildungsstandards und der Kompetenzorientierung? Ohne Zweifel wäre es falsch, einfach zu sagen: Wenn Sie dem Konzept des lernwirksamen Unterrichts – ganz oder in wesentlichen Teilen – folgen, wird sich das andere von selber machen. Unter deutschsprachigen Erziehungswissenschaftlern ist Helmke ([4]2012) einer der wenigen, der Kompetenzorientierung als Merkmal ‚guten' Unterrichts in seinem Zehn-Punkte-Katalog berücksichtigt hat. Helmke ([4]2012: 240) schreibt:

> Ein wesentliches Ziel des Unterrichts ist der Erwerb von *Kompetenzen*, wie sie in den Bildungsstandards beschrieben sind. Bildungsstandards sind ja nichts anderes als erwartete Kompetenzen. Anders als die altbekannten Lehrpläne beschreiben sie nicht, was *durchgenommen* werden soll, sondern was Schüler am Ende *können* sollen. Grundlage eines kompetenzorientierten Unterrichts ist also eine an messbaren Ergebnissen des Unterrichts ausgerichtete *empirische Orientierung*. (Hervorhebungen des Autors)

Die Ausführungen zu den „messbaren Ergebnissen des Unterrichts" sind missverständlich. Der Erwerb von Kompetenzen ist viel umfassender als die Teilkompetenzen, die sich messen lassen. Das hat Weinert, dem Helmke sein Hauptwerk ([4]2012) gewidmet hat, immer wieder betont. Nach Weinert (1999) bestehen Kompetenzen aus einem Zusammenwirken von Wissen, Können und Einstellungen. Die Definition von Frey (2006: 31) verdeutlicht diesen Zusammenhang:

> Besitzt eine Person Kompetenz, so kann sie etwas, ist handlungsfähig und übernimmt für sich und andere Verantwortung. Sie besitzt die Kompetenz so tätig zu werden, dass sie eine Absicht, ein Ziel oder einen Zweck unter Beachtung von Handlungsprinzipien, Werten, Normen und Regeln, mit Bezug auf konkrete, die jeweilige Handlungssituation bestimmende Bedingungen, zu erreichen vermag. Wer Kompetenz besitzt, ist erfolgreich, vernünftig und reflexiv tätig. Somit kann man Kompetenz als ein Bündel von körperlichen und geistigen Fähigkeiten bezeichnen, die jemand benötigt, um anstehende Aufgaben und Probleme zielorientiert und verantwortungsvoll zu lösen, die Lösungen zu reflektieren und zu bewerten und das eigene Repertoire an Handlungsmustern weiterzuentwickeln.

Sicher kann man mehr messen als Skeptiker vermuten, und vieles, was sich nicht exakt messen lässt, kann man dennoch bewerten. Trotzdem entziehen sich zahlreiche Teilkomponenten von Kompetenzen der exakten Messung. Das darf aber nicht dazu führen, dass nur noch das Messbare im Unterricht eine Rolle spielt. Ein *teaching to the test*, bei dem Schüler womöglich wertvolle Unterrichtszeit damit vergeuden, dass sie das rasche Überschauen und Ankreuzen von Multiple-Choice-Aufgaben üben, steht in krassem Widerspruch zur Kompetenzorientierung.

Teaching to the test ist auch in keiner Weise mit der Forderung nach vertieftem und konzeptuellem Lernen, wie es in Kapitel 3 vorgestellt wurde, zu vereinbaren. Verfechter des evidenzbasierten Lehrens und Lernens treten zwar für häufige kurze formative Testungen ein, summative Leistungsüberprüfungen sollen aber auf das Notwendige beschränkt werden (vgl. Petty [2]2009). In diese Richtung geht Helmkes ([4]2012: 248) Hinweis auf Hattie am Ende seiner Ausführungen zur Kompetenzorientierung. Nach Hattie – so Helmke – sind häufige Leistungstests keineswegs dem Lernerfolg abträglich, im Gegenteil. Werden Leistungstests mit Feedback verbunden, erreichen sie eine Effektstärke von d = 0.62.

Aus meiner Sicht ist hinzuzufügen, dass Hattie von formativen Tests und nicht von Vergleichsarbeiten spricht.

Als Bildungsstandards und Kompetenzorientierung in den Curricula der Bundesländer ihren Niederschlag fanden und in Veranstaltungen der Lehrerfortbildung erläutert wurden, war immer wieder die Rede davon, dass Unterricht von seinen Ergebnissen her gedacht werden müsse. Distale Kompetenzen seien in proximale Teilkompetenzen zu gliedern (vgl. Lange 2005; Lersch 2007). Lehrpersonen müssen stets vorab bedenken, was sie erreichen wollen. Gerade die Orientierungsphase des lernwirksamen Unterrichts entspricht der Kompetenzorientierung in besonderem Maße: Am Anfang einer Unterrichtsstunde bzw. -einheit stehen die Erläuterung der Ziele, der Lernintentionen und der Erfolgskriterien sowie die Darstellung des Werts der angestrebten Kompetenz bzw. der Teilkompetenzen (vgl. Kap. 6 Einstieg).

11.3 Zur empirischen Überprüfung von Bildungsstandards

Brauchen wir uns also keine Gedanken zu machen? Das würde bedeuten, die Realität zu verkennen, vor allem was die Förderung von Lernenden des unteren Drittels angeht. Bekanntlich haben Klieme und Mitautoren (KLIEME et al. 2003) in der Expertise die Einführung von Mindeststandards gefordert. Das hätte bedeutet, dass die Standards so festgelegt werden müssen, dass alle Schülerinnen und Schüler (mit geringen Ausnahmen) sie erreichen können und dass weniger Begabte entsprechend zu fördern sind. Die KMK ist diesem Rat nicht gefolgt und hat Regelstandards eingeführt, die ein mittleres Niveau angeben. Auch das ist eine Art *accomodation*. So bezeichnet man in den USA die Tatsache, dass ca. 27 Prozent der Lernenden von den Tests ausgeschlossen sind, damit sie die Ergebnisse nicht verderben (vgl. HATTIE 2009a). *No child left behind?*

Obgleich Lehrpersonen bisher (!) so gut wie keinen Einfluss auf „Weichenstellungen" wie beispielsweise die Einführung von Bildungsstandards haben, führe ich einige weiterführende Gesichtspunkte an in der Hoffnung, dass evidenzbasierte Konzepte lernwirksamen Unterrichts zu wünschenswerten Veränderungen führen.

Zunächst geht es um die Frage, inwieweit die Bildungsstandards der KMK (2004, 2005; http://www.kmk.org/bildung-schule/qualitaetssicherung-in-schulen/bildungsstandards/) überhaupt empirisch überprüft wurden. Oder handelt es sich dabei um die von Bildungspolitikern in Anlehnung an Experten festgelegten Ziele? Inwieweit wurde vor der Veröffentlichung wissenschaftlich untersucht, ob sie im Rahmen unseres Schulsystems überhaupt für alle Lernenden zu erreichen sind? Wie viele Schülerinnen und Schüler sollen sie erreichen? 60 Prozent? 80 Prozent? An dieser Frage ist die Implementierung nationaler Standards im UK bekanntlich gescheitert. Man hatte 80 Prozent anvisiert, betrachtete dann die erreichten 74 Prozent als Scheitern (vgl. HATTIE 2009a). Man hätte nur die Gaußsche Normalverteilung zu beachten brauchen, um zu erkennen, dass 74 Prozent ein beachtlicher Erfolg sind.

Häufig wird in wissenschaftlichen Publikationen und vor allem in den Medien auf der Grundlage von Politikeräußerungen verbreitet, deutsche Schülerinnen und Schüler hätten sich bei den internationalen Vergleichsuntersuchungen in diesem oder jenem Bereich verbessert. Das wird dann oft auf die Einführung der Bildungsstandards zurückgeführt. Gibt es empirische Belege, die nachweisen, dass zwischen den Ergebnissen und der Einführung der Standards tatsächlich ein Zusammenhang besteht? Könnten die Verbesserungen nicht darauf zurückzuführen sein, dass Lehrpersonen sowie Schülerinnen und Schüler sich stärker engagieren? Es fällt nicht schwer, sich auch andere Korrelationen vorzustellen.

Auf welchen Teil der Schülerpopulation beziehen sich die vermeintlichen oder tatsächlichen Verbesserungen eigentlich? Gibt es empirische Nachweise darüber, dass auch Lernende des unteren Drittels einen angemessenen Lernzuwachs zu verzeichnen haben? Oder haben sich nur die besseren Schülerinnen und Schüler sowie die aus dem oberen Mittelfeld verbessert, während die lernschwächeren keine größeren Lernerfolge haben?

Viele Länder haben nationale Standards eingeführt, weil die Ergebnisse bei internationalen Vergleichsuntersuchungen gezeigt haben, dass ihre Schülerinnen und Schüler schlechter im Vergleich zu den Lernenden anderer Nationen abschneiden. In den meisten Fällen – Hattie liefert eine ausführliche Analyse zur Entwicklung in den USA (Hattie 2009a) – sind diese sehr aufwendigen Initiativen gescheitert. Sich dafür einzusetzen, dass möglichst viele Schülerinnen und Schüler vorgegebene Standards erreichen, bedeutet nicht, dass Lehren und Lernen dadurch nachhaltig verbessert wird. Vielmehr geht es darum, durch lernwirksamen Unterricht nachweisbare positive Effekte für alle Lernenden zu erreichen. Dazu können empirisch überprüfte Standards und eine evidenzbasierte Rückmeldung an die Lehrpersonen beitragen.

Dazu stellt Hattie (2009a: 1) wichtige Fragen, von deren Beantwortung es abhängt, ob Standards nicht gegebenenfalls auch wieder abgeschafft werden sollten:

> Is the success of the national standards policy to be evaluated in terms of how it enhances teaching and learning; or is the success of the policy to be evaluated in terms of how teaching and learning is changed to implement the national standards? [...] We also need agreement that there will be a "self-destruct" button that will get rid of national standards if the policy is not shown to make the difference to teaching and learning across the curriculum.

Mit anderen Worten: Bildungsstandards und Kompetenzorientierung sind an und für sich sinnvoll; schließlich geht es auch beim evidenzbasierten Lehren und Lernen um die Ergebnisse. Sie sind es aber nur dann, wenn sie zu größeren Lernerfolgen für alle Schülerinnen und Schüler beitragen.

Epilog

Das Tanzprojekt, auf das sich der Choreograph Royston Maldoom in seinem Vortrag (vgl. Prolog) bezieht, geht auf eine Initiative der Berliner Philharmoniker und ihres Chefdirigenten Sir Simon Rattle zurück. An diesem Projekt nahmen 250 Kinder und Jugendliche aus 25 Nationen, meist Schülerinnen und Schüler aus Berliner „Problembezirken", teil. In nur sechs Wochen Probezeit gestalteten sie unter Anleitung von Maldoom eine Aufführung des Balletts *Le sacre du printemps* von Igor Stravinsky. Die Premiere fand unter der musikalischen Leitung von Sir Simon Rattle im Jahre 2003 in der Arena Berlin statt.

Die Proben wurden von einem Filmteam begleitet. Diese 2004 aufgeführte Dokumentation mit dem Titel „Rhythm is it!" von Thomas Grube und Enrique Sánchez Lansch stellt die Entwicklung von drei jungen Menschen, zwei Jungen und einem Mädchen, in den Mittelpunkt. Sie finden aus der Isolation heraus, in der sie sich aus ganz unterschiedlichen Gründen befinden, und sie schöpfen Selbstbewusstsein aus den wachsenden Erfolgen. Für sie, wie auch für andere Kinder und Jugendliche, trägt die Arbeit im Projekt zur Entfaltung ihrer Persönlichkeit bei.

Ausschnitte aus den Filmkritiken geben weitere Einblicke:
So schreibt die Welt am Sonntag (19. September 2004):

> „…Der Film stellt das Prinzip von Leistung und Wille der Idee von Verständnis und Kumpelhaftigkeit gegenüber …"

In der Süddeutschen Zeitung heißt es (19. September 2004):

> Die spannendsten Momente aber zeigen Choreograph Royston Maldoom bei der Probenarbeit mit den Jugendlichen. Maldoom ist das Herz des Films: ein Zauberer, ein Alchimist der Begeisterung, der sich zu Beginn provokant als strenger Lehrmeister zu erkennen gibt.

Warum ich dieses Beispiel für den Pro- und Epilog gewählt habe? Zum einen sind es das Engagement und die Leidenschaft des Choreographen. Auch bei Hattie und anderen Verfechtern von evidenzbasiertem Lehren und Lernen wie Marzano und Petty spielt *passion* eine entscheidende Rolle. Maldoom gebraucht *passion* zudem als Synonym für *education* (vgl. Prolog) und er spricht, wie Hattie, von *change*. Zum anderen ist es interessant zu sehen, wie ernsthaft die Kinder und Jugendlichen nach anfänglichem Chaos bei den Proben mitarbeiten. Nachdem sie den Wert des Ziels erkannt haben und der Choreograph ihnen die Zuversicht vermittelt, dass alle das Ziel erreichen können, beweisen sie Engagement und Ausdauer.

Nun werden Sie sagen: „Unterricht ist doch keine Ballettaufführung." Das ist richtig. Bei vielen Projekten, zu denen Künstler insbesondere benachteiligte Kinder und Jugendliche einladen, wird ein Unterschied deutlich: Künstler haben ein anderes berufliches Selbstverständnis als Lehrpersonen. Für Kulturschaffende steht die Sache im Mittelpunkt, für Lehrpersonen jedoch sind es vor allem die Schülerinnen und Schüler.

Literaturverzeichnis

Adams, Gary L. & Engelmann, Siegfried (1996): Research on direct instruction: 20 years beyond DISTAR. Seattle, WA: Educational Achievement Systems.

Akbaş, Melda (2013): Warum fragt uns denn keiner?: Schüler sagen, was in der Schule falsch läuft. München: Bertelsmann.

Alfieri, Louis et al. (2011): Does discovery-based instruction enhance learning? In: Journal of Educational Psychology 103, 1–18.

Anderson, Lorin W. & Krathwohl, David R. (eds.) (2001): A Taxonomy for Learning, Teaching and Assessing: A Revision of Bloom's Taxonomy of Educational Objectives. New York: Longman.

Arnold, Ivo (2011): John Hattie: Visible learning. A synthesis of over 800 meta-analyses relating to achievement. In: International Revue of Education 57, 219–221.

Bellmann, Johannes und Müller, Thomas (Hrsg.) (2011): Wissen, was wirkt. Kritik evidenzbasierter Pädagogik. Wiesbaden: VS Verlag für Sozialwissenschaften.

Berger, Regina et al. (2013): „Warum fragt ihr nicht einfach uns?" Mit Schüler-Feedback lernwirksam unterrichten. Weinheim & Basel: Beltz.

Biggs, John Burville & Collis, Kevin Francis (1982): Evaluating the Quality of Learning: The SOLO taxonomy (structure of the observed learning outcome). New York: Academic Press.

Böhm, Winfried (2012): Die Reformpädagogik. Montessori, Waldorf und andere Lehren. München: C. H. Beck.

Borman, Geoffrey D. et al. (2003): Comprehensive school reform and achievement: A meta-analysis. In: Review of Educational Research 73, 125–230.

Campbell, Gordon (2013): Gordon Campbell on New Zealand's PISA education rankings. http://www.scoop.co.hz/stories/HL1312/S00026/gordon-campbell-on-new-zealands-pisa-education-rankings/htm (letzter Zugriff 17. Jan. 2014)

Coffield, Frank et al. (2004a): Learning styles and pedagogy in post-16 learning: a systematic and critical review. (LSRC reference) (www.lsda.org.uk/research/reports).

Coffield, Frank et al. (2004b): Should we be using learning styles? What research has to say to practice. (LSRC reference) (www.lsda.org.uk/research/reports).

Cohen, Jacob ([2]1988): Statistical power analysis for the behavioral sciences. Hillsdale, NJ: Erlbaum Associates.

De Florio-Hansen, Inez (ed.) (2011): Towards Multilingualism and the Inclusion of Cultural Diversity. Kassel: kassel university press.

De Florio-Hansen, Inez & Klewitz, Bernd (2010): Fortbildungshandreichung zu den Bildungsstandards Englisch und Französisch. Kassel: kassel university press.

Deci, Edward L., Koestner, Richard & Ryan, M. Richard (1999): A meta-analytical review of experiments examining the effects of extrinsic rewards on intrinsic motivation. In: Psychological Bulletin 125, 627–668.

Dewey, John (1938): Education and Experience. New York: Touchstone.

Dweck, Carol S. (1999): Self-theories: Their role in motivation, personality and development. Philadelphia: Psychology Press.

Dweck, Carol S. (2006): Mindset. The new psychology of success. New York: Random House.

Dweck, Carol S. (2012): Mindset: How You Can Fulfill Your Potential. London: Constable & Robinson Ltd.

Felten, Michael & Stern, Elsbeth (^{2}2012): Lernwirksam Unterrichten. Berlin: Cornelsen Scriptor.

Freiberg, H. Jerome (2013): Classroom Management and Student Achievement. In: Hattie, J. & Anderman, E. M. (eds.): International Guide to Student Achievement. London & New York: Routledge, 228–230.

Frey, Andreas (2006): Methoden und Instrumente zur Diagnose beruflicher Kompetenzen von Lehrkräften – eine erste Standortbestimmung zu bereits publizierten Instrumenten. In: Allemann-Ghionda, C. & Terhart, E. (Hrsg.): Kompetenzen und Kompetenzentwicklung von Lehrerinnen und Lehrern: Ausbildung und Beruf. Weinheim & Basel: Beltz, 30–46.

Fung, Irene Y. Y., Wilkinson, Ian A. G. & Moore, Dennis W. (2002): L-1-assisted reciprocal teaching to improve ESL Students' comprehension of English expository text. In: Learning and Instruction 13/1, 1–31.

Gan, Mark (2011): The effects of prompts and explicit coaching on peer feedback quality. Unpublished doctoral dissertation, University of Auckland, available online at https://researchspace.auckland.ac.nz/handle/2292/6633.

Giaconia, Rose M. & Hedges, Larry V. (1982): Identifying Features of Effective Open Education. In: Review of Educational Research 52/4, 479–602.

Gijbels, Davis et al. (2005): Effects of problem-based learning: A meta-analysis from the angle of assessment. In: Review of Educational Research, 75/1, 27–61.

Glass, Gene V. (1976): Primary, secondary, and meta-analysis of research. In: Educational Researcher 5/10, 3–8.

Good, Thomas L., Grouws, Douglas A. & Ebmeier, Howard (1983): Active mathematics teaching. New York: Longman.

Grell, Jochen (2000): Direktes Unterrichten. In: Wiechmann, J. (Hrsg.) (1999, ^{2}2000): Zwölf Unterrichtsmethoden. Weinheim & Basel: Beltz, 39–51.

Grell, Jochen (2014): Das Direkte Unterrichten und seine Feinde. In: Pädagogik 1, 36–38.

Grell, Jochen & Grell, Monika (1983, [12]2010): Unterrichtsrezepte. Weinheim & Basel: Beltz.

Gudjons, Herbert ([3]2011): Frontalunterricht – neu entdeckt. Integration in offene Unterrichtsformen. Bad Heilbrunn: Klinkhardt.

Hartley, James (2012): Review: Visible learning for teachers. In: British Journal of Educational Technology 43/4, E 134-E 136.

Hattie, John (2009): Visible Learning. A Synthesis of over 800 meta-analyses relating to achievement. London & New York: Routledge.

Hattie, John (2009a, October): Horizons and whirlpools: The well travelled pathway of national standards. Working Paper from Visible Learning Labs, University of Auckland. (Located on Cognition Research Trust Website), 1–14.

Hattie, John (2012): Visible Learning for Teachers. Maximizing impact on learning. London & New York: Routledge.

Hattie, John (2013): Class Size. In: Hattie, J. & Anderman, E. M. (eds.): International Guide to Student Achievement. London & New York: Routledge,131–133.

Hattie, John (2013): Lernen sichtbar machen. Überarbeitete deutschsprachige Ausgabe von "Visible Learning" besorgt von Wolfgang Beywl und Klaus Zierer. Baltmannsweiler: Schneider.

Hattie, John (2013): Lernen sichtbar machen für Lehrpersonen. Überarbeitete deutschsprachige Ausgabe von "Visible Learning for Teachers" besorgt von Wolfgang Beywl und Klaus Zierer. Baltmannsweiler: Schneider.

Hattie, John & Anderman, Eric M. (eds.) (2013): International Guide to Student Achievement. London & New York: Routledge.

Hattie, John & Timperley, Helen (2007): The power of feedback. In: Review of Educational Research 77/1, 81–112.

Hattie, John & Yates, Gregory (2014): Visible Learning and the Science of How We Learn. London & New York: Routledge.

Helmke, Andreas (2009, [4]2012): Unterrichtsqualität und Lehrerprofessionalität. Diagnose, Evaluation und Verbesserung des Unterrichts. Seelze-Velber: Klett Kallmeyer.

Helmke, Andreas (1988): Leistungssteigerung und Ausgleich von Leistungsunterschieden in Schulklassen: unvereinbare Ziele? In: Zeitschrift für Entwicklungspsychologie und Pädagogische Psychologie 20/1, 45–76.

Helmke, Andreas & Weinert, Franz Emanuel (1997): Bedingungsfaktoren schulischer Leistungen. In: Weinert, F. E. (Hrsg.): Psychologie des Unterrichts und der Schule. Göttingen: Hogrefe, S. 71–176.

Higgins, Steve & Simpson, Adrian (2011): Visible learning: A synthesis of over 800 meta-analyses relating to achievement. By John A. C. Hattie. In: British Journal of Educational Studies 59/2, 197–201.

Höfer, Dieter & Steffens, Ulrich (2013, Februar): Lernprozesse sichtbar machen – John Hatties Forschungsarbeiten zu gutem Unterricht. Welche Relevanz haben sie für deutsche Schulen? Wiesbaden: Landesschulamt und Lehrkräfteakademie, 1–4.

Johnson, David W. & Johnson, Roger T. (2013): Cooperative, Competitive, and Individualistic Learning Environments. In: Hattie, J. & Anderman, E. M. (eds.): International Guide to Student Achievement. London & New York: Routledge, 372–374.

Kahl, Reinhard (2011): Individualisierung – das Geheimnis guter Schulen. DVD. Hamburg: Archiv der Zukunft.

Kirschner, Paul A., Sweller, John & Clark, Richard E. (2006): Why minimal guidance during instruction does not work: An analysis of the failure of constructivist, discovery, problem-based, experiental, and inquiry-based teaching. In: Educational Psychologist 41, 75–86.

Klieme, Eckhard et al: (2003): Zur Entwicklung nationaler Bildungsstandards. Expertise. Bonn: BMBF.

Koper, Rob (2000): From change to renewal. Open University of the Netherlands, Educational Technology Expertise Centre (www.ou.nl/informatica).

Kounin, Jakob S. (1970): Discipline and group management in classrooms. New York: Holt, Rinehart and Winston.

Kounin, Jakob S. (1976): Techniken der Klassenführung. Stuttgart: Klett.

Kundisch, Dennis (2013): Direkte Rückmeldung erwünscht. Über „Live-Feedback-Systeme" in der Lehre. In: Forschung & Lehre 4, 296–297.

Lange, Bernward (2005): Bildungsstandards und Unterrichtsplanung – Konsequenzen für didaktisches Denken und Planen. In: Lehren und Lernen 5/3, 3–10.

Lersch, Rainer (2007): Kompetenzfördernd unterrichten. 22 Schritte von der Theorie zur Praxis. In: Pädagogik 12, 36–43.

Liem, Gregory Arief D. & Martin, Andrew J. (2013): Direct Instruction. In: Hattie, J. & Anderman, E. M. (eds.): International Guide to Student Achievement. London & New York: Routledge, 366–368.

Locke, Edwin A. & Latham, Gary P. (1990): A theory of goal setting and task performance. Englewood Cliffs, NJ: Prentice Hall.

MacKenzie, Andrew A. & White, Richard T. (1982): Fieldwork in Geography and Long-term Memory Structures. In: American Educational Research Journal 19/4, 623–632.

Markham, Thom (2011): Project Based Learning. In: Teacher Librarian 39/2, 38–42.

Marzano, Robert J. (1998): A theory-based meta-analysis of research on instruction. Aurora, CO: Mid-Continent Regional Educational Lab.

Marzano, Robert J. (2000): A new era of school reform: Going where the research takes us. Aurora, CO: Mid-Continent Research for education and Learning.

Marzano, Robert J. (2003): What works in schools: Translating research into action. Alexandra, VA: Association for Supervision and Curriculum Development.

Marzano, Robert J., Pickering, Debra J. & Pollock, Jane E. (2001): Classroom instruction that works: Research-based strategies for increasing student achievement. Aurora, CO: Mid-Continent Research for education and Learning.

Maslow, Abraham Harold ([3]1970): Motivation and Personality. New York: Harper Collins.

Mayer, Richard E. (2004): Should there be a three-strikes rule againt pure discovery learning? The case for guided methods of instruction. In: American Psychologist 59, 14–19.

Meyer, Hilbert (2004, [8]2011): Was ist guter Unterricht? Berlin: Cornelsen Scriptor.

Meyer, Hilbert & Terhart, Ewald (2007): Guter Unterricht – nur ein Angebot? Interview mit dem Unterrichtsforscher Andreas Helmke. In: Becker, G. et al. (Hrsg.): Guter Unterricht. Maßstäbe & Merkmale – Wege & Werkzeuge. (Friedrich Jahresheft XXV), Seelze-Velber: Friedrich, 62–63.

Nuthall, Graham A. (2007): The hidden lives of learners. Wellington: New Zealand Council for Educational Research.

Palincsar, Annemarie Sullivan (2013): Reciprocal Teaching. In: Hattie, J. & Anderman, E. M. (eds.): International Guide to Student Achievement. London & New York: Routledge, 369–371.

Palincsar, Annemarie Sullivan & Brown, Ann L. (1984): Reciprocal teaching of comprehension-fostering and comprehension-monitoring activities. In: Cognition and Instruction I/2, 117-175.

Peschel, Falko (2002): Offener Unterricht – Idee, Realität, Perspektive und ein praxiserprobtes Konzept zur Diskussion. Baltmannsweiler: Schneider.

Petty, Geoff (2004; [2]2009): Evidence-Based Teaching. A Practical Approach. Cheltenham: Nelson Thornes.

Precht, Richard David (2013): Anna, die Schule und der Liebe Gott. Der Verrat des Bildungssystems an unseren Kindern. München: Goldmann.

Ravitz, Jason (2009): Introduction: Summarizing Findings and Looking Ahead to a New Generation of PBL Research. In: Interdisciplinary Journal of Problem-based Learning 3/1, 4–11 (published online: 3-24-2009).

Rolff, Hans-Günter (2013): Die Hattie-Studie: Ein Rorschach-Test. In: Pädagogik 4, 46–49.

Rosenshine, Barak (1985): Direct instruction. In: Husen, T. & Postlethwaite, T. N. (eds.): The International Encyclopedia of Education. Vol. 3, 1395–1400.

Rosenshine, Barak & Meister, Carla (1994): Reciprocal teaching: A review of the research. In: Review of Educational Research 64/4, 479–530.

Rosenshine, Barak & Stevens, Robert ([3]1986): Teaching functions. In: Wittrock, M. C. (ed.): Handbook of research on teaching. New York, 376–391.

Slavin, Robert E. ([2]1995): Cooperative learning: Theory, research and practice. Boston: Allyn & Bacon.

Snook, Ivan et al. (2009): Invisible Learnings? A Commentary on John Hattie's book: Visible Learning: A synthesis of over 800 meta-analyses relating to achievement. In: New Zealand Journal of Educational Studies 44/1, 83–106.

Spiewak, Martin (2013): Ich bin superwichtig! In: Zeit online vom 14.01.2013 (http://www. zeit.de/2013/02/Paedagogik-John-Hattie-Visible-Learning).

Steffens, Ulrich (2011): Visible Learning – Betrachtungen zur Publikation von John Hattie. In: Bildung bewegt 13, 25–27.

Steffens, Ulrich & Höfer, Dieter (2012): Die Hattie-Studie. Wien: Bundesministerium für Unterricht, Kunst und Kultur (bm:ukk).

Strobel, Johannes & van Barneveld, Angela (2009): When is PBL More Effective? A Meta-synthesis of Meta-analyses Comparing PBL to Conventional Classrooms. In: Interdisciplinary Journal of Problem-based Learning 3/1, 44–58 (published online 3-24-2009).

Terhart, Ewald (2011): Hat John Hattie tatsächlich den Heiligen Gral der Schul- und Unterrichtsforschung gefunden? Eine Auseinandersetzung mit Visible Learning. In: Keiner, E. et al.: (Hrsg.): Metamorphosen der Bildung. Historie – Empirie – Theorie. Bad Heilbrunn: Klinkhardt, S. 277–292.

Timperley, Helen (2013): Feedback. In: Hattie, J. & Anderman, E. M. (eds.): International Guide to Student Achievement. London & New York: Routledge, 402–404.

Tobias, Sigmund & Duffy, Thomas M. (2009): Constructivist instruction: Success or failure? New York: Routledge.

Torgerson, Carole J., Porthouse, Jill & Brooks, Greg (2005): A systematic review and meta-analysis of controlled trials evaluating interventions in adult literacy and numeracy. In: Journal of Research in Reading 28/2, 87–107.

Vygotsky, Lev S. (1962): Thought and Language. Cambridge, Massachusetts: MIT Press.

Wang, Margaret C., Haertel, Geneva D. & Walberg, Herbert J. (1993): Toward a knowledge base for school learning. In: Review of Educational Research 63/3, 249–294.

Weinert, Franz Emanuel (1999): Konzepte der Kompetenz. Paris.

Wellenreuther, Martin (2004; ²2010; Neubearbeitung 2013): Lehren und Lernen – aber wie? Empirisch-experimentelle Forschungen zum Lehren und Lernen im Unterricht. Baltmannsweiler: Schneider.

Wellenreuther, Martin (2009): Forschungsbasierte Schulpädagogik. Anleitungen zur Nutzung empirischer Forschung für die Schulpraxis. Baltmannsweiler: Schneider.

Wellenreuther, Martin (2011a): Kooperativ lernen – aber wie? Teil 1: Möglichkeiten effektiver Gruppenarbeit. In: Schulverwaltung NRW 11, 292–295.

Wellenreuther, Martin (2011b): Kooperativ lernen – aber wie? Teil 2: Wirksamkeit und Grenzen kooperativer Methdoen. In: Schulverwaltung NRW 12, 324–327.

Wellenreuther, Martin (2014): Direkte Instruktion. Was ist das, und wie geht das? In: Pädagogik 1, 8–11.

Wiechmann, Jürgen (1999, ²2000, ⁵2011): Zwölf Unterrichtsmethoden. Weinheim & Basel: Beltz.

Archiv für pädagogische Kasuistik (ApaeK)

Episoden Nr. 2383: K.J.: „Episode eines pädagogisch wertvollen Ereignisses". PDF-Dokument (1 Datei), 1 Seite, 2011, URL: https://archiv.apaek.uni-frankfurt.de/2383.

Episoden Nr. 2394: K.K.: Episode: Sternstunde. PDF-Dokument (1 Datei), 2 Seiten, 2011, URL: https://archiv.apaek.uni-frankfurt.de/2394.

Unterrichtstranskripte Nr. 13: Jäger, Thomas/Stolzenberger, Jessica: Unterrichtstranskript einer Deutschstunde an einer Grund- und Hauptschule (10. Klasse). Thema: Limerick.

PDF-Dokument, JPEG-Bild (3 Dateien), insgesamt 9 Seiten, 2005, URL: https://archiv. apaek.uni-frankfurt.de/13.

Unterrichtstranskripte Nr. 22: Natsidou, Vassiliki: Unterrichtstranskript einer Englisch-stunde an einer Kooperativen Gesamtschule (6. Klasse). Stundenthema: „Übungen zum present perfect". PDF-Dokument (2 Dateien), insgesamt 19 Seiten, 2005, URL: https:// archiv.apaek.uni-frankfurt.de/22.

Unterrichtstranskripte Nr. 23: Tiedtke, Michael: Unterrichtstranskript einer Mathematik-stunde in einer Volksschule zum Thema Prozentrechnung (8. Klasse). Textaufgaben zur Berechnung der Mehrwertsteuer. PDF-Dokument (1 Datei), 15 Seiten, 2005, URL: https://archiv.apaek.uni-frankfurt.de/23.

Unterrichtstranskripte Nr. 49: Kirschbaum, Sabine/Birk, Lisa-Sophie/Molsberger, Ute: Un-terrichtstranskript einer Deutschstunde an einer Integrierten Gesamtschule (7. Klasse). Thema: Satzglieder. PDF-Dokument (1 Datei), 21 Seiten, 2005, URL: https://archiv. apaek.uni-frankfurt.de/49.

Unterrichtstranskripte Nr. 309: Maske, Merellyn: Unterrichtstranskript einer Biologiestun-de an einer Integrierten Gesamschule (9. Klasse). Thema der Stunde: Vermehrung und Wachstum der Zelle. PDF-Dokument (1 Datei), 19 Seiten, 2006, URL: https://archiv. apaek.uni-frankfurt.de/309.

Unterrichtstranskripte Nr. 1710: P.S./ H.S.: Unterrichtstranskript einer Gesellschaftsleh-restunde an einer Integrierten Gesamtschule (9. Klasse) . Stundenthema: „Karikatu-ren zum Thema Industrialisierung". PDF-Dokument (1 Datei), 14 Seiten, 2010, URL: https://archiv.apaek.uni-frankfurt.de/1710.

Unterrichtstranskripte Nr. 1745: Van Dissanayake, Sanjee: Unterrichtstranskript einer Erd-kundestunde an einer kooperativen Gesamtschule (5. Klasse). Stundenthema: „Rollen-spiel einer 5. Klasse". PDF-Dokument (1 Datei), 17 Seiten, 2010, URL: https://archiv. apaek.uni-frankfurt.de/1745.